論語中之四科十子

朱守亮 ◎著

目　次

凡　例

一、本書緒言，在陳述其寫作動機，所以成書，並略釋〈先
　　進〉所云之四科要旨。

二、本書各篇，先將某一弟子之字號、籍里、生卒年、封
　　爵、個性、學養、重大成就等，作一生平事蹟小傳式概
　　述。並於附注中詳其有關資料，期能獲較多瞭解。

三、本書各章，先將《論語》中相關原文錄出，依文義排比
　　歸類，然後逐一加以疏解探究，評論分析。以大意為
　　主，除非必要，盡量少形音義之考證。所言多雜揉昔賢
　　時彥之論，或側入一己讀書偶得。重要言論，或相互發
　　明，兩說並可，甚而特殊歧異資料，亦盡量彙集於附注
　　中。除便於參閱外，則在存盛德懿行，嘉言警語於茲書
　　也。惟姚際恆《偽書通考》、崔東壁《考信錄》、康有為
　　《辨偽》、梁啟超《古書真偽及其年代》於《論語》某些
　　章節辨疑考徵云云，因非本書所重，多未採用。

四、本書各小結，則就《論語》中所載之有關秉賦個性，學
　　養操持，功績德業，及對儒學之貢獻，後世之影響等資
　　料，以與生平事蹟中所言者相參證。各篇結論，則明其
　　所以列入該科主要原因之所在。至總結，則呼應前緒言
　　中寫作動機，並以孔子所代表之儒家文化基本精神，可

救當今僅以科技為治所產生之時弊。

五、本書附記，除說明各單篇文成後，或在學術研討會中宣讀，發表刊物外，則為誌謝語。

六、本書書後，除陳述一己寫作過程中，或偶產生之感慨外，主要在附錄作古好友維煥兄遺墨真迹以誌念。

七、本書行文，以配合融匯所引資料，故以淺近簡明文言為之。

八、本書所錄《論語》原文，《集注》頁數（《大學》、《中庸》、《孟子》等原文與《集注》同），全以蔣伯潛《語譯廣解四書讀本》為準。

九、本書附注，以節省文字，於引文後，僅注明該引用文獻之頁數，而不一再詳其出版時間、地點、書局、版本等，以其皆可於參考書中見之。又引文之排列順序，多以文意相從，非準乎其時代先後為之也。

十、本書所列參考書，僅為所引用資料者之文獻，且單篇文章亦多從略。

緒　言

　　在世人逐漸注意人文教育，思救科技為治而產生時弊之今日，探討以儒家為代表之我國固有文化，勢屬必要。而儒家代表人物為孔子，欲瞭解孔子之言行思想與學說理念、政教主張，最具體可信之書籍則為《論語》。而《論語》弟子中，各有專長，與孔子接觸較多者，又為四科十子。茲特由《論語》中之四科十子始，於其所呈現出之秉賦個性，志節情懷，學養操持，待人接物，出處行藏，以及治績德業，甚而喜怒哀樂，得失成敗；或孔門師生間，時主君臣間，同窗友好間之互動中，得其孰為「具體而微」，孰為「聖人之一體」。如此，則庶幾對孔子所代表儒家文化之基本精神，有一通盤性之認識。此四科十子諸弟子之所以先後以〈論語中之某某〉為文，今又予以增刪、修正，統一其款式、體例、行文，以成此書之所在也。

　　茲以《論語·先進》所言：「從我於陳、蔡者，皆不及門也。德行：顏淵、閔子騫、冉伯牛、仲弓。言

語：宰我、子貢。政事：冉有、季路。文學：子游、子夏。」孔子憫昔周游列國，厄於陳、蔡之弟子，今皆不在門下，因追思其能。修道有得，忠恕敬謹，言行可法，而能化俗垂教者，則有顏淵、閔子騫、冉伯牛、仲弓四人也；能言善辯，巧乎辭說，可以為行人，使適四方他邦，能折衝樽俎，不辱君命之使者，則有宰我、子貢二人也；胸懷濟世救民，有治國安邦長才，可從事政教工作者，則有冉有、季路二人也；能曉詩書，知典則，識禮樂，精藝文而博學，今所謂學術家者，則有子游、子夏二人也。特依德行、言語、政事、文學原次第，分別述之於下。[1]

1　案：四科十子，乃孔子晚年就七十子所長尤專者論列，非盡從游，厄於陳、蔡者也。又及門，或謂仕進之門，甚至專言無上下之交，弟子無仕陳、蔡者，眾說不一，多言之有據。今從《集注》解之者，行文之便也。惟《(趙杏根) 論語新解‧先進》：「孔子曾厄於陳、蔡之間，其時隨從弟子，皆尚未正式列入孔子之門。」頁194。此解非是。而日人隱岐廣福謂門當作鬥，字形相類，傳寫之誤，言「孔子厄於陳、蔡之間，從者皆不及戰鬥也。」詳見所著《論語捃解》。鄙陋荒唐，可笑之極，真夷狄人之有解《論語》，不如我諸夏之亡也。《論語點睛補註‧十一》：「《補註》：德行以修己，政事以安人，言語以為法于天下，文學以流傳於後世。聖門具此四科，而木鐸之全體大用完矣。四者兼之，則孔子也。四科皆德行所攝，故顏淵稱具體而微。」頁82（八函）。《論語古注‧論語范氏注》：「德行，百行之美也。言語，謂賓主相對之辭也。政事，謂治國之政也。文學，謂善先王典文。」頁8（六冊，三十函）。《論語說義‧六‧先進》：「德行、修德行仁，作之君者也。言語，傳聖人微言，述而語之，以垂百世，作之師者

也。政事，食貨賓師之事，任有司者也。文學，通六藝，備九能，為學士者也。」頁10-11（二冊，二十四函）。《韓李論語集解・十一》：「韓曰：德行科最高者，易所謂默而識之，故存乎德行，蓋不假乎言也。言語科次之者，易所謂擬之而後言，議之而後動，擬議以成其變化，不可為典要，此則非政法所拘焉。政事科次之者，所謂非無老成人，尚有典刑在，非事文辭而已。文學科為下者，記所謂離經辯志，論學取友，小成大成，自下而上升者也。」頁1（總2066）。《論語注・十一》：「科學分於孔子以人之才性、難兼眾長，宜因姿性所近而為之，故教者宜補人性之所短。德行、政事、文學，後人皆知重之，至言語立科，則後世不知，豈知言語之動人最深。蓋春秋、戰國，尚游說辨才，孔門立此科，俾人習演說也。觀董子詞辯而《公羊》立，江公口訥而《穀梁》敗，即《論語》學亦重語言矣。漢、晉、六朝，尚有立主客以辯難者，宋人不知此義，乃盡掃之，於是中國言語之科乃毀，今宜從四科之義而補之。」頁2（三冊，十三函）。《論語贅解・二》：「先儒謂患難困苦，足以堅人之志，而熟人之仁諸賢，誠於事師，篤於嗜學，不以患難而移，不以困苦而懈，此夫子所以思之也。」頁1。《論語隨筆・十一》：「患難相從，最不能忘情，……記此十人，而又目其所長者，見得其賢如此，宜乎在難而有絃歌之樂，安居而切思慕之情也。正與上文皆不及門神氣，隱隱迴合，著具所長，見得如此之人，而猶不免於厄難。所謂才德之士，少達多窮，正有無限悲憫感慨。」頁1-2（四冊，二十一函）。《論語意原・三》：「四科十哲，後世之論，非謂門人之賢止於如此，或者因侍側而及之也。」頁1（二冊，十六函）。《論語今注・十一》：「自德行以下，皆非孔子語。因孔子在陳、蔡之時，冉有在魯國為季氏之官，未必隨行。子張隨行，卻未道及。且子游小孔子四十五歲，子夏小孔子四十四歲，魯哀公四年，孔子六十一歲，子游、子夏纔十六、七歲，他們如此年輕，亦未必能跟隨孔子周遊列國。又依《論語》全書觀察，孔子對於弟子，稱名而不稱字，此處數人皆稱其字，

實與《論語》體例不合。由此可知德行以下云云，當是孔子後來對他們的評論，弟子均附記於此。」頁220-221。《論語孔門言行錄·二》：「桓譚《新論》曰：孔子以四科教士，隨其所喜，譬如市肆，多列雜物，欲置之者並至。陳氏澧曰：德行、言語、政事、文學，皆聖人之學也，惟聖人能兼備之，諸賢則各為一科，所謂學焉而得其性之所近。後世或講道學，或善辭章，或優幹濟，或通經史，即四科之學也。然後世各立門戶，相輕相詆，惟欲人同乎己，而不知性各有所近，豈能同出一途。則四科有其一，而亡其三矣，豈聖人之教乎。又曰：胡安定教授湖州，敦尚行實，置經義齋，治事齋。經義齋者，擇疏通有器局者居之，治事齋者，人各治一事，又兼一事如治民、治兵、邊防、水利、算數之類。其在太學，有好尚經術者，好談兵戰者，好文藝者，好節義者，使各以類群居講習，此四科之遺意也。《元史·吳澄傳》云：澄為國子監司業時，定教法四條，一曰經學，二曰行實，三曰文藝，四曰治事，尤合於四科之法。《世說新語》有德行、言語、政事、文學四門，隋崔頤撰《八代四科志》三十卷（見《隋書·崔頤傳》後），蓋為八代人作傳而分為四科也。然自古以來，可傳之人，無出於四科之外者也（案：陳氏說見《東塾讀書記》卷二，且仍有甚多有關四科之言）。」頁13。《論語新解》：「四科首德行，非謂不長言語，不通政事，不博文學，而別有德行一目也。孔門所重，正在用之則行，舍之則藏，不務求祿利有表現，而遂特尊之曰德行。自德行言之，餘三科皆其分支，皆當隸於德行之下。孟子稱冉伯牛、閔子、顏淵具體而微，此三人皆在德行之科，可見德行之兼包下三科矣。文學亦當包前三科，因前三科必由文學入門也。孔門之教，始博文，終約禮。博文，即博求之於文學也。約禮，則實施之於政事，而上企德行之科矣。後世既各騖於專門，又多重以為學，遂若德行之與文學，均為空虛不實，而與言語、政事分道揚鑣，由此遂失孔門教育人才之精義。」頁364-365。所釋四科義及所以輕重為序，感慨係之，雖未必全是，但可作參考。

乙

德 行

壹、顏淵

顏淵生平事蹟

　　顏淵，姓顏，名回，字子淵，亦稱顏淵，春秋末魯人也。[1]生於魯昭公二十一年（周景王24年，西元前521年），少孔子三十歲。[2]幼家貧，生活較困窘。[3]師事孔

1　《史記・仲尼弟子列傳》：「顏回者，魯人也，字子淵。」頁877。

2　李啟謙云：「顏回出生的年代這個問題，《史記》、《孔子家語》記載相同，即孔子比顏回大三十歲，也就是說孔子三十一歲時顏回出生，而這一年正是魯昭公二十一年（西元前521年）。」見李氏撰〈顏回研究〉頁25。而李氏所撰《孔門弟子研究》同，惟文字稍異。

3　《論語・雍也》：「一簞食，一瓢飲，在陋巷，人不堪其憂。」頁76。《莊子・人間世》：「回之家貧，唯不飲酒，不茹葷者數月矣。」頁67。雖如此言之，但《史記・仲尼弟子列傳》云：「顏無繇，字路。路者，顏回父。父子嘗各異時事孔子。」

子，常相左右，而少違離，情感甚篤。[4]卒於魯哀公十四年（西元前481年）。卒時，孔子哀歎為吾道窮矣；謂天喪予，而哭之慟，享年四十一歲。[5]配享，唐時尊為「先

頁884。而《莊子·讓王》又言：「回有郭外之田五十畝，足以給飦粥；郭內之田十畝，足以為絲麻。」頁421。莊生多寓言，或不可盡信，但由其父亦為孔子弟子觀之，當絕非赤貧，故《孔門弟子研究·顏回（顏淵）》有：「從他們父子有條件長時期都跟著孔子讀書學習這一情況看，其家庭也絕不會一無所有」（頁2）之言也。

4　《論衡·講瑞》：「孔子之門，三盈三虛，唯顏淵不去。」頁164。又《論語·先進》：「子畏於匡，顏淵後。」頁165。孔子周游列國，初離魯後第二年，以貌似陽虎被圍於匡，而至結束，在陳絕糧時，顏淵之籌米、擇菜為炊。詳見《莊子》之〈山木〉、〈讓王〉，《呂氏春秋·任數》等，首尾十四年，從未離左右。至《莊子·人間世》：「顏回見仲尼，請行。曰：奚之？曰：將之衛。」又〈至樂〉：「顏淵東之齊，孔子有憂色」（頁61、頁273）云云。乃莊生寓言，恐未可全信。雖如此，但亦非絕未相離，故《說苑·敬慎》有：「顏回將西遊（《孔子家語·賢君》作『顏淵西遊於宋』。）問於孔子曰：何以為身」（頁88）之言也。正因長相左右少違離，因而產生深厚情感。故《論語·先進》云：「回也，視予猶父也。」又「子在，回何敢死。」頁158、頁165。《禮記·檀弓》：「昔者夫子之喪顏淵，若喪子而無服。」頁131。又《呂氏春秋·勸學》亦云：「顏回之於孔子也，猶曾參之事父也。」頁37。影響所及，故《史記·仲尼弟子列傳》云：「自吾有回，門人益親」（頁878）之言，自必可信。

5　《公羊傳·哀公十四年》：「顏淵死。」頁337。《史記·孔子世家》：「魯哀公十四年，春……顏淵死。」頁772。哀公十四年為西元前四八一年。惟《列子·力命》：「顏淵之才，

不出眾人之下，而壽四八。」頁67。四八，他本作十八，與
《淮南子‧精神訓‧注》及《後漢書‧郎顗傳》同。或解四八
為三十二，與《文選‧辨命論注》及《史記‧仲尼弟子列傳‧
索隱》引《家語》：「三十二而死」同。《論語‧雍也》與
〈先進〉又皆謂短命死。而《孔子家語‧七十二弟子解》謂三
十一早死。眾說紛紜，莫衷一是。惟翟灝《四書考異》云：
「《史記》云：顏子年二十九髮盡白，蚤死。二十九乃其髮白之
年，非死之年。其死年無所記，但云蚤耳。旁考之，則顏子之
死，乃在哀公十四獲麟之後。其次年子路亦死，故《公羊傳》
連識之曰：有以麟告者，孔子反袂拭面涕沾袍，顏淵死，子
曰：噫！天喪予，子路死，子曰：天祝予。公羊氏去聖較近，
所傳述定得本真，顏子實後伯魚死二年，時當四十一。而孔子
言其短命者，仁者宜壽，雖四十亦短命耳。」頁3（總5146）。
而李啟謙詳加考證後亦云：「劉寶楠的《論語正義》，〈雍也〉
篇的注釋，在介紹的各種說法中，就有這樣的觀點，說：李氏
鍇《尚史》辨之云：顏子卒於伯魚之後。按譜，孔子七十而伯
魚卒，是顏子之卒當在孔子七十一之年。顏子少孔子三十歲，
是享年四十有一矣。江氏永《鄉黨圖考》同。古人這種意見，
是正確的。」《孔門弟子研究‧顏回》頁6。許天章亦詳加考證
為四十一歲卒，故《論語實測‧雍也》云：「予玩三字，當
為三（古文四字）譌也」、「《家語》三字，必為三字之譌也。」
頁2、頁3。惟《論語足徵記‧下》云：「顏淵實少孔子四十
歲。」頁2（二十六函）。此恐據《闕里誌‧年譜》：「三十九
歲在魯，是年弟子顏淵生」（頁178）為說。意謂《家語》三十
一早死說不謬。但此說少有力實證，不足信，因之，享年四十
一歲，可成定論。又《論語‧先進》：「顏淵死，子曰：噫！
天喪予，天喪予。」「顏淵死，子哭之慟。」頁157。《公羊
傳‧哀公十四年》：「顏淵死，子曰：噫！天喪予；子路死，
子曰：噫！天祝予；西狩獲麟，孔子曰：吾道窮矣。」頁
357。《春秋繁露‧隨本消息》：「顏淵死，子曰：天喪予。

師」、「兗公」，宋為「兗國公」，元為「兗國復聖公」，
明為「復聖」，以迄於今。⁶顏淵之為人也，彌高彌堅，
仰鑽不倦，好學無違孔子。⁷希聖希賢，有為若是，志道
同乎虞舜、禹、稷。⁸修身則博文約禮，慎言敏行，故能

子路死，子曰：天祝予。西狩獲麟，曰：吾道窮，吾道窮。三
年，身隨而卒。」頁109。《史記・孔子世家》：「顏淵死，
孔子曰：天喪予。及西狩見麟曰：吾道窮矣！喟然歎曰：莫知
我夫。」頁772。皆孔子痛哀之也。

6　《復聖顏子史料彙編》：「文廟祭祀，自漢以降，皆奉孔子，
以顏子為配享。」「顏子配享孔子，始於漢高祖十二載，定於
魏正始二年。」頁71、頁156。《孔門弟子研究・顏回》：
「顏回在諸弟子中，不但居其首位，而且三國南北朝時期很多
帝王在祭孔時，往往獨以顏回配享。以後祭孔配享的有十哲、
四配、十二哲等不同的名稱，不論如何變化，而顏回總是列在
第一位。另外，歷代也不斷追加諡號，唐太宗貞觀二年，尊為
『先師』，唐玄宗開元二十七年尊為『兗公』，宋大中祥符二年尊
為『兗國公』，元至順元年尊為『兗國復聖公』，明嘉靖九年尊
為『復聖』。諡號可說是越來越崇高。」頁18。曲阜建有「復
聖廟」，即「顏廟」。《論語類考・六・人物考》：「《一統志》
云：墓在兗州府曲阜縣防山東南二十里。」頁4（二冊，十九
函）。

7　《論語・子罕》：「顏淵喟然歎曰：仰之彌高，鑽之彌堅。」
頁123。又〈雍也〉：「有顏回者好學。」頁71。又〈為
政〉：「子曰：吾與回言終日，不違如愚。」頁18。

8　《孟子・滕文公》：「顏淵曰：舜何人也，予何人也，有為者
亦若是。」頁109。又〈離婁〉：「禹、稷當平世，三過其門
而不入，孔子賢之。顏子當亂世，居於陋巷，一簞食，一瓢
飲，人不堪其憂，顏子不改其樂，孔子賢之。孟子曰：禹、
稷、顏回同道，禹思天下有溺者，由己溺之也，稷思天下有飢

不遷怒、不貳過，而拳拳服膺乎善。⁹而處世則用行舍藏，有無實虛，安貧樂道，犯而不校，而三月不違仁也。¹⁰至其功業也，雖不仕進；但如為政，則主無為德化，不窮其下。¹¹因之，特重自身修持功夫，具體聖人，

者，由己飢之也，是以如是其急也。禹、稷、顏子，易地則皆然。」頁207。

9　《論語・子罕》：「夫子循循然善誘人，博我以文，約我以禮。」頁123。又〈雍也〉：「不遷怒，不貳過，不幸短命死矣！」頁71。《易・繫辭》：「子曰：顏氏之子，其殆庶幾乎！有不善，未嘗不知；知之未嘗復行也。」頁88。《孔子家語・弟子行》：「行不貳過，稱言不苟，是顏回之行也。」頁27。《三國志・蜀書・郤正傳》：「有過必知，顏子之仁也。」頁872。《中庸》：「子曰：回之為仁也，擇乎中庸，得一善，則拳拳服膺而弗失之矣。」頁9。

10　《論語・述而》：「子謂顏淵曰：用之則行，舍之則藏，唯我與爾有是夫。」頁90-91。又〈泰伯〉：「曾子曰：以能問於不能，以多問於寡；有若無，實若虛，犯而不校；昔者吾友嘗從事於斯矣。」頁108-109。又〈雍也〉：「子曰：回也，其心三月不違仁。」頁74。

11　《莊子・讓王》：「孔子謂顏回曰：回來，家貧居卑，胡不仕乎？顏回對曰：不願仕。」頁421。《論語・為政》：「子曰：為政以德，譬如北辰，居其所而眾星共之。」頁13。又〈衛靈公〉：「無為而治者，其舜也與？夫何為哉？恭己正南面而已矣。」頁234。顏淵既無違孔子之教，且思有為亦若乎舜，其為政必主無為德化矣。故《韓詩外傳・七》有：「顏淵曰：願得小國而相之，主以道制，臣以德化。君臣同心，內外相應。列國諸侯，莫不從義嚮風。壯者趨而進，老者扶而至。教行乎百姓，德施乎四蠻，莫不釋兵，輻輳乎四門，天下咸獲永寧。蠉飛蠕動，各樂其性；進賢使能，各任其事。於是君綏

而列四科德行之首，垂教萬世也。[12]

一

就孔子於顏淵之贊美、追思、哀歎，與其他弟子言、評論諸弟子時中有顏淵，或顏淵問而答之諸方面言之。

於上，臣和於下。垂拱無為，動作中道，從容得禮。言仁義者賞，言戰鬭者死。則由（子路）何進而救，賜（子貢）何難之解」（頁312）之言也。《荀子·哀公》：「定公曰：前日寡人問吾子，吾子曰：東野畢之馭，善則善矣，雖然，其馬將失，不識吾子何以知之？顏淵對曰：臣以政知之，昔舜巧於使民，而造父巧於使馬。舜不窮其民，造父不窮其馬。是舜無失民，造父無失馬也。……鳥窮則啄，獸窮則攫，人窮則詐，自古及今，未有窮其下而無危者也。」頁359。又見《孔子家語·顏淵》、《新序·雜事》。

12 《孟子·公孫丑》：「子夏、子游、子張，皆有聖人之一體；冉牛、閔子、顏淵，則具體而微。」頁71。《論衡·知實》：「六子在其世，皆有聖人之才，或頗有而不具，或備有而不明，然皆稱聖人，聖人可勉成也。」頁261。《孟子·公孫丑》：「宰我、子貢，善為說辭。冉牛、閔子、顏淵。善言德行。」頁70。《論語·先進》：「德行：顏淵、閔子騫、冉伯牛、仲弓。」頁154。《晏子春秋·內篇問》：「仲尼……德不盛，行不厚，則顏回、騫、雍侍。」頁72。《孔子家語·七十二弟子解》：「回之德行著名，孔子稱其仁焉。」頁87。《聖門十六子書·復聖顏子傳》：「回居四科之首，天資明睿，潛心聖學、修博約之訓，聞克復之旨。」頁24-25。《復聖顏子史料彙編》：「宋太祖〈顏子贊〉：德魁四科，名垂千古。」頁100。《復聖顏子思想研究》：「顏子，為孔門四科德行之首，歷代帝王賢哲，莫不對之崇敬不已。」頁18。

1. 贊美、追思、哀歎顏淵者

〈爲政〉

> 子曰：「吾與回言終日，不違如愚；退而省其私，亦足以發，回也不愚！」

　　孔子謂顏淵初學於己時，竟日與之言，意不相背，一無疑難發問，似不解所言為何之愚人。及退而省察其燕居獨處，則亦足以發明所言者，乃知其不愚也。孔子之所以如此言之者，蓋顏淵聰慧純粹，聞一知十，於夫子所言，默識心通，觸處洞曉，視為固然，而非得之意外，且全能呈現於日用動靜言行實踐間，故孔子深喜其似愚而不愚也。[13]

13　《論語後案・二》：「吾與回言句，終日不違句，如愚句。」頁 18（一冊，十函）。句讀雖不同，無害於文意。《論語會箋・二》：「此章重回之不違，不重夫子之言。暫時不違，自其他弟子固有之，惟終日不違，方疑於愚。」又「違者、有所違難也，於孔子之言，聞而即解，故惟有聽受，而無所復怪問疑難也。」頁 16。《論語疏證・二》：「樹達曰：惟無所不說，故終日不違如愚，正《老子》所謂大智若愚也。」頁 34（一冊，十四函）。《石鼓論語答問・中》：「此是聖人檢察顏回處。」頁 63。《論語學案・為政》：「凡人之可以耳目盡者，必其人圍於形迹者也；其不可以耳目盡者，則超於精神矣。聖人之於回也，若疑焉，若訝焉。既曰如愚，又曰不愚，耳目之前，語言之下，幾不足以得回，而知回之於學也深矣。得其內而遺其外，超於精神，而莫知其所以然而然，然則回其

〈先進〉

子曰：「回也，非助我者也，於吾言無所不說。」

孔子以顏淵於其所言，一無不喜悅，而謂非有助益
於己者也。孔子之所以如此言之者，蓋顏淵於夫子所
言，皆心領神會，相視莫逆。一無滯礙，聞而即解，故
無不喜悅而質疑問難，使己多方巧思曉喻，一如游、夏
之徒，聞言輒問；宰我、季路，辯駁慍見，而多啟予觸
發，以收聖人問難愈多，精微益顯，為教相長之功也。
故孔子語此，辭若有憾，其實乃心喜之以美顏淵也。**14**

潛龍乎！喟然之歎曰，仰之彌高，鑽之彌堅，瞻之在前，忽焉
在後，夫子於回而曰如愚，是師弟精神相遇處。」頁17（總
207-514）。《四書味根錄・論語・為政》：「此形容顏子悟道
之妙，非助章重知邊，即此不違景象；不惰章重行邊，即此足
發時候，皆就半截贊嘆，此合兩邊說，顏子全身俱現。」頁9。

14　《論語集釋・先進・上》：「《陽明全集》：道本窮家盡，問
難愈多，則精微愈顯。聖人之言，本自周偏，但有問難之人，
胸中窒礙，聖人被其一難，發揮愈加精神。若顏子聞一知十，
胸中了然，如何得問難，故聖人亦寂然不動，無所發揮，故曰
非助。」頁645。《論語正義》：「教學本是相長，故夫子言
子夏為啟予，正以質疑問難。……徐幹《中論・智行篇》：仲
尼亦奇顏淵之有盛才也，故曰：回也，非助我者也，於吾言無
所不說。顏淵達於聖人之情，故無窮難之辭，是以能獨獲壘壘
（錢地以唯唯易之，蓋壘壘不倦之意，與唯唯近，易之易讀也）
之譽，為七十子之冠。」頁239。《論語的哲學詮釋・導言・
孔門弟子》：「孔子將顏回視作才智最為出眾的學生。」頁
6。皆可作非助我注腳。《論語補注・下》：「助我與子夏之

〈子罕〉

子曰：「語之而不惰者，其回也與？」

孔子謂教語之而不懈惰者，其惟顏回歟？孔子之所以如此言之者，蓋顏淵明睿上智，聞一知十，終日言而不違。悟道疾，敏於行，樂之尚不及，又何懈惰之有哉！至其他弟子，即聞一知二之賜也，猶不識性與天道；況晝寢宰予，藉口非不說夫子之道，力不足之冉求等之不能盡解夫子所言，而有倦怠疲憊者乎！故孔子語此以美之也。**15**

起予不同，起予未嘗非助，而助又不止起予之事也。蓋助我是聞言未達，因再問而理益推明，有似乎助，是助指疑難也。若子夏之言禮後，乃有合於夫子後素之義，而言契聖心，並非出於疑難，是起予乃指會悟也。二者皆助之事，而義微別，不可混為一談。蓋顏子理無不達，既無疑難之可言；默契心通，又無會悟之可見，此子所以云非助我者與。」頁1（二十四函）。此分析極是，可參考。又《石鼓論語答問·中》：「此是聖人自檢察處。」頁63。《四書味根錄·論語·先進》：「此深嘉顏子體道，而故為若有憾之辭。憾在外面看，喜在裏面看。（鄭禹梅）口中似有憾無喜，意中卻深喜無憾，硬作喜語固少味，直作憾語亦失神，最宜斟酌。」頁3。

15　《集注》：「范氏曰：顏子聞夫子之言，而心解力行，造次顛沛，未嘗違之，如萬物得時雨之潤，發榮滋長，何有於惰；此群弟子所不及也。」頁129。《論語析辨》：「顏子于夫子之言，無所不說，服膺弗失，身體力行，欲罷不能，故不惰。〈為政〉：吾與回言終日，不違如愚，退而省其私，亦足以發。可證。」頁199。《論語經正錄·九》：「《朱子語類（時

又

子謂顏淵曰：「惜乎！吾見其進也；未見其止也。」

孔子於顏淵死後，如此痛惜之，在見其有進益而無休止也。孔子之所以如此言之者，蓋顏淵語之不惰，終日不違，欲罷不能，既竭其才之敏於行之好學有以致此也。惟短命早死後，未聞再有好學如是者，故語此懸想其人而深哀之也。**16**

舉錄）》：語之而不惰，惟於行上見其不惰。」又「（〈義剛錄〉）：得一善則拳拳服膺，而不失之矣，欲罷不能，皆是其不惰處。」頁33（五冊，十二函）。《論語疏證·九》：「樹達曰：教而不能相說以解，則惰生焉。顏子於夫子之言無所不說，焉有惰之理哉！」頁159（一冊，十四函）。《論語補注·中》：「顏子於夫子之言，觸類皆通，非以所問，而無不達。即與言終日，莫不相說以解，所謂有如時雨化之者是也，何惰之有哉。」頁21（二十四函）。《石鼓論語答問·中》：「伊川先生曰：語而敬，故不惰，恐未然。門弟子聽受聖人之言，安有怠惰不敬者，亦須斂意肅容，請事斯語；然退省其私，未必能奉承不惰。顏子拳拳服膺與三月不違仁，欲罷不能者，皆所謂不惰也。」頁28。《四書味根錄·論語·子罕》：「（應潛齋）三月不違、見顏子之仁，聞一知十、見顏子之智，此章是顏子之勇。」頁15。

16 《論語經正錄·九》：「胡雲峰曰：大抵上章語之而不惰，是顏子之心如川流，不舍晝夜。此章見其進，未見其止，是顏子之用力，不肯如為山未成一簣而止也。」頁34（五冊，十二函）。《四書味根錄·論語·子罕》：「此追歎顏子勤學之功，惜乎二字連下二句看，方見其可惜處。上章是在時贊，此

〈雍也〉

子曰：「賢哉回也。一簞食，一瓢飲，在陋巷，人
不堪其憂，回也不改其樂，賢哉回也。」

　　孔子贊美顏淵賢行，故先言賢哉回也。其賢何在？
在食一簞食，飲一瓢飲，居陋巷之困厄貧窶生活。此本
常人所不堪處而以為憂者；但顏淵能安之而不改其樂
也。其所以如此者，蓋以心中有足樂，不為物累，不為
情遷，因物付物，無入而不自得聖道存焉。汲汲乎博文
約禮之誨，已至於欲罷不能，而竭其才；猶恐有瞻之在
前，忽焉在後之失，又何暇著意乎貧窶之所累，口體之
所養，而改其樂耶！此與夫子疏水曲肱，樂在其中相匹
亞，故孔子又再言賢哉回也以深美之也。[17]

_____

　　　章在沒後思。上在受教時說，此在為學上說。」頁15。

17　《論語集說·三》：「顏子心無私欲，天理常存，是以無入而
　　不自得，故雖簞瓢陋巷，人所不堪，亦不足以改其所樂也。」
　　頁21（總20073）。《論語注·六·雍也》：「顏子之貧如此，
　　而樂道自娛，不以簞空為憂而改其樂。蓋神明別有所悅，故體
　　魄不足為累，境遇不能相牽，無入而不自得也。佛氏所謂，地
　　獄天宮皆成佛土，其類此乎？故孔子再歎美之。」頁5（二
　　冊，十六函）。《論語今解·雍也》：「在顏子心目中，直無
　　所謂簞瓢陋巷之意象，沉酣於真理之探索中，陶醉於理想之追
　　求中，對於物質之享受，淡然若忘。所謂貧困，所謂榮辱，全
　　不相干，更無所謂怨尤。」頁49。《四書味根錄·論語·雍
　　也》：「此贊顏子之賢，重不改其樂句。玩不改字，則樂不因
　　貧而生，亦不因貧而改，正想見他從容涵泳於天理之中，自有

〈述而〉

子謂顏淵曰：「用之則行，舍之則藏，唯我與爾有
是夫。」子路曰：「子行三軍則誰與？」子曰：
「暴虎馮河，死而無悔者，吾不與也。必也臨事而
懼，好謀而成者也。」

一段真實受用處。」頁9。《論語新編注譯・第二章・一》：
「其憂之其，指生活艱難狀況，其樂之其，指道。北宋二程
說：簞瓢陋巷非可樂，蓋自有其樂爾。其字當玩味，自有深
意。」頁125。《論語的人格世界・正編》：「這一章的重
心，全在不改其樂四個字上，而不在一簞食、一瓢飲、居陋巷
上。是說即使生活那麼貧困，都仍不改其樂，千萬別誤會孔子
讚揚過窮苦日子，那就是不善讀書之過了。」頁89。《論語孔
門言行錄・四》：「蓋中有主，則此心與理為一，從容游泳於
天理之中，而後能因物付物也。雖簞瓢陋巷不知其為貧，雖萬
鍾九鼎不知其為富矣。故曰仁者不憂，不憂故樂也。」又云：
「《呂氏春秋》曰：古之得道者窮亦樂，達亦樂，所樂非窮達
也，道得於此，則窮達一也。」頁9。《論語隨筆・六》：
「樂者，非樂其貧，樂其道也。有道則心廣體胖，怡然自得，
自然會樂。然則是有道而樂，不可說樂道。」頁7（三冊，二
十一函）。《闕里誌・四配列傳》：「『所學於夫子者足以自
樂。……回願貧如富，賤如貴，無勇而威，與士交通終身無患
難，亦且可乎？』孔子曰：『善哉回也，夫貧而如富，其知足
而無欲也；賤而如貴，其讓而有禮也；無勇而威，其恭敬而不
失於人也。終身無患難，其擇言而出之也。若回者，其至
乎！』（此合《說苑》及《韓詩外傳》為說）」頁604-605。皆
深得此章之旨。

　　孔子謂顏淵曰：當今之世，用之則行，舍之則藏，用舍隨時，行藏不忤於物，惟我與爾同有是行也。回也簞食瓢飲，不改其樂，與己疏食飲水，曲肱而枕，樂在其中，所樂者同，則用行舍藏，自亦無固無必，無莫無適，無違乎時；舒卷自如，安於所適，而無歧異也。故孔子語此以美之。**18**

18　《論語易讀・述而》：「用者，用其道，非用其身而已。能用其道，則出而行道，否則藏道於身，寧退不仕。不顯身於仕途，以求全其道而傳之後世。」頁117-118。《論語孔門言行錄・四》：「行藏指出處言，行有行之道，藏有藏之道，可行則行，可止則止。行則達之天下，澤加於民；藏則獨善其身，立言以垂諸後世。士君子處窮處達，皆有事在，故不肯輕生於天地間，昧然而生，寂然而死。」頁10。《四書中的故事・七・顏淵與子路》：「用之、《易》：潛龍可勿用。《疏》：潛龍勿施用。在這裏指大環境可以有所為，便出而用世，正所謂天下有道則見。」又「舍之、勿用也。即潛藏無可施用也，亦正所謂無道則隱也。」頁113、頁114（四書中的常理及故事・第三輯）。《四書薀益解・論語發隱》：「意必固我，四者皆無，固用行舍藏，無可不可，孔子獨許顏子，非他人所能也。」頁445。《論語學案・述而》：「用之則為天下開太平，故曰行；舍之則為萬世倡絕學，故曰藏，此性分之蘊也。孔門惟顏子亞聖，足以語此，其他冉、閔之徒，雖可仕可止，卓然聖賢成法，而發揮性分之蘊，畢竟有欠闕處，況子路以下乎！」頁8（總207-574）。《論語精讀全璧・述而》：「孔子讚許顏淵之用舍行藏，得其時中；而戒勉子路以慎謀能斷，勿徒逞血氣之勇。」頁60。

〈雍也〉

> 子曰：「回也，其心三月不違仁，其餘則日月至焉
> 而已矣。」

孔子謂顏淵心中長存仁道，雖經時既久，亦無違失；至其他弟子，則或日月暫至乎仁而已。孔子之所以如此言之者，蓋顏淵克己復禮，無苟於視聽言動；不遷怒，不貳過，不伐善施勞，故於孔子尚不敢居之之仁能如是也；惟雖近之，仍未達一間為可惜耳。若天假以年，則庶幾乎可至渾然無間之境矣。故孔子語此以美之。**19**

19　《讀四書大全說·五》：「顏子三月不違仁，也只三月之內克己復禮，怒不遷，過不貳，博文約禮，欲罷不能而已。」頁283。《論語隨筆·六》：「三月姑借以言其久，日月亦借以言其暫。日月至是約略渾舉之詞，日至月至，亦不必分作兩等，只說旬月之間，有一次至仁耳。」頁4（三冊，二十一函）。《論語今解·雍也》：「仁德之成就有三等：一是從心所欲不踰矩，一片仁心流通於動靜語默之中。博大淵深，悠久不息。其次是三月不違仁，不違仁能至三月之久。祇是偶有差跌，轉瞬回復，決不至於永久墜落。又其次是日月至焉，一日之中，或一月之內，偶有仁光發露，甚為微弱，要在把握此微弱之發露，而增強之，擴大之，堅定之，毋輕易放過。超凡入聖之機運在此。」頁48。友人云：「子曰：回也，其心三月不違仁，其餘則日月至焉而已矣。本章文字，疑有誤植，當為：回也，其心仁，三月不違，其餘則日月至焉而已矣。以寫顏淵於孔子，有深愛心，極為親近，侍之三月，未嘗離去；其餘弟

〈先進〉

顏淵死。子曰：「噫！天喪予，天喪予。」

顏淵死，孔子痛傷之，而謂若天喪亡己也。重言之者，哀之甚也。孔子所以如此言之者，蓋天生孔子聖人，必有賢者如顏淵等為之佐。今既天生德予余，何早死顏淵，使失其佐，而喪亡己乎？[20]

子，則日月之間，偶來探視而已。」此別一說，新鮮，特附於此，以待後賢論定之也。《四書的智慧·論語的智慧·孔門弟子》：「顏回連心都不違背仁，更何況是行為了。」頁189。如此解，似欠妥。

[20] 《四書大義·論語講義·二十二》：「對一個弟子的死，竟連聲道『天喪予』，其感動之深，正表明其師弟子之間，平日性情接觸之深。」頁176。《後漢書·董仲舒傳贊》：「顏淵死，孔子曰：噫！天喪予。」注曰：「師古曰：言失其輔佐也。」頁1173。友人略謂：非失其輔佐。蓋顏淵死，使孔子有天喪斯文，道統無以為繼之感，故痛之深；而西狩見麟，又有生不逢時道窮之歎，故絕筆《春秋》也。《論語義疏·六·先進》：「夫聖人出世也，必須賢輔，如天將降雨，必先山澤出雲。淵未死，則孔道猶可冀，縱不為君，則亦得共為教化。今淵既死，是孔道亦亡，故云天喪我也。劉歆云：顏是亞聖人之偶，然則孔、顏自然之對物，一氣之別形，玄妙所以藏寄，道旨所由讚明，敘顏淵死，則夫子體缺，故曰天喪予，噫、諒率真之情，非過痛之辭。則求聖賢之域，宜自此覺之也。謬播曰：夫投竿測深，安知江海之有懸也，何者，俱不究其極也。是以西河之人，疑子夏為夫子，武叔賢子貢於仲尼，則非其類耶。顏回盡形，形外者神，故知孔子理在回，知淵亦唯孔子

2.與其他弟子言、評論其他弟子時中有顏淵者

〈公冶長〉

> 子謂子貢曰：「女與回也孰愈？」對曰：「賜也，何敢望回？回也，聞一以知十；賜也，聞一以知二。」子曰：「弗如也！吾與女弗如也！」

孔子以子貢喜方人，乃問其才能與顏淵孰勝？子貢言顏淵之才也十；而己僅為二，相去懸遠，何敢相比。孔子聞此，知子貢有自知之明；又恐其自屈而慚，故謂吾與汝皆弗如也。（或曰：與，許也。吾與點也之與，亦通。）蓋一者數之始，十者數之終。回也，明睿上智，生知之亞，即始而見終，故終日不違，無所不悅，其庶幾乎；而賜也，瑚璉美才，中資以上，因此而識彼，告往知來，故終不聞性與天道也。孔子語此，除慰子貢外，亦以美顏淵也。

也。」頁5（三冊，三函）。《論語經正錄·十一》：「齊節初曰：孔子嘗曰：文王既沒，文不在茲乎！羲、皇、堯、舜、禹、湯之傳於文王，孔子固已任之己矣，猶覬其或可以傳之回也。回存，則己雖死，而道不亡；回死，則其繫己以不亡者幾何時哉。」頁8（七冊，十二函）。《論語蒙引·十一》：「孔子意謂，吾道全賴顏子以傳，今回既死，則吾之身雖存，而吾之道已亡。是回之死，人但知其為天喪回，而不知其為天喪予也。」頁7（三冊，十八函）。觀此，友人之言，似亦有其所據。

〈先進〉

子曰：「回也，其庶乎！屢空。賜不受命，而貨殖焉，億則屢中。」

孔子就二弟子之短長，而評其得失也。顏淵庶幾完人，雖數困窮空匱居陋巷，歉然無日贏，生計有時絕；但能簞食瓢飲而安之，樂在聖道之存乎其中；此所謂賢也。故孔子語此以美之。[21]

〈公冶長〉

顏淵、季路侍。子曰：「盍各言爾志？」子路曰：「願車馬衣輕裘，與朋友共，敝之而無憾。」顏淵曰：「願無伐善，無施勞。」子路曰：「願聞子之

---

[21] 《論語新編注譯・第二章・三》：「古代財貨缺乏為貧，生活無著、無出路叫窮，空就是陷入了既貧又窮的境地。」頁155。《二十一世紀的當家思想・論語・先進》：「屢空應該是說顏回的心靈已經到達了寧靜虛空的境界。」頁652。此一別說。如虛空易為空靈似較佳。《四書味根錄・論語・先進》：「此見兩賢之可進道，並舉之而若有幸詞也。上節重庶乎句，下節重億則屢中句。蓋回之近道固足嘉，賜之明哲亦可取。子並舉之，謂皆可進道也，非區區較量於貧富間。」頁11-12。《（鄭國慶）論語評注》：「孔子對顏回學問道德接近於完善，卻在生活上常常貧困深感遺憾；同時，他對子貢不聽命運的安排去經商致富，反而感到不滿。」頁196。於回也有遺憾之感，容或有之。於賜也之不滿之感，不知何所據，此解不可從。參見言語篇子貢附注23。

志？」子曰：「老者安之，朋友信之，少者懷之。」

　　孔子乘間，顏淵、季路二弟子侍坐。謂何不各言爾心中之所志也。顏淵言，願一己之言行，雖有可稱者，而不誇矜自伐；勞役之事非己所願，亦不施之於人也。（或解雖有些許功勞，亦不自我張揚，亦通。）蓋顏淵不私於己，故無伐善；知同於人，故不施勞，此終日不違仁之所在也。**22**

22　《韓詩外傳‧七》、《說苑‧指武》與《孔子家語‧致思》等，載孔子北遊於景山，子路、子貢、顏淵等侍。登高望下，心有所感，使二三子各言其志。顏淵之對，則重在以禮樂仁德之教化治國，與此異，可參閱。又《論語集說‧四》：「子路求仁者也，故能克其私於衣服車馬之間。顏淵不違仁者也，故欲物我之無間。孔子安仁者也，故欲無物不得其所。」頁12（總20069）。《論語點睛補注‧五》：「子路忘物，顏子忘善，聖人忘己。忘己，故以安還老者，信還朋友，懷者少子。」頁39（八函）。《四書味根錄‧論語‧公冶長》：「此見聖賢之志俱公而不私也，皆將己與物對說。當時只因子路偶然如此說出，故顏子、孔子卻就這上面說去，其意思各自不同。子路治個吝字，有意濟人而未能忘己。顏淵治個驕字，有意忘己而未能無迹。夫子則無不吝與不驕，而人無不濟，己無不忘。此殆因物付物，自然而然，不待較量於物我者也。」頁21。《論語今解‧公冶長》：「子路所志，在輕財好施，是俠客氣象；顏子所志，在有善不求人知，有勞不施於人，是賢人氣象；孔子所志，是老壯少三等人各得其所，同在護念之中，是聖人氣象。三人所志，各成一格，學者當就其性之所近而效法之。」頁44。《論語精讀全璧‧公冶長》：「三人所志不同，季路愛友而輕財尚義，顏淵行善有功而不自誇，孔子則願

3.顏淵問而孔子答之者

〈衛靈公〉

> 顏淵問為邦。子曰：「行夏之時，乘殷之輅，服周之冕，樂則韶舞，放鄭聲，遠佞人。鄭聲淫，佞人殆。」

　　顏淵問治邦國之道如何？孔子以所用行之禮樂車服答之。詳言之，夏時建寅，萬物以生，得天之正，故行夏之時。殷輅木車，質素無飾，得其儉樸，故乘殷之輅。周冕禮冠，禮文周備，雖靡而不為華，費而不及奢，得其時中，故服周之冕。而韶舞，舜樂兼舞，盡善盡美，故取之。鄭聲佞人，使人淫亂危殆，喪其所守，

天下人凡與相接者皆各得其所。」頁45。《論語贅解‧卷一》：「讀此章者每將子路看低，不知子路能斷割一切光明正大身分，已是甚高。從子路之志，約而精之，即是顏淵。從子路之志，推而廣之，即是夫子。夫子之安仁，直是天地堯、舜氣象，顏淵之不違仁，亦是充實光輝境界，欲學夫子、顏淵者，必從子路之求仁始。」頁25。諸分析皆極佳，故全轉錄於此，備參考。又《論語雜解‧卷一》：「孔子之道，修於家，行於鄉，施於國，達於天下，亦不過使老者安之，朋友信之，少者懷之而已。蓋使天下之為子者皆改其孝，然後老者莫不安之矣。使天下之為父者皆改其慈，然後少者莫不懷之矣。使天下之為朋友皆先施之，然後朋友莫不信之矣。此所以為孔子之志，其辭雖若自抑，而非盛德之善治於人心者，亦不足以與此。」頁17-18。善哉其言也，亦轉錄於此，備參考。

故放遠禁絕之也。弟子問政者多矣,獨顏淵告之以此者,蓋顏淵備王者之佐,匹敵伊、管,故以三代損益,百世不易之大法告之;而其他弟子,才各有異,故答之多重在具體行之之道術技藝方法也。[23]

〈顏淵〉

> 顏淵問仁。子曰:「克己復禮為仁。一日克己復禮,天下歸仁焉!為仁由己,而由人乎哉?」顏淵曰:「請問其目。」子曰:「非禮勿視,非禮勿聽,非禮勿言,非禮勿動。」顏淵曰:「回雖不敏,請事斯語矣!」

顏淵問如何行之,始可謂全德之仁,孔子總告之以克己復禮。乃約束自我,謙卑其身,使反於禮而踐行之,乃所謂仁也。此顏淵所能,故告之如此。繼言其效,雖一日之暫行,則天下歸乎仁德,況終身行之者乎?且行仁在己不在人,非外鑠可得也。顏淵默識心通,洞悉奧旨,故請如何行之之要目,孔子乃以視聽言動四者勿違禮之言以告之。顏淵敬諾,遵而行之也。孔子之所以如此告顏淵者,蓋顏淵既終日不違,雖簞食瓢

---

23 《論語說・卷三》:「問為邦,與他人問政不同,此言一代之興,易姓受命,改紀創法,監前王之禮樂而損益之。」頁26。
《四書味根錄・論語・衛靈公》:「此章見治必期於法古,而道尤貴於用中。上四節百王之大法以致治也,末一章萬世之大戒以保治也。上四節須說得規矩宏遠,末一節須說得思慮深長。」頁8。

飲，貧居陋巷，亦樂道不倦。不遷怒貳過，內斂功夫
深，而列德行之首。又得博我以文，約我以禮，循循善
誘之教，庶幾優入聖域。且孟子謂曾子能守約，而《呂
覽・勸學》又曾參、顏淵同列。知顏淵之於克己約身功
夫，已至乎極，無絲毫物累外誘，失而不中節，行之必
綽綽有餘裕也。故孔子告之如此，是真知如子早死，不
得不哭之慟之顏淵矣。**24**

二

就顏淵歎聖道之難窮，或愛其身而思盡得其教二方面言之。

24　《論語隨筆・十二》：「聖人答顏淵，直截了當，一刀兩段
　　（斷），是何等簡易，何等果決。……克己復禮，是為仁大關
　　目。己字較欲字真摯，五官百骸，皆載私之具，朱子謂己私有
　　三，其實只是耳目口身之欲，氣稟之偏，與人我之私，俱見於
　　此。下文但言視聽言動是也。克如戰勝敵之克，所謂殺敵致
　　果，易所謂大師克相遇也。不言理而言禮者，禮者天理之節
　　文。禮字便有規矩可守，較理字著實。復即不遠之復，如自外
　　而歸於家相似，己自能復禮。」頁1（四冊，二十一函）。《論
　　語譯注・顏淵・十二》：「《左傳・昭公十二年》說：仲尼
　　曰：古也有志，克己復禮，仁也。那麼，克己復禮為仁是孔子
　　用前人的話，賦予新的含義。歸仁、稱仁的意思。說見毛奇齡
　　《論語稽求篇》。朱熹《集注》謂歸猶與也，也是此意。」頁
　　123。《二十一世紀的當家思想・論語・顏淵》：「約束自己
　　內心的七情六欲，使自己的行為合於禮的規範，就能成為仁
　　者。」頁674。如此譯克己復禮為仁，容易把握，有可取。

1. 歎聖道之難窮者

〈子罕〉

顏淵喟然歎曰：「仰之彌高，鑽之彌堅，瞻之在前，忽焉在後。夫子循循然善誘人，博我以文，約我以禮。欲罷不能，既竭吾才，如有所立，卓爾；雖欲從之，莫由也己。」

顏淵之喟然而歎者，以夫子之道，仰彌高，鑽彌堅，其深遠難以盡窮；瞻在前，忽在後，其神變又莫可推究也。惟夫子能秩秩然，善以此道次第獎掖誘導人耳。其教誨顏淵者，則廣以文章誘引使致其知，禮教約束以謹於行二端而已。顏淵之於斯二者之學也，雖欲暫歇罷止而不能，以竭盡其才求之矣；然夫子更有所創立，卓然絕異現於前；雖欲從之，則又如天之不可階而升，仍無由可及也。夫子至聖，回也上賢，雖亦步亦趨，似可尾隨；但奔逸絕塵，則瞠乎其後矣。聖域之高堅，真未易力至，此蓋顏淵所以未達一間之殆幾，終不臻德配天地，道貫古今，大而化之之境，而為聖之亞之所在耶！此惟深知聖道者，始能有此喟然之歎也。**25**

25　《孟子‧盡心》：「道則高矣，美矣，宜若登天然，似不可及也。」頁340。《論語隨筆‧九》：「高明不可窮，博厚不可極，中道不可識，此三語即首節注腳。」頁6（四冊，二十一函）。《莊子‧田子方》：「夫子步亦步，夫子趨亦趨，夫子馳亦馳；夫子奔逸絕塵，而回瞠若乎後矣。」頁308。《集

注》：「胡氏曰：無上事而喟然歎，此顏子學既有得，故述其先難之故，後得之由，而歸功於聖人也。高堅前後，語道體也；仰鑽瞻忽，未領其要也。惟夫子循循善誘，先博我以文，使我知古今，達事變。然後約我以禮，使我尊所聞，行所知，如行者之赴家，食者之求飽，是以欲罷而不能，盡心盡力，不少休廢。然後見夫子所立之卓然。雖欲從之，莫由也己，是蓋不怠所從，必求至乎卓立之地也。抑斯歎也，其在請事斯語之後，三月不違之時乎。」頁124。《論語孔門言行錄・四》：「鄭氏汝諧曰：不因答問，何以喟然而歎？斯歎也，如開戶牖，如披雲霧，如行者之至，如夢者之覺，蓋不期歎而歎也。鑽仰者、用力之處，堅高者、因用力而有見也。彌高彌堅、力有未及也，在前在後、莫測其化也。至求之夫子之教，則自有序，博我以文，約我以禮，由博約以進。欲罷不能，盡吾心力以求之，然後見所立之卓爾。向之高堅前後，謂其恍惚不可名也。今之所立卓爾，見其精微之底蘊也。雖欲從之，未由也已，此未達一間也歟？」頁12-13。《論語解・五》：「仰之彌高，愈探而愈覺無窮也；鑽之彌堅，愈進而愈難入也；瞻之在前，則若不及；忽焉在後，則又過之。蓋得其中為難也，非功夫深至者，其能發是言乎！」頁4（總19970）。《四書味根錄・論語・子罕》：「（汪靈川）夫子之道中而已矣。首節未得乎中也；博約求知此中，行此中也；卓立得此中，末由是守此中而未化也。中之燦著者曰文。中之一定者曰禮，提出中字，發揮道字，纔真切。」頁8。《論語注・九》：「仰彌高不可及，鑽彌堅不可入，在前在後，恍惚不可為象，此顏子深知夫子之道無窮盡，無方體而歎之也。」頁7（三冊，十三函）。《論語經正錄・九》：「高景逸曰：蓋喟然之歎，歎夫子，非歎道體。道體古今聖凡所同，夫子古來聖人首出。故仰之彌高，無階可升；鑽之彌堅，無門可入；在前在後，無定本可據。祇顏子能知之，亦惟顏子能學之。幸得夫子循循善誘，博之以文，約之以禮，方知夫子雖神妙，亦從此來。此即夫子

2.愛其身而思盡得其教者

〈先進〉

　　子畏於匡，顏淵後。子曰：「吾以女為死矣！」

───────────

之階梯，夫子之門戶，夫子之定本。博約得一分，見得夫子一分。博約得十分，見得夫子十分。至竭才之後，夫子真面目，真精神，徹底呈露，卓然立於吾前矣。然見得愈親切，覺得愈神妙。雖欲從之，末由也己，此所以為仰之彌高，鑽之彌間，瞻之在前，忽焉在後也。」頁19-20（五冊，十二函）。《集注》：「循循、有次序貌，誘、引進也。博文約禮，教之序也。言夫子道雖高妙，而教人有序也。侯氏曰：博我以文，致知、格物也。約我以禮，克己、復禮也。程子曰：此顏子稱聖人最切當處。聖人教人，惟此二事而已。」頁123。《我與論語・弟子為夫子素描》：「本章有兩個主題：一、歌頌孔子智慧、道德、文章，有如蛟龍，不知其所來，亦不知其所往，深奧莫測。二、本章壓軸戲是孔子的教育理論，分兩個部分，一為因人而異循循善誘的教學方法，如子貢的言語、子路的政事、子游的文學、顏回的德行。二是博我以文的基礎教育，這與《中庸》第二十二章的博學，意義相同，是求學的第一步。」頁398。《論語點睛補注・九》：「此與問仁章參看，便見顏子真好學，又見顏子正在學地未登無學。約我以禮，正從克己復禮處悟來。欲罷不能，正從請事斯語處起手。欲從末由，正是知此道非可仰鑽前後而求得者。兩個我字，正即克己由己之己字。」頁69（八函）。《論語易讀・子罕》：「孔子之道，具體可見，並非別有一種抽象的推測懸想；而孔子之教，也只是指出平實的，人人可行的路徑。末由也己，所以恐不能當作無路可走解，上解作捷徑，未知於意安否？」頁158。諸說皆是。

曰：「子在，回何敢死？」

孔子被誤會圍於匡時，曾與諸弟子相失，既免於
難，漸復集聚，而顏淵後至。²⁶孔子見而驚喜之曰：吾以
汝死於難矣！顏淵之所以以子在，回何敢死答之者。蓋
《禮·曲禮》：父母在，不許友以死，是顏淵事夫子猶事
父，而不敢死也。如夫子陷於危機或遇難，則顏淵必捐
生致死以赴之；今夫子在，何為先死而不愛其身乎？此
言顏淵於孔子，事之如父，而思盡得其教也。²⁷

---

26 崔述不以為然，略謂：匡人若如《史記》或《家語》所云：果
拘或圍孔子，則顏淵當同拘同免，同圍同解，不得曰後。必孔
子聞匡人欲殺己而有戒心，或改道而行，或易服而去，倉卒避
難，遂與顏淵相失。故不曰拘於匡，圍於匡，而曰畏於匡。說
詳《洙泗考信錄》。《讀四書大全說·六》：「顏淵之後，大
略是迂道相避，故致參差。彼此相信以不死，原不待於目擊。
其云『子在，回何敢死？』言夫子既有道以出險，己亦不恃勇
以犯難。」頁368。《論語意原·三》：「後非相失，而適在
後，若奔而殿，所以擁護夫子，而觀其死生也。使夫子誠死於
匡人，顏子亦死之乎？兄弟之讎不反兵，交遊之讎不回國，況
回之於夫子乎。然謂回何敢死，則是死生不在匡人，而在顏子
也。蓋匡人之欲加害者，止在夫子而不在顏子，故顏子之死
生，得自為之所也。」頁7（二冊，十六函）。二說皆有理。
27 《呂氏春秋·勸學》：「曾點使曾參，過期而不至。人皆見曾
點曰：無乃畏（畏猶死也）邪？曾點曰：彼雖畏。我存，夫安
敢畏？孔子畏（讀如字）於匡，顏淵後。孔子曰：吾以汝為死
矣。顏淵曰：子在，回何敢死？顏回之於孔子也，猶曾參之事
父也。古之賢者與？其尊師若此，故師盡智竭道以教。」頁
37。可與此相互發明。又《論語新解》：「何敢死，言不敢輕

三

就他人問群弟子於孔子，顏淵死後，孔子過於哀痛，或言行不當諸方面言之。

1.問群弟子於孔子者

〈雍也〉

> 哀公問：「弟子孰為好學？」孔子對曰：「有顏回者好學，不遷怒，不貳過。不幸短命死矣！今也則亡，未聞好學者也。」

魯君哀公問於孔子，群弟子中，孰為篤於行之好學者？孔子答以不遷怒、貳過，不幸短命早死之顏淵好學，今則無之矣。孔子之所以如此答哀公者，蓋顏淵簞食瓢飲，不改其樂；克己復禮，終日不違。有不善未嘗不知，知之未嘗復行；擇乎中庸，拳拳服膺；故能視聽言動，一本於禮，而無所失，庶幾乎至於聖人之境矣。特舉怒於甲者不遷於乙，過於前者不復於後。人所易曉知、易操執二者，以言其好學也。至短命早死後，未聞

> 身赴鬭。孔子尚在，明傳道之責任大，不敢輕死，一也。弟子事師如事父，父母在，子不敢輕死，二也。顏子雖失在後，然明知孔子之不輕死，故己亦不敢輕身赴鬭，三也。」頁333。此言條理亦分明。

好學者，一則深哀賢者不得長壽，再即惜真好學之難得，而美顏子之德也。識乎此，則知列於德行之首之所在矣。[28]

〈先進〉

季康子問：「弟子，孰為好學？」孔子對曰：「有顏回者好學，不幸短命死矣！今也則亡。」

28　《論語淺解・雍也》：「這一章孔子特別提出不遷怒、不貳過這兩點，作為顏回好學的表現來加以贊揚，從此也可見孔子的教育是重在道德修養。」頁97。《論語集釋・雍也・上》：「問好學而答以不遷怒、不貳過，則古人所謂學，凡切身之用皆是也。古人之學，在學為人；今人之學，在求知識。語云：士先器識而後文藝，不端其本，而僅務其末，嗚呼！此後世之所以少治而多亂，而古今之人之所以不相及歟？」頁322。《論語注・六・雍也》：「怒在物而不在己，動以理而不動以氣，故不遷怒。有不善未嘗不知，知之未嘗復行，故不貳過。」頁2（二冊，十三函）。《（趙杏根）論語新解・雍也》：「好學則明於事理，深於修養。明於事理深於修養，遂能不為假象所迷，不為感情所驅，不為偏見所撓，不為名利所誘，又能總結經驗，吸收教訓，故能不遷怒，不貳過。」頁97。《論語點睛補註・六》：「無怒無過，本覺之體；不遷不貳，始覺之功，此方是真正好學。曾子以下，的確不能通此血脈。孔子之道，的確不曾傳與他人。」「《補註》：孔子稱顏淵好學，即在不遷怒，不貳過。顏淵死而歎曰：今也則亡。而知博極群書，身兼眾藝，而不免于遷怒屢過者不得謂之好學也。孔門正學，止是從心性入門，從修身致力，從速勿憚改起行。顏子短命，是天下眾生之不幸，不專謂顏子也。」頁40-41（八函）。此解亦是。

魯大夫季康子問於孔子，群弟子中，孰為篤於行之好學者？孔子答已不幸短命早死之顏淵好學，今則無之矣。亦追美顏淵也。[29]

2. 顏淵死後，門弟子以孔子過於哀痛者

〈先進〉

顏淵死，子哭之慟。從者曰：「子慟矣！」曰：「有慟乎？非夫人之為慟而誰為？」

顏淵死，門弟子以夫子過哀而哭之慟，孔子不自知

---

29 前哀公與此康子問同，而答之詳略有異者；《論語正義》：「《皇疏》：此與哀公問同，而答異者，舊有二通。一云：緣哀公有遷怒，貳過之事，故孔子因答以箴之也。季康子無此事，故不煩言也。又一云：哀公是君之尊，故須具答；而康子是臣為卑，故略以相酬也。案疏後說是，《大戴禮》虞戴德云：子曰：丘於君，唯無言，言必盡；於他人則否，是其證。」頁240。《論語釋義》：「宦懋庸《論語稽》云：『哀公有為之君，得賢可以自輔，故以顏子之學詳告之。康子權臣，得延攬賢才，蓋欲為強私弱公之助，且季氏嘗用冉有、季路矣，又欲用閔子騫、高柴矣，而卒無可匡救，故夫子只惜顏子之死，而更無異辭。』根據《左傳》的記載，魯哀公並不是一個好的國君。《禮記‧哀公問》篇所記孔子回答哀公的問話，也常有諷諫的意思。可見他不免有違禮、貳過的缺點。東漢學者王充在《論衡‧問孔》篇中，也認為孔子的話是並攻哀公之性遷怒、貳過故也。」頁819-820。崔述《洙泗考信錄》謂此未必果為二事。細審之，當以《皇疏》所引第一說較得其實。

而答之曰：有過哀而哭之慟乎耶？繼又申之曰：不於顏
淵而哭之痛，將誰為乎？蓋顏淵之早死，既失其猶子之
親，又喪其行道用世之佐。哭之宜慟，非他人可比，故孔
子如此言之也。**30**

3.顏淵死後，門弟子言行不當者

〈先進〉

> 顏淵死，顏路請子之車以為之椁。子曰：「才不
> 才，亦各言其子也。鯉也死，有棺而無椁。吾不徒
> 行以為之椁，以吾從大夫之後，不可徒行也。」

30　《四書大義·論語講義·二十二》：「只因為師弟子之間，平
　　日性情接觸之深，故當其死去之際，便不覺哭之痛。這純乎是
　　性情，亦純乎是天理。」頁176。《後漢書·董仲舒傳贊》：
　　「（劉）向子歆以為伊、呂迺聖人之耦，王者不得則不興，故顏
　　淵死，孔子曰：噫！天喪予。為此一人，唯能當之。自宰予、
　　子貢、子游、子夏不與焉。」頁1173。準此，是以於顏淵死，
　　哭之痛也。《論語隨筆·十一》：「有慟乎！慟不自知，正慟
　　之深也。哀痛如迷，猛被從者喚醒，故反問之。下非夫人之為
　　慟，又是意中略一停頓語。重言夫人，正見己不輕慟，慟夫人
　　不為過也。」頁3-4（四冊，二十一函）。《論語實測·十
　　一》：「頤齋經說：有字絕句，慟謂大哭，內慟其心，外變其
　　容。從者見子哭變其容，因曰：子心必傷痛矣。答言曰：有，
　　再言慟乎，將止而後哀慟，正感傷為尤摯也。譬之今人哭泣至
　　極痛處，經人解慰，略一答語又慟哭，其情適合。慟謂哭之心
　　痛也。」頁6。此解極合情理。

　　顏淵死，其父顏路以孔子最愛顏淵；又以家貧，欲請孔子之車，賣以為槨。孔子不以為然而拒之。其所以如此者，蓋顏淵才與孔鯉不才雖有別，但若各就其父視之，則皆是其子而無異也。我子鯉也死，但有棺而不賣車以為槨，今汝子死，安得賣我車以為槨乎？且我曾為大夫，他人乘車，一己亦不可徒行。雖我視顏淵猶子，自不可別於鯉，而賣車以為槨也。³¹

31　《論語義原‧三》：「從大夫之後，猶言在大夫之列後，謙辭也。」頁2（二冊，十六函）。《論語義疏‧六‧先進》：「江熙云：不可徒行，距之辭也。可則與，故仍脫左驂贈於舊館。不可則距，故不許路請也。鯉也無槨，將以悟之，且塞厚葬也。」頁4（三冊，三函）。《論語蒙引‧十一》：「顏路之請車，雖與大義若昧；然亦可見聖門師弟相與之際；如同一體，而略無少忌嫌之心矣。」頁2（三冊，十八函）。案：後亦多以賣車為槨之解未盡允當，言之較詳者則為董季棠。《論語異解集說‧先進》：「欲殯時，以孔子之車，菆塗為槨，非葬時之槨。宦懋庸《論語稽》以為：槨大於棺無幾，其值要亦不多。顏氏貧不能辦，孔子當有力助之。〈王制〉命車不鬻於市。孔子為大夫，其車亦命車，顏路何敢請賣。經文但言請車以為之槨，絕無買賣意義。宦氏認定非賣車買槨，乃以車菆塗為殯棺之槨。且云：『顏路請車為槨，蓋欲殯時以孔子之車菆塗為槨，非葬時之槨也。』（菆音鄒，叢也，菆塗為以木叢棺而四面塗之也。）賣車買槨，有違情理，宦氏之解，勝於舊注。」頁116。《論語實測‧卷十一》：「顏路請子之車以為槨者，非因葬棺無槨，實請子車為載棺之槨幬也。」頁4-5。所謂以車菆塗為殯棺之槨、為載棺之槨幬，演變至今，恐即帳幔素綵為飾之載棺靈車也，後賢可考而定之。

又

> 顏淵死，門人欲厚葬之。子曰：「不可。」門人厚
> 葬之，子曰：「回也，視予猶父也；予不得視猶子
> 也。非我也，夫二三子也。」

　　顏淵死，雖家貧，但門人欲厚葬之。孔子止之不得
而終厚葬。孔子謂：視予猶父之顏淵，而己不得視之如
子者，非己所欲，皆門弟子所為也。顏淵之葬也異乎伯
魚，且葬在準乎貧富而得其宜，以致其哀，原不以厚薄
為榮辱也。故云：喪與其易也寧戚；而孟子之葬其親，
亦以貧富而異。顏淵家貧，何可非禮厚葬之？孔子言
此，蓋一以示己與顏淵雖親同父子，亦不得越禮行事。
一以責門人之非禮厚葬也。[32]

---

[32]　《禮記・檀弓》：「子游問喪具，夫子曰：稱家之有亡。子游
　　曰：有亡惡乎齊？夫子曰：有毋過禮。苟亡矣，斂首足形，還
　　葬，懸棺而封，人豈有非之者哉？」頁148。此葬之準乎貧富
　　而得其宜也。識乎此，則顏子家貧，不得厚葬矣。《論語新生
　　命・十一》：「顏回的厚葬，是一件逾越的行為，違背了顏回
　　生前的信仰。」頁184。不知顏回信仰何在，此說非是。《論
　　語經正錄・十一》：「黃勉齋曰：門人欲厚葬，尊賢之情也；
　　子曰不可，安貧之義也。蓋不以情勝義，所謂愛人以德，而不
　　以姑息也。喪子之歎，有慟之哀，非厚於顏子也，為道也。請
　　車卻之，厚葬責之，非薄於顏子也，為道也，聖人之心，無適
　　非道也。」頁8（七冊，十二函）。《論語意原・三》：「哭之
　　而慟，情性之正也；厚葬不可，義理之正也。顏路之於回，其
　　屬則父子也；夫子之於回，其義亦父子也。予不得視猶子，歎

四

就文字陳述，雖未明言誰何，
但知非顏淵莫屬者言之。

〈子罕〉

子曰：「苗而不秀者有矣夫！秀而不實者有矣夫！」

孔子謂：稻禾之生，有苗蔚茂，而不吐華秀穗；或吐華秀穗，而不成穀結實，終失順成收穫者，顏淵之早死，學而不至於成有如是也。此文未明言顏淵，而知為顏淵者，蓋前此兩章，皆顏淵死後，孔子言其不懈惰於學，有進益而無休止知之也。是以《皇侃疏》云：「又

厚葬非回之意，且以譏顏路也。」頁7（二冊，十六函）。《論語隨筆・十一》：「回也，親呼其名而告之，極其欷歔惋痛。總重安慰回於地下，不重責門人。」頁4（四冊，二十一函）。《論語補注・下》：「歎不如葬鯉之得宜，非我之意，乃二三子為之。蓋夫子自以為不得伸其親之之情，不必遂以此為深責之二三子也。夫二三子亦各自盡其情而已，重其生而不忍薄其死，恤其貧而欲資之厚，未嘗非朋友之道也；但不知子於顏淵以子視之，不必以厚葬為重耳。其為夫子計則失之，而自門人行之，則未可厚非矣。故子但言其事之出於二三子，亦不能責之也。」頁2-3（二十四函）。《論語經正錄・十一》：「蔡盧齋曰：此處須以（與也）曾子易簀參看，蓋聖賢於道理，直是要無纖豪之憾。君子愛人以德，意猶末也。」頁9（七冊，十二函）。

為歎顏淵為譬也。」此孔子語此，哀顏淵早死，痛惜其
學之未成也。[33]

〈泰伯〉

> 曾子曰：「以能問於不能，以多問於寡。有若無，
> 實若虛，犯而不校；昔者吾友，嘗從事於斯矣！」

曾參謂：未嘗以一己之才高識多，矜伐誇競，而能
諮問尋求才識不如己者。處人世間，未嘗以己之才德為
有為實，而能謙沖退抑如虛無者。且有過惡犯己之人，
而能不報無道，加以計較者，惟昔日吾友顏淵，曾從事
於此也。此文亦未明言顏淵，而知為顏淵者。蓋有如此
好學持謙德行者，非顏淵莫之能當也。且曾參言此時，
顏淵已死，故曰：「昔者」，是以《集解》馬云：「謂顏
淵也」，此曾參語此，以追念亡友顏淵之德也。[34]

33　《集注》：「蓋學而不至於成，有如此者，是以君子貴自勉
也。」頁129-130。此泛指求學中途而廢者言。《論語解·
五》：「養苗者……有始有卒，而後可以臻厥成，或舍而弗
耘，或揠而助長，以至於一暴十寒，則苗而不秀，秀而不實
矣，學何以異於是？有其質而不學，苗而不秀者也；學而不能
有諸己，秀而不實者也。」頁8（總19972）。張栻此解尤詳，
特附此作別說，以供參考。又《論語經正錄·九》：「胡雲峰
曰：上（指語之不惰、見其進、未見其止。）歎顏子之學之
進，此則歎學者之不能進也。」頁34（二冊，十二函）。《論
語疏證·九》：「《牟子理惑論》曰：顏回有不幸短命之記，
苗而不秀之喻。樹達曰：漢、唐人皆以此章為孔子為顏淵夭死
言之是也。」頁150（一冊，十四函）。

34　《論語精解‧泰伯》:「志向愈高,目的愈高的人,愈時時感覺不足。自知不足,所以能求進;對人不自滿,所以人樂告之,結果他的造詣一定高,成就一定大。《孟子》曰:『大舜有大焉,善與人同,捨己從人,樂取於人以為善。自耕稼陶魚,以至為帝,無非取於人者。』」頁60。《論語蒙引‧八》:「以己之能,問人之不能;以己之多能,問人之寡能;其有為,不自以為有,而若無然;多其實也,不自以為實,而若虛然;若以非禮犯之,我本直而曲在彼也,己亦安然受之,恬不與較曲直;昔者吾友,蓋嘗服行於此矣。但曰昔者吾友,嘗從事於斯,便見今之無其人也。」頁46(二冊,十八函)。《論語解‧四》:「以能問於不能,以多問於寡,樂善無厭也。有若無,實若虛,有善而不居也。犯而不校,不動於血氣而安於理也。非心不違仁者其能之乎?此顏子由克己而至於無我之效也。」頁15(總19964)。《論語隨筆‧八》:「犯而不校,不是著意去容他,亦不是因他犯而遂去自反。蓋其所存者廣大,故人有小小觸犯處,自不覺得。或謂顏子犯而不校,有包之之意焉。有彼之之意焉,有愧之之意焉。夫包之則近於驕,彼之則臨於俠,愧之則失於薄,豈顏子之心哉。」頁5(三冊,二十一函)。《論語新譯評述‧子罕》:「犯而不校,逆來順受,這些話成了中國人的處世格言,影響甚大,遺毒不小,應當批判。」頁155。遺毒、批判云云,落筆太重,欠妥。除不動於血氣而安於理外,不報無道外,觀俞樾《論語小言》:「兩壯夫相與處而鬬者有之矣,兩童子相與處而鬬者有之矣,一壯夫、一童子相與處而鬬者,未之有也。非童子之能讓壯夫也,彼壯夫固不與童子較也。君子之於天下也,其壯夫居童子之群乎!己大而物小,己重而物輕,己貴而物賤,是故君子無所爭也」(頁1)云云,則知落筆太重,欠妥之言非謬語矣。《四書辨疑‧五》:「經文止言吾友,未嘗明友所指姓名,馬氏何從而知為顏淵乎?若謂曾子之所推如此,非顏子無以當之,但言疑謂顏淵可也。誠無直截指為顏淵之理。馬氏之

小 結

　　經以上粗略陳述，於《論語》二十三則有關顏淵記載中，除極少數無涉顏淵之行誼外，綜合言之，可大體發現，在稟賦個性上：則聞一知十，聰慧過人，內斂克己功夫深，而視聽言動不違乎禮。在學習態度上：則亦步亦趨，彌仰彌鑽，不違不惰，見其進未見其止，而欲罷不能，竭其才以思盡窮難測之聖道。在持身修養上：則不遷怒、不貳過，無伐善、無施勞，有若無、實若虛，心儀虞舜，有為亦若是。[35]而三月不違仁，列四科德行之首。在為人處世上：則簞食瓢飲，不改其樂，用行舍藏，凡事不強求，而順乎自然，安貧樂道，恬適以自處。在政績功業上：則雖有問政，但少仕進，至其所重，則在無為德化，不窮其下。至與孔子之師生間關

説，蓋不可取。」頁5（總22449）。《論語説約・卷上》：「以能問於不能，以多問於寡，有若無，實若虛，犯而不校，此五句分量，非孔子不足以當之。曾子蓋於親炙之餘，觀感特深，力欲從事，而苦於難副，因不禁重有念於善學聖人之良友也。馬氏以為顏淵，不過舉其近似者以為言，其實德行之科，具體而微者，皆嘗從事於此，亦不必泥也。」頁33。然《石鼓論語答問・中》云：「昔者吾友，不明言顏子，而先儒皆以為顏子何也？孔門中只有顏子可當此，是以斷然歸之顏子無疑。」頁6。案：馬氏之説，似不必懷疑。

35　《孟子・滕文公》：「顏淵曰：舜何人也？予何人也？有為者亦若是。」頁108。

係：則子在，回何敢死，而親同父子。故顏淵短命早死，孔子謂天喪予而哭之慟。發聖人之蘊，得儒家正統，在孔門中地位，無人能出其右。雖如此，但世人或於孔子所言，百依百順，全盤接受態度，不僅少質疑問難，非助我之啟予，失教學相長助益；而「不違如愚」，其影響所及，亦恐將類「前言戲之爾，」「丘也幸，苟有過，人必知之」[36]等，亦不詳察而「無所不悅」，則幾近盲從矣。如此讀書態度，不僅以今日眼光視之，有待商榷，即當時孔門中弟子，亦多不如是也。又簞食瓢飲，不管任何環境條件，死拚之好學精神，此固有可取；但以教育多元目標，智德體群娛樂諸項言之，則尤有可議處。且「顏淵之所以短命早死，雖有其他不可知原因；但不顧環境惡劣，營養不足，而又拚命用功，不無關係。」[37]此雖屬戲言，或自有道理。恐皆以今例古，未盡

36　《論語‧陽貨》：「子之武城，聞弦歌之聲，夫子莞爾而笑曰：割雞焉用牛刀？子游對曰：昔者，偃也聞諸夫子曰，君子學道則愛人，小人學道則易使也。子曰：二三子，偃之言是也；前言戲之耳。」頁263。又〈述而〉：「陳司敗問，昭公知禮乎？孔子曰：知禮。孔子退，巫馬期而進之，曰：吾聞君子不黨，君子亦黨乎？君取於吳為同姓，謂之吳孟子。君而知禮，孰不知禮？巫馬期以告。子曰：丘也幸！苟有過，人必知之。」頁101。

37　不僅今人有「顏回因環境衛生不良，營養不足而死。」《復聖顏子史料彙編》頁147，又「今且有人以顏子一簞食，一瓢飲為營養不良；在陋巷為生活環境太差，以故短命。」《復聖顏子思想研究》頁11。即前人亦有太竭盡精力於學致死之說。《論衡‧書虛》：「（顏子）髮白齒落，用精於學，勤力不休。

瞭解顏淵斯人之所處時代環境使然；且今之好讀書求上
進苦學之士，或亦多有類顏淵者，亦未可如是言之，以
非短鄉先賢也。[38]

氣力竭盡，故至於死。」頁36。

[38]　《論語集釋・泰伯・上》：「張伯行《困學錄》：問程子言孟
子才高，學之無可依據，人須學顏子之學，則入聖人為近，有
用力處，是如何？曰：夫子告以視聽言動，則請事斯語，誘以
博文約禮，則欲罷不能，是何等力量。得一善則拳拳服膺，是
何等持守。不遷怒，不貳過，是何等克治。以能問於不能，以
多問於寡，有若無，實若虛，犯而不校，是何等氣度。學者能
於此處求之，則顏子之學可得矣，亦可以學顏子之所學矣。」
頁454。

貳、閔子騫

閔子騫生平事蹟

閔子騫,姓閔,名損,字子騫,春秋末魯人也。[1]生於魯昭公六年(周景王9年,西元前536年),少孔子十五歲。[2]幼失恃,且家境較清寒。[3]師事孔子,為孔門早期弟子。[4]卒年不詳。[5]配享,唐追贈為「費侯」,宋追贈為「琅琊公」,旋改為「費公」。[6]閔子騫之為人也,敬謹謙

---

1 《史記・仲尼弟子列傳》:「閔損,字子騫。」《集解》:「鄭玄曰:《孔子弟子目錄》云:魯人。」頁878。《孔門弟子研究・閔子騫(閔損)》:「春秋末年魯國人。」頁71。

2 分見《史記・仲尼弟子列傳》及《闕里誌・年譜》。

3 《太平御覽・三十四》:「閔子騫事後母,絮騫衣以蘆花,御車,寒,失靷。父怒,笞之,後撫背知衣單。」頁282。由此可知騫幼失生母,且由後母親自縫製棉衣,騫執轡御車事,可推知家庭生計,當不甚富裕。

4 《韓詩外傳・二》:「吾出蒹葭之中,入夫子之門,……被夫子之教寖深。」頁45。又因僅少孔子十五歲,知為孔門中僅次於顏無繇、冉耕、仲由之早期弟子。

5 文獻皆無卒於何年記載,故《孔門弟子研究・閔子騫》:「死於何年不詳。」頁21。

6 《孔門弟子研究・閔子騫》:「閔子騫的孝行是突出的,影響也是明顯的。後來的當政者為了利用這種思想維護其統治,於是在提倡忠、孝等思想的同時,也就把閔子騫的地位抬高起來。《後漢書・明帝紀》載:東漢明帝十五年東巡狩,『幸孔

恭，語不妄發。[7]守禮不苟，弗敢逾越。[8]少私寡欲，澹
薄名利。[9]至其功業也，以不仕進，鮮少政績，但如為

子宅，祠仲尼及七十二弟子。』包括閔子騫在內的孔門弟子，
就不斷受到官府的祭祀。唐開元二十七年，追贈為『費侯』，
到了宋代大中祥符二年，更追贈為『琅琊公』（不久改為『費
公』。）歷代統治者之所以如此提高他的諡號，是為了借以穩
固其統治。從這個角度看，它主要是起著維護封建統治的作
用。但是，要是對它進行全面評價的話，也會發現其中也有可
取的因素，這也是應當注意的。」頁27。明嘉靖九年，改稱先
賢閔子。《論語類考・六・人物考》：「《一統志》云：墓在
濟南府城東五里，又東昌府范縣南四十里，亦有閔子騫墓。」
頁7（二冊，十九函）。

7　《論語・先進》：「閔子侍側，誾誾如也。」頁159。又「子
　　曰：『夫人不言，言必有中。』」頁160。《孔門弟子研究・閔
　　子騫》：「恭敬正直，……老成持重。」又「平常他是不太講
　　話的，然而講話就說得很中肯。」頁23、頁22。

8　《漢書・谷永杜鄴傳》：「閔子騫守禮不苟。」頁1502。《孔
　　子家語・六本》：「孔子曰：『閔子哀未忘，能斷之以禮。』」
　　頁36。《韓詩外傳・三》：「孟嘗君請學於閔子，使車往迎閔
　　子。閔子曰：『禮有來學，而無往教。』」頁110。（孟嘗君戰
　　國時人，與閔子騫時代不相當，當為孟孫氏之誤。）

9　《論語・雍也》：「季氏使閔子騫為費宰。閔子騫曰：『善為
　　我辭焉，如有復我者，則吾必在汶上矣。』」頁75。《史記・
　　仲尼弟子列傳》：「不仕大夫，不食汙君之祿。」頁878。
　　《四書訓義》：「嗚呼！若子騫者，不特不肯仕於私門，且視
　　私門之命，若沒己之深，而誓不再聞之。」頁450。《鹽鐵
　　論・地廣》：「古之君子，守道以立名，修身以俟時，不為窮
　　變節，不為賤易志，惟仁之處，惟義之行。臨財苟得，見利忘
　　義，不義而富，無名而貴，仁者不為也。故曾參、閔子，不以

官，則必有不勞民傷財德政也。¹⁰具體聖人，列四科德行。¹¹特以孝道垂範後世也。¹²

其仁易晉，楚之富，伯夷不以其行易諸侯之位。」頁19。《韓詩外傳·二》：「出見羽蓋、龍旗，旃裘相隨，視之如壇土。」頁45。《孔門弟子研究·閔子騫》：「在孔子的學生中，很多人都去當官，而他和顏回是從來沒有當過任何官的。欲望寡少，仕途觀念澹薄，這是和顏回的共同特點。」頁24-25。

10　《孔子家語·執轡》：「閔子騫為費宰（與《論語·雍也》異，恐不足信。），問政於孔子，子曰：『以德以法。』」頁60。《論語·先進》：「魯人為長府，閔子騫曰：『仍舊貫，如之何？何必改作。』」頁159。蓋改作必勞民傷財，非善政養民之道也。

11　《孟子·公孫丑》：「子夏、子游、子張，皆有聖人之一體。冉牛、閔子、顏淵，則具體而微。」頁71。《論衡·知實》：「六子在其世，皆有聖人之才，或頗有而不具，或備有而不明，然皆稱聖人，聖人可勉成也。」頁261。《孟子·公孫丑》：「宰我、子貢，善為說辭。冉牛、閔子、顏淵，善言德行。」頁70。《論語·先進》：「德行，顏淵、閔子騫、冉伯牛、仲弓。」頁154。《晏子春秋·內篇問》：「仲尼……德不盛，行不厚，則顏回、騫、雍侍。」頁72。《孔子家語·七十二弟子解》：「閔損……字子騫，以德行著名，孔子稱其孝焉。」頁87。

12　《論語·先進》：「孝哉閔子騫，人不間於其父母昆弟之言。」頁155。《孔門弟子研究·閔子騫》：「其孝的行為，除了曾子外，當時孔子的學生中是沒有任何人能和他相比的。」頁26。《孔門弟子志行考述》：「我國歷史上第一位大孝是舜，他的家庭是『父頑、母囂、弟傲。』而且還常受逼害，但舜終能『克諧以孝。』（《尚書·堯典》語）所以孔子說『舜其大孝也與！』（《中庸》）孔門弟子有孝友之行者，不僅閔子一人，何

一

就孔子於閔子騫之贊美、評論諸弟子時中有閔子騫二方面言之。

1. 贊美者

〈先進〉

> 子曰：「孝哉！閔子騫，人不閒於其父母昆弟之言。」

　　孔子讚美閔子騫孝行，先言孝哉閔子騫，繼而申言其孝行何在？在人於其父母、兄弟稱其孝友之言，非私愛溢美，皆深信不疑，而無異辭也。孔子之所以如此歎美之者，蓋閔子上事父母，下順兄弟，動靜盡善，孝友之實，積於中而著於外，無任何非議也，故孔子如此言之。[13]

　　以孔子獨稱『孝哉閔子騫。』正因他人處於人倫之常，而閔子則處於人倫之變。他在困逆之境，不但己身有孝友之實，而且能夠感格父母，克全一家之孝友，苟非純孝，豈能及此！處人倫之變而復其常，這是最難能而可貴的。孝如閔子，真可上希大舜而垂範後世了。」頁32。

13　《闕里誌・先賢列傳》：「幼喪母，為後母所苦，冬月，以蘆花衣之以代絮，其所生二子，則衣之以綿。閔子御父車，身寒失轡，父察知之，欲出後母。損曰：母在一子單，母去三子

又

　　魯人為長府。閔子騫曰：「仍舊貫，如之何？何必
改作？」子曰：「夫人不言，言必有中。」

　　魯人欲改建藏貨財之長府，閔子騫謂：因仍舊制，
稍加修繕則可矣，何必改作乎！孔子聞之謂：子騫不言

寒。父善其言而止，母為感悟。孔子曰：孝哉閔子騫，人不間
于其父母昆弟之言。」頁611。《論語正義》：「《藝文類聚‧
孝部》引《説苑》云：『閔子騫兄弟二人，母死，其父更娶，
復有二子。子騫為其父御車，失轡，父持其手，衣甚單。父則
歸，呼其後母兒，持其手，衣甚厚溫。即謂其婦曰：吾所以娶
汝，乃為吾子，今汝欺我，去！勿留。子騫曰：母在一子單，
母去四子寒。其父漠然，故曰：孝哉閔子騫！一言其母還，再
言三子溫。』……不字作無字解，自明人無非聞之言，不是無
非聞閔子之言，乃無非聞其父母昆弟之言也。」頁240。《四
書考輯要‧七‧論語‧雍也》：「按：世俗稱人孝弟，必謂其
父母不慈不友，而後見其人之孝弟。論其子弟則得矣，何以為
其父母昆弟地哉！至父母昆弟，咸稱其能孝能弟，其見真，其
情習，其事確，其孝弟真無間然矣。故夫子稱閔子之孝，謂人
不間於其父母昆弟之言也。」頁6。《孔門弟子志行考述》：
「人皆有孝順之心，但必須表現為孝行，以使『宗族稱孝焉，
鄉黨稱弟焉。』始足以言真孝。」頁31。《論語講義‧十
一》：「俗傳閔子故事，不知其有無其情事，語句俱鄙俚，必
非春秋時記載，學者故不得據此以論閔子之孝，然此中卻足發
人倫情理之變。世間後母之不慈固多，然極惡不可感化者亦無
幾，只是為子者未必能盡其道耳。」頁2（三冊，二十函）。斯
言極是。

則已，言必中理也。孔子之所以如此言之者，蓋改作必
勞民傷財，非善政養民之道。閔子敬謹謙恭，語不妄
發，列四科德行，有德者自可有此誠於中，發於外，言
必有中之言也，故孔子如是言之。**14**

---

14 劉寶楠據閻若璩《釋地》：《左傳・昭二十五年》，公居於長
府，九月戊戌，伐季氏，遂入其門。意公微弱，將攻權臣，必
先據藏貨之府，庶可結士心。略謂：魯之長府，為兵器貨賄所
藏。魯君左右，多為季氏耳目，公欲伐季氏而不敢發，故居於
長府，欲藉其用以伐季氏，且以使之不疑耳。但季氏得民已
久，非可以力相制，故閔子言：仍舊貫，何必改作以諷，使公
無妄動也。閔子所言，辭微而婉，故夫子稱其言必有中也。詳
《論語正義》。劉解長府如是。然《論語稗疏・長府》：「按：
太公為九府。府者，帛布金刀之統名也。其曰長者，改短而
長，改輕而重也。圜曰泉（今謂之錢）。方而長曰幣，冠圜泉
於首下作刀形，曰金刀，皆橢長而不圜。《錢譜》有漢鑄厭勝
錢，薄心錢，皆其遺制，五銖興而始無不圜者矣。改作長府
者，改其形模，視舊加長也。加長，則所值倍增。用銅少，而
鑄作簡，乃近代直十當五當兩之法。一旦驟改，則民間舊幣，
與銅同價，而官驟收其利，此三家所以亂舊典而富私門也。故
閔子以仍舊貫折之。貫、錢繫也，故曰緡，或曰貫，皆以繫計
多寡之稱。府改價增，則貫減而少，仍舊者，以舊府取足貫
也。」頁12-13（十九函）。此一別說，亦深可作參考。《論語
說遺・下》：「夫人不言，言必有中。不言，謂平時不妄言。
言必有中，謂有事發言，言必當於理。」頁1（二十六函）。
《論語集解・十一》：「王曰：言必有中者，善其不欲勞民改
作。」頁3（二冊，一函）。《四書考輯要・九・論語・先
進》：「按：魯始終未改作長府，殆因閔子之言而中止歟？」
頁4。《論語經正錄・十一》：「饒雙峰曰：觀此章，可見閔
子闇闇氣象。始言仍舊貫，如之何？辭氣雍容，似有商量未決

2.評論諸弟子時中有閔子騫者

〈先進〉

> 閔子侍側，誾誾如也。子路，行行如也。冉有、子
> 貢，侃侃如也。子樂。「若由也，不得其死然！」

孔子以四弟子能各盡其自然之性，神貌相合，無所
隱匿，故懽樂之也。閔子誾誾如也，蓋為一敬謹謙恭，
言必有中之正直派性格。

之意，此和說意也。謂曰何必改作，則有塙乎不可易者，此諍
之意也。長府之不必改，他人或能言之。夫子所以稱之者，不
特取其言之當理，亦喜其言之發而中節，所謂有德之言也。」
頁17（七冊，十二函）。《讀四書大全說·六》：「其曰何必
者，則以長府之弊，別有所在，而不繫於改不改。不正其本而
徒然改作，則不如無改之為愈。若用之得宜，則仍舊貫而亦何
弊，故不云不可，而云何必。」頁362。日人岡田欽氏《論語
劄記·七》云：「《老子》云：治大國若烹小鮮，蓋不煩擾之
意也。凡國家之患，莫大於可以已而不已。可以已而不已，是
紛更之漸，而傷財勞民之事，斯之由起矣，長府之改作，不亦
可以已乎。魯人必欲改作之，是即紛更之漸也。閔子有慨于此
而言曰：仍舊貫，如之何？何必改作。若使主計者能聽之，可
以省無益之費，而不至傷財矣。使司牧者能聽之，可以寢非時
之役，而不至害民矣。故夫子曰：夫人不言，言必有中，聖賢
之意，深且遠矣，奚翅在一長府而已乎！」頁16（二十八
函）。《劄記》所言深獲我心，故全轉錄於此。

二

就閔子騫辭婉意決，堅拒出任爲費邑宰言之。

〈雍也〉

> 季氏使閔子騫為費宰。閔子騫曰：「善為我辭焉！如有復我者，則吾必在汶上矣！」

　　魯大夫季桓子欲使閔子騫為費邑宰。閔子騫語使者謂：善為我好言辭謝，如復重來相召，我必逃至汶水上，北適齊以避之矣。閔子騫之所以作此辭婉意決之言者，蓋費本嚴邑，又屢經畔臣佔據，恐非一己之力，所能勝任而辭之也，故如此言之。[15]

15　《集注》：「謝氏曰：學者能少知內外之分，皆可以樂道而忘人之勢。況閔子得聖人為之依歸。彼其視季氏不義之富貴。不啻犬彘，又從而臣之，豈其心哉。在聖人則有不然者，蓋居亂邦，見惡人，在聖人則可；自聖人以下，剛則必取禍，柔則必取辱，閔子豈不能早見而豫待之乎。如由也不得其死。求也為季氏附益，夫豈其本心哉，蓋既無先見之知，又無克亂之才故也。然則閔子其賢乎？」頁76。又《論語注·六》：「閔子為德行高潔，樂道忘勢，豈肯仕於權門，惟盛名為累，辭避頗難。勝之仰藥於王莽，任之佯狂於公孫，剛則取禍，柔則見辱。若誤見繫維，則難於中止。閔子先幾之決，而辭避之婉，其過人遠而高風尤可味焉。」頁4-5（二冊，十三函）。按：上二說亦非全是，蓋孔子亦嘗為季氏史、為季氏司職吏。閔子之堅辭，祇是以費本嚴邑，其先又經叛臣竊據，實恐一己難以勝任，非孔門必恥於仕季氏也。詳見《孔門弟子言行錄》引毛氏

小　結

　　閔損子騫，在《論語》中，除〈先進〉：「德行、
顏淵、閔子騫、冉伯牛、仲弓」外，尚有四則。於此四
則中，除知其敬謹謙恭稍保守，語不妄發，言必有中；
且至孝，無人有異辭之秉性外。重操守，極不欲仕於僭
越之權臣季氏。然如為官，則必有善政而不勞民傷財
也。凡此，皆與列於德行有關，至其他方面，惜《論語》
中記載較少，則不可得而知之矣。**16**

　　奇齡說，可參閱。又《聖門十六子書・閔子書・年表》：「先
　　是公山不狃不得意於季氏，因陽虎為亂，欲廢三桓之適，更立
　　其庶孽素所善者，遂執季桓子，桓子詐之得脫。是以鄆自武子
　　城之墮畔，使子路治之，三月無成。又使子羔治之，九月無
　　功，至是公山不狃以費畔。季氏召孔子，孔子欲往，然亦卒不
　　行，因使閔子為之宰，閔子辭曰：『如有復我者，必在汶上
　　矣。』避召去之汶上。」頁462-463。《論語會箋・六》：
　　「善為我辭，非恐觸季孫之怒，乃欲使者委曲開陳，能達我之
　　意，必寢其召耳。」頁12。《四書味根錄・論語・雍也》：
　　「此大賢不事權門，辭婉而意決也。善為我辭，是卻今之召，
　　如有復我二句，並後路亦塞斷。」頁8。《論語贅解・卷
　　一》：「一善為我辭中包有無限辭法，下二句是截斷他後路
　　耳，詞婉而意決，處亂世者可以為法。」頁27。觀此，亦可知
　　閔子辭婉意決，辭之之所在矣。
16　《論語經正錄・十一》：「真西山曰：閔子言行，見於《論語》
　　者四章，合而言之，見其躬至孝之行，辭不義之祿，氣和而
　　正，言謹而墻，此其所以亞於顏子，而與曾子並稱也歟？」頁
　　6（七冊，十二函）。

叁、冉伯牛

冉伯牛生平事蹟

　　冉伯牛，姓冉，名耕，字伯牛。春秋末魯人也。[1]生於魯襄公二十九年（周靈王28年，亦即景王元年，西元前544年），少孔子七歲。[2]出生於微賤家族，[3]師事孔子，為孔門中早期弟子。[4]卒年不詳，但知得惡疾而終。[5]

1　《史記・仲尼弟子列傳》：「冉耕，字伯牛。」《集解》：「鄭玄曰：魯人。」頁878。《孔門弟子研究・冉伯牛（冉耕）》：「春秋末年魯國人。」頁28。

2　分見《聖門志》及《闕里廣志》。

3　冉伯牛家族，《論語》、《史記》均無記載。惟《孔子家語・七十二弟子解》云：「冉耕、字仲弓，伯牛之宗族。」頁78。伯牛與仲弓同一宗族，而《史記・仲尼弟子列傳》又云：「仲弓父，賤人。」頁878。仲弓父既為賤人，則同一宗族之冉伯牛，自亦出身于微賤家族也。

4　由僅少孔子七歲，知於孔門中僅次於顏回父顏無繇一歲之最早期弟子。

5　《孔門弟子研究・冉伯牛》：「具體生卒年不詳。」「至於具體死在哪一年，不得而知。」頁28、頁29。惟《孔門弟子志行考述》列魯襄公二十九年生。又《論語・雍也》：「亡之，命矣夫！斯人也，而有斯疾也！」頁76。據此得知伯牛所患者非一般疾病。故《史記・仲尼弟子列傳》云：「伯牛有惡疾。」頁878。而惡疾《淮南子・精神訓》又云：「冉伯牛為厲。」頁110。厲今或謂為癩瘡，惟《論語會箋・六》：「說者以為

配享，唐追贈為「鄆侯」，宋追封為「東平公」，旋又改為「鄆公」。⁶冉伯牛之為人也，危言正行，行善，節小物。⁷德能授徒，才可宰邑。⁸具體聖人，列四科德行。⁹

癩，非是。夫癩者未遽死，其死必徧於四肢九竅，而甚焉者也。使伯牛果以是卒，則穢惡滿體，而其手不可執矣。且既曰癩，則未問前必久知之，問之時亦目見之，何俟執手而歎也。」頁13。亦或謂為痲瘋，而痲瘋之穢惡更甚於癩癘，尤不可執之永訣也。《論語集釋・雍也・上》：「余謂冉伯牛為厲之說，漢儒必有所本。考《內經・素問》：風濕客於脈不去名曰厲，或曰熱。是厲為熱病之名，凡熱病在春曰瘟，在夏曰暑，在秋曰疫，在冬曰厲，伯牛之疾即冬厲也。」頁335。此當係今所謂傳染病瘟疫。《論語實測・雍也》：「意者，南多瘴癘，牛體氣弱，因為傳染，死時當在哀十二年孔子返魯之後，顏子未死之前也。」頁7。而謂瘴癘傳染病卒，亦極可信。究係何病，不得而知。

6　《孔門弟子研究・冉伯牛》：「冉伯牛是孔子稱贊過的學生，而且他的思想和為人對安定封建秩序也大有好處，所以歷代官府在尊孔祭禮時，也給冉伯牛以尊崇和封賜。《後漢書・明帝紀》載：東漢明帝十五年東巡狩，『三月，……幸孔子宅，祠仲尼及七十二弟子。』從這以後，包括冉伯牛在內的孔門弟子，就不斷受到歷代官府的祭祀。與這同時，也不斷追加諡號。唐代開元二十七年（西元739年），贈冉伯牛為『鄆侯』。宋代大中祥符二年（西元1009年），又追封為『東平公』。度宗咸淳三年（西元1265年），又改封為『鄆公』。總之，歷代官府對他是給以肯定和推崇的，由此也可看出，他對後世是有不少影響的。」頁31。《論語類考・人物考》：「墓在兗州府東平州西一十五里。又滕縣南與河南府孟津縣西，俱有耕墓，未知孰是。」頁8（二冊，十九函）。

7　《白虎通・壽命》：「冉伯牛危言正行。」頁130。《論衡・

命義》：「顏淵、伯牛，行善者也。」頁12。《尸子·下》：
「仲尼……節小物，冉伯牛侍。」頁12。謂冉伯牛端正其言
行，無論大者道德修養，小者待人接物，皆能得其當也。

8　《孔門弟子志行考述》：「《從祀名賢傳》也說：『冉伯牛以
德行稱，亞於顏、閔。孔子為司寇，以為中都宰。嘗從厄於
陳、蔡之間，彈詠不輟。設教於洛，樂道不仕。』關於為中都
宰與設教於洛的事，不見於經傳，未必可靠。」頁37。且既為
中都宰，又樂道不仕，似有矛盾。《志行考述》「未必可靠」
之言亦是。雖如此，但〈冉伯牛德行評析〉：「據《冉氏族譜》
記：冉伯牛曾就教於東原（今山東泰安、東平一帶），弟子多
從之。泄柳、申詳皆言其高第，公明儀亦其弟子。既然冉伯牛
如此有德，教授弟子當然應有可能。」又云：「《孔子家語》
記：孔子為中都宰時，做出許多突出的政績後，得到魯君讚
賞。僅僅過了一年，便把他調入魯國國都任司空，大司寇。當
地傳說孔子走後，留下冉伯牛繼任，亦可證明冉伯牛不但有孔
子那樣的大德，而且能用於實際，能以擔當起治一邑的大任。
這不止是一般的邑，而且孔子精心治理過的地方。從另一個角
度上說，如果他沒有勤行的幹才，孔子也不能把此重任交給
他。此材料雖只是傳說，但卻可看出魯國當地人民對冉伯牛的
尊重與信賴及證明其勤行的一例。」頁4、頁3。《孔門弟子言
行錄·一》亦云：「（據《闕里誌》）孔子為魯司寇，伯牛為中
都宰。」頁5。有大德自可授弟子，繼孔子為中都宰，亦有宰
邑幹才也。

9　《孟子·公孫丑》：「子夏、子游、子張，皆有聖人之一體。
冉牛、閔子、顏淵，則具體而微。」頁71。《論衡·知實》：
「六子在其世，皆有聖人之才，或頗有而不具，或備有而不
明，然皆稱聖人，聖人可勉成也。」頁261。《孟子·公孫
丑》：「宰我、子貢，善為說辭。冉牛、閔子、顏淵，善言德
行。」頁70。《論語·先進》：「德行：顏淵、閔子騫、冉伯
牛、仲弓。」頁154。

惟其言行少見於經典者，或以惡疾早卒，未有所樹立故
也。[10]

一

就伯牛有疾，孔子探而問之，
知其命將終而哀慟之言之。

〈雍也〉

> 伯牛有疾。子問之，自牖執其手，曰：「亡之！命
> 矣夫？斯人也，而有斯疾也！斯人也，而有斯疾
> 也！」

伯牛患惡疾，孔子探而問之，自牖執其手，乃謂：
無由患此疾，命也如此，如斯人，竟患有斯疾也。如斯
人，竟患有斯疾也。伯牛有疾，孔子自牖中執其手，按
其脈，息已絕，知命將終盡而憐惜之。如斯人無患有斯
惡疾之理，今竟患有。其命中注定乎？重言之者，慟之

10　《洙泗考信錄・一》：「伯牛無所表見，此或因其早卒，未即
　　有所樹立之故耳。」頁30。《孔門弟子志行考述》：「至於其
　　言行少見於《論語》與其他經典，則可能有疾而早死之故。」
　　頁37。《闕里誌・先賢列傳》：「嘗疑孔門諸游者，孔子亟稱
　　之不置，至伯牛，則亡一言一行傳于《齊魯論》、《家語》、稗
　　官野史之間，特孔子哀其疾之詞耳。以予觀之，冉子當言不出
　　口恂恂儒者也。彼其所鑿游谷處夷然，記行隱君子之列，百世
　　之下，固有聞風而俎豆者矣。」頁612-613。

深也。伯牛列四科德行，同乎顏淵。回之死也，夫子慟之曰：噫！天喪予，天喪予。牛之將亡也，夫子歎之曰：命也夫，斯人也，而有斯疾也，斯人也，而有斯疾也。孔子之於顏淵、伯牛短命、惡疾之無奈，如不各重其言，將何以盡其哀慟歎惜之情耶！[11]

11　亡，舊解「亡，喪也。」「喪之，言牛必死也。」《論語異解集說》：「問疾時，執病人之手而言其必死，殊非情理。」頁62。《論語通釋》：「本章的亡之二字，先儒一向解作死亡的意思，但這樣的解釋在事理上有些說不過去。孔子探問伯牛的病，雖然明白病重而無可救藥，但也應該安慰他，不應該說出『你要死了』這種不合人情的話。」頁283-284。惟《論語新解》：「此曰字不連上文，孔子既退，有此言也。」頁195。《集注》：「侯氏曰：伯牛以德行稱，亞於顏、閔，故其將死也，孔子痛惜之。」頁76。《論語會箋・六》：「斯人二字，不似對面之語，蓋是夫子既退，而與家人言之也。」頁13。如此，則知非當面言，不合人情云云，似為贅語。亡，無也；亡之，言無致此疾之理也。王闓運據舊注「亡，喪也」，直解作暴死。執手，解作馮尸之儀。而疾字解為言疾，明其未死，乃祝其再生也云云。見所著《論語訓》。太曲折，不可從。《二十一世紀的當家思想・論語・雍也》：「因為學生不願意讓老師看到自己的狼狽樣子，孔子便從窗戶裏伸手進去握著冉伯牛的手。」頁362。《論語新生命・六》：「孔子探視伯牛的病，可能因伯牛的親人、婦女、孺子擠滿了室內，孔子不便打擾，故僅從窗戶外面握著他的手，以示慰問。」頁95。此二推想，雖有可能，但除抹殺師生間真摯情感外，亦於斯人、斯疾無法交代，而不切事實。

小　結

　　冉耕伯牛，在《論語》中，除〈先進〉：「德行：顏淵、閔子騫、冉伯牛、仲弓」外，僅〈雍也〉：「伯牛有疾」一則。然由「亡之！命也夫。」並重言「斯人也，而有斯疾也」憐惜語思之，則可知同乎顏淵、閔子，列入德行科之所在矣。至其他方面，惜《論語》中無記載，則不可得而知之矣。

肆、仲弓

仲弓生平事蹟

仲弓，姓冉，名雍，字仲弓，或稱子弓，[1]春秋末魯人也。[2]生於魯昭公二十年（周景王23年，西元前522年），少孔子二十九歲。[3]出生於微賤家族，[4]師事孔子，得其才可用之贊，惟於其身世，似有憾恨之意。[5]卒年不詳。[6]配享，唐贈為「薛侯」，宋追封為「天下邳公」，後

---

1 《荀子·非十二子》：「上則法堯、禹之制，下則法仲尼、子弓之義。」頁61。又〈儒效〉：「通則一天下，窮則獨立貴名，天不能死，地不能埋，桀、紂之世不能汙，非大儒莫之能立。仲尼、子弓是也。」頁88。朱彝尊以為仲弓與子弓同屬一人。詳見《孔門弟子考》。郭沫若以朱說非是，詳《十批判書·儒家八派的批判》。惟李啓謙詳加考證後，於《孔門弟子研究·冉雍（仲弓）》云：「把《荀子》所稱頌的子弓，理解為是仲弓，是更合乎情理的。」頁37。

2 《史記·仲尼弟子列傳》：「冉雍、字仲弓。」《集解》：「鄭玄曰：魯人。」頁878。

3 分見《孔子家語·七十二弟子解》及《闕里誌·年譜》。

4 《史記·仲尼弟子列傳》：「仲弓父，賤人。」頁878。賤謂微賤困窘，非注疏家歷來所謂行惡不肖意。詳下注13。

5 《論語·雍也》：「子謂仲尼曰：『犁牛之子，騂且角；雖欲勿用，山川其舍諸？』」頁73-74。孔子言此，以喻仲弓有可用之才，不以父微賤而棄置之，但亦由此，可知於其身世有所憾恨也。

又改為「薛公」。⁷仲弓之為人也，生性仁厚，不佞其言。⁸心胸寬宏，恕以待人。⁹至其功業也，則居敬行簡，重儒家德化賢能政治，而可使南面。¹⁰亦具體聖人，

6　《孔門弟子研究‧冉雍》：「死於何年不詳。」頁32。

7　《孔門弟子研究‧冉雍》：「東漢明帝永平十五年東巡狩，『三月，……幸孔子宅，祠仲尼及七十二弟子。』（《後漢書‧明帝紀》）從此後，包括仲弓在內的孔門弟子，就不斷受到歷代官府的祭祀。與此同時，也不斷追加諡號。唐代開元二十七年（西元739年），贈仲弓為『薛侯』。宋代大中祥符二年（西元1009年），又追贈為『下邳公』。度宗咸淳三年（西元1265年），又改封為『薛公』。總之，歷代官府對他是給以肯定和推崇的。由此也可看出他對後世的影響。」頁39。《論語類考‧六‧人物考》：「《一統志》云：墓在兗州府曹縣東南五十里，又東昌府冠縣北二十五里，亦有冉雍墓，未知孰是。」頁7（二冊，十九函）。

8　《論語‧雍也》：「或曰：『雍也，仁而不佞。』」頁56。此謂仲弓有仁德，而不巧佞其言也。

9　《論語‧顏淵》：「仲弓問仁。子曰：『出門如見大賓，使民如承大祭。己所不欲，勿施於人。在邦無怨，在家無怨。』仲弓曰：『雍雖不敏，請事斯語矣。』」頁174。《孔子家語‧弟子行》：「在貧如客，使其臣如借，不遷怒，不深怨，不錄舊罪，是冉雍之行也。」頁27。由孔子之答仲弓問仁，知重在敬、恕。而《家語》所言冉雍之行，似由「雍雖不敏，請事斯語矣。」確切加強其修養，而收到尤重於恕道之極大效果也。

10　《論語‧子路》：「仲弓為季氏宰，問政。子曰：『先有司，赦小過，舉賢才。』曰：『焉知賢才而舉之？』曰：『舉爾所知，爾所不知，人其舍諸？』」頁120。又〈雍也〉：「子曰：『雍也！可使南面。』」頁70。《史記‧仲尼弟子列傳》：「孔子以仲弓為有德行，曰：『雍也，可使南面。』」頁878。由孔

殿四科德行。¹¹故荀卿謂與仲尼並為垂世大儒也。¹²

　　子之答仲弓問政三要件，並詳告如何舉賢才觀之，則知冉雍之
為政也，全在儒家德化賢能政治。《闕里誌・先賢列傳》：
「以德行著名，問于夫子曰：『雍聞至刑無所用政，至政無所
用刑。至刑無所用政，桀、紂之世也；至政無所用刑，成、康
之世也，信乎？』孔子曰：『聖人之治化也，必刑政相參焉。
大上以德教民，以禮齊之，其次以政導民，以刑禁之。刑者成
也，一成而不可更，故君子盡心焉。』」頁 613。太上以德教民
云云，亦德化賢能政治也。而「雍也，可使南面。」又言其有
人君之度，此一肯定，為孔門弟子所從未有之稱贊。其所以如
此者，厥在冉雍之「居敬行簡」，心存敬謹，要約不繁，「以
臨其民」，而得儒家最高無為而治政教也。

11　《孟子・公孫丑》：「子夏、子游、子張，皆有聖人之一體，
　　冉牛、閔子、顏淵，則具體而微。」頁71。又「宰我、子貢，
　　善為說辭。冉牛、閔子、顏淵，善言德行。」頁70。《晏子春
　　秋・內篇問》：「仲尼⋯⋯德不盛，行不厚，則顏回、騫、雍
　　侍。」頁72。《論語・先進》：「德行，顏淵、閔子騫、冉伯
　　牛、仲弓。」頁154。

12　劉寶楠《正義》擷取《荀子・非十二子》言，謂子弓即仲弓
　　（亦可參見注1），將仲弓與孔子並稱，且與舜、禹對舉，以言
　　得勢與否。據此，則與仲尼並為垂世大儒也。《聖門十六弟子
　　書・冉子書・下》：「孫星衍記孔子四科，列仲弓為德行。問
　　仁問政，則告以邦家無怨，赦過舉賢。僅僅為季氏宰，欲使南
　　面臨民。《孔叢》載仲弓兩問，惟刑教折獄為兢兢，是仲弓固
　　以德行兼通政事者。鄭康成序《論語》，以為仲弓與子游、子
　　夏等撰定，是又間言語文學之長，四科幾一人兼之。」頁
　　529。觀孫氏此言，亦深知孔門其他弟子，固不可以一家名，
　　而為通儒也。

一

就孔子於仲弓之贊美、仲弓問而孔子答之二方面言之。

1. 贊美者

〈雍也〉

> 子謂仲弓曰：「犁牛之子，騂且角，雖欲勿用，山川其舍諸？」

孔子評仲弓曰：耕田犁牛生美犢，人雖不用，但山川之神，豈肯捨之。孔子以色駁雜耕田犁牛，生此色純赤，角周正，可用為犧牲，祭山川之幼牛，人雖思欲棄置；但山川之神，豈肯以世類所拘而捨之不用乎！言此以喻仲弓才之可用，不以父微賤而棄置，故可使南面，居敬行簡，以臨其民也。[13]

13　《論語札記・上・犁牛之子》：「此章當與舉賢才章參看，彼云人其舍諸，言己所不知者，人當舉而用之，不患己之不知也。此云山川其舍諸，言人所勿用者，神必不肯舍之，不患人之勿用也。其所云犁牛之子者，特借以喻出身之微賤。」頁15-16（二十一函）。《史記・仲尼弟子列傳》：「仲弓父賤人」。歷來注疏家多據而誤賤為惡。故《何注》：「父……不善」。《邢疏》：「父賤而行不善」，《朱注》：「父賤而行惡」。並引范氏云：「以瞽叟為父而有舜，以鯀為父而有禹，

又

> 子曰：「雍也，可使南面。」仲弓問子桑伯子，子
> 曰：「可也，簡。」仲弓曰：「居敬而行簡，以臨
> 其民，不亦可乎？居簡而行簡，無乃大簡乎？」子
> 曰：「雍之言然。」

仲弓以孔子稱其有人君之度，可南面聽治，因問子
桑伯子何如？孔子以伯子能簡答之曰可。仲弓因復請
曰：居身敬而行簡，以君臨其民則可矣。若似伯子居
簡，又復行簡，則不亦過甚乎？孔子聞其言契合己意，
因謂雍之言是也。師生之所以有此問答者，蓋簡之行

古之聖賢不繫於世類尚矣。子能改父之過，變惡以為美，則可
謂孝矣。」頁74。惟《洙泗考信餘錄・一》：「稱其子之賢，
而彰其父之惡，揆諸人情，似屬非宜。」頁31。《史記》所云
賤，實乃微賤意，夫子自言吾少也賤，可證。似不可本《家
語》：「生於不肖之父」，而帶有道德情操意味解之。《論語
漢魏集解》：「犁牛即是耕牛，且騂且角之牛既已可用，何必
追溯所生，而以雜文為嫌，致有勿用之疑。若以雜文喻仲弓父
行惡，此說全不可信。且即有之，且稱子之美必及其父之惡，
長者所不忍言，而謂聖人能出諸口乎？然則以犁牛為耕牛，以
耕牛以喻微賤，其說信不可易。賤者，夫子以自言其少也賤，
非謂其行有不善也。」頁264-265。（此據劉氏《正義》以為
說）。《二十一世紀的當家思想・論語・雍也》：「據《史記》
說『仲弓父賤人（品德低下）也。』可見他的父親在當時是壞
得出名了，已經到了令子女引以為憂，引以為恥的地步了。」
頁355。賤字從舊說為品德低下，已欠妥，下又過甚其詞以彰
顯其惡，尤非。

也，在心根乎敬謹與否也。夫子所謂簡，重在寬約而不繁民：所謂寬則得眾，以約失之者鮮矣是也。故答之曰：可也，簡。仲弓因言自處以敬，則中有主而恭己自治嚴，謹守禮儀法度。如此而行簡以臨其民，則事不繁而民不擾，自能得眾。大舜之無為而治者在此也。若先自處以簡，則中無主而自治疏，恐流於不衣冠而處，同乎牛馬矣；而所行又簡，則終無禮儀法度可守，又將至疏狂誕妄。以此臨民，必綱紀廢弛，而不可為治矣。是厥在居簡行簡，失之過甚以致此也。仲弓之問仁也，孔子答以出門如見大賓，使民如承大祭；其問政也，則答以先有司，赦小過，舉賢才，亦在此所謂居敬行簡，以臨其民者歟！ 14

---

14 一般據《說苑・修文》：「雍也可使南面，南面者天子也」之言，以為南面指面南聽治之諸侯或天子。崔述力主此說，故《論語足徵記・上》云：「（孔）子答顏淵以天下歸仁，即所謂天下歸往之謂王也，此天子事也。答仲弓以出門如見大賓，使民如承大祭。案：大賓者，二王後也，大祭者，南郊明堂之祭也，亦天子事也。且在邦無怨之邦，即顏淵問為邦之邦，夫子以夏時、殷輅、周冕、韶舞答為邦，則為邦為治天下。然則可使南面，亦謂可為天子矣。」頁4（二十六函）。惟世亦多指有地有爵有權臨民而治之卿大夫。謂仲弓居敬行簡，淑明精理，才德可為卿，不得僭儗人君，遑論天子乎？《論語通解・三・雍也》：「南面、坐北朝南，古代以此為尊位，天子、諸侯、卿大夫聽政均南面而坐。因而南面又成了做官的代名詞，南面之術，就是做官之道。」頁103。《論語或問》：「此曰南面，而不曰為政，則疑其主於德而言也。」頁251。觀此，則南面異說可解矣。又《四書味根錄・論語・雍也》：「此章以

簡字提綱，敬是簡之主宰。夫子許仲弓，取其居敬行簡也；仲弓之問伯子，疑其非居敬行簡也。因認夫子可字說得太好，乃辨出簡有不同來，正與夫子陳雍之意相合，故夫子然之，始終只是一意。」又「此節話柄雖在簡，而道理卻重在敬。」頁1。《論語講義・六》：「不僅居敬居簡不同，即居敬之行簡，與居簡之行簡亦大別。居敬之行簡，積明有修理，居簡之行簡，則一切苟省任率而已。」頁1（二冊，二十函）。《論語通解・三・雍也》：「居敬而行簡，是從複雜性著眼，存心嚴肅認真，而運用施行簡單性原則。居簡而行簡，是從簡單性到簡單性，忽視了事物的複雜性，則流於太簡單。」頁104。《論語新解》：「居敬而行簡，上不煩則民不擾，如漢初除秦苛法，與民休息，遂至平安，故治道貴簡也。然須君心敬，始有一段精神貫攝。居簡而行簡，其行簡，其心亦簡，則有苟且率略之弊，如莊子言治道，則是居簡行簡也。」頁182。《論語今解・雍也》：「孔門論政有三層：一是為邦，即建設國家；二是為政，即領導政治；三是從政，即執行政務。所謂南面，即是為政。為政以德，當居敬而行簡，沉默厚重，憂勤惕勵，戒慎恐懼，不放肆，不輕慢，不疏忽，不懈怠，是謂居敬。愛護人民，謹守法制，貫徹原則，不煩擾苛細，不東塗西抹，不朝令夕改，是謂行簡。至於居簡而行簡，則清靜無為，不周心籌劃，不經心事務，事前馬馬虎虎，事中隨隨便便，事後糊裏糊塗，是不作為主義。與仲弓氣象，相去懸殊。」頁46。《論語隨筆・六》：「居敬是此心惶惶，時時省察檢點，正謹慎嚴密之意。故曰中有主而自治嚴。居敬之簡，只是法去其太甚，令戒其繁苛。……居簡而行簡，似乎簡矣。然乃所以不簡，蓋內無道揆，外無法守。苟以無事於一時可也，久則疊弊生焉，將不勝其多事矣。道德之後，流為刑名清談之禍，中原分裂，此皆太簡之流弊，故聖賢慎言之。」頁1-2（三冊，二十一函）。《論語疏證・六》：「樹達曰：簡者易也，太簡則野矣。」頁95（一冊，十四函）。不衣冠而處，同乎牛馬之疏狂誕妄，皆此野字之所由出也。

2.仲弓問而孔子答之者

〈顏淵〉

> 仲弓問仁。子曰：「出門如見大賓；使民如承大祭。己所不欲，勿施於人。在邦無怨，在家無怨。」仲弓曰：「雍雖不敏，請事斯語矣！」

仲弓問如何行之，始可謂全德之仁。孔子特告以出門如見公侯大賓，使民如承天地大祭，一己所不欲者，勿施之於他人。如此，則出仕邦國、閒居在家，內外皆可無怨尤矣。仲弓敬諾，雍雖不聰敏，必遵而行之也。孔子答仲弓問仁謂：出門如見大賓，不可或失之恭謹而倨傲；使民如承大祭，不可或失之慎重而輕慢。此謹慎恭重，行仁之敬也；一己不欲，勿施於人，此推己及人、行仁之恕也。能敬以持己，私意無所容於內，恕以及物，私意無所泛乎外，則心德全而邦家無怨，仁者愛人之效得之矣。孔子之所以如此告仲弓者，蓋以其居敬行簡，以臨其民，仁而不佞，可使南面也，故言之如是。[15]

---

15 弟子問仁，孔子所答，原則多相同。其答顏淵，在克己復禮。答仲弓，在主敬行恕。《四書味根錄・論語・顏淵》：「此告仲弓以涵養存心之功，須拈敬恕二字作骨。敬是收斂此心入來，恕是推廣此心出去，然必至無怨，方見敬恕做得透徹。」頁4。以敬恕二字作骨是。惟《論語通解・顏淵》：「孔子在回答仲弓關於仁字問題時，提出了達到仁的境界的四項心理原

則：敬、哀、愛、恕。敬的原則，出門如見大賓。哀的原則，
便民如承大祭。愛的原則，己所不欲，勿施於人。恕的原則，
在邦無怨，在家無怨。」頁226。此分析與經文不盡相符，不
如《四書味根錄》僅敬恕二字作骨說。又（楊伯峻）《論語譯
注・顏淵》：「劉寶楠《論語正義》說：『在邦謂仕於諸侯之
邦，在家謂仕於鄉大夫之家也。』把家字拘泥於大夫曰家的一
個意義，不妥當。」頁124。楊氏此說亦有可取。惟於下（頁
130）在邦必聞，在家必聞；在邦必達，在家必達諸句法完全相
同，而仍用舊解，則取捨亦不盡相同而統一矣。《讀四書大全
說・六》：「言出門、則統乎未出門，言使民、則該乎使民之
外，此與無眾寡，無小大一意。」又「雙峰云：平時固是敬
謹，出門、使民時尤加敬謹。」頁380。《論語經正錄・十
二》：「楊賓實曰：出門如見二句，是主敬持養以存誠。己所
不欲二句，是省察克治以謹幾，此學問大頭腦。」頁19（七
冊，十二函）。《論語點睛補註・十二》：「卓吾云：出門二
句，即居敬也。己所二句，即行簡也。在邦二句，即以臨其
民，不亦可乎也。」頁90（八函）。《批點四書讀本・論語・
顏淵》：「此示以制心之學，出門二句是敬以持己，己所不欲
二句是恕以及物，在邦二句是敬之驗。」頁12。《我與論
語・仁從那兒來》：「本章分四個層次，循序而進。出門如見
大賓，指修己，是第一層次。使民如承大祭，指盡心為民服
務，是第二層次。己所不欲，勿施於人，從反面解釋，指民之
所欲才是施政重心，是第三層次。在邦無怨，在家無怨，指施
政成效，是第四層次。」頁75。《論語漢魏集解》云：「能行
禮，敬在其中矣；能克己，恕在其中矣。然敬恕均在克己復禮
之中也。」頁608。《集解》：「克己復禮，乾道也；主敬行
恕，坤道也。顏、冉之學，其高下深淺，於此可見。然學者誠
能從事於敬恕之間，而有得焉，亦將無己之可克矣。」頁
174。

〈子路〉

> 仲弓為季氏宰，問政。子曰：「先有司，赦小過，
> 舉賢才。」曰：「焉知賢才而舉之？」曰：「舉爾
> 所知。爾所不知，人其舍諸？」

仲弓為季氏宰時，問為政之道如何？孔子以凡事先
交有司為之，寬恕小過失者，舉用賢能才智之人共治三
者告之。仲弓或疑賢才難可遍知，何以舉之而復問。孔
子則告以但舉爾之所知，爾所不知者，則他人何至捨棄
而不舉薦之乎。孔子答仲弓問政謂，首在先有司，政事
繁雜，當分層負責。先任職有所司者以事，執要監督，
而後考其成效。如此，則己不勞，而事畢舉矣。次在赦
小過，大過誤或有所害，不得不懲；小疏失宥而赦之，
如此，則刑不濫，人心悅而寬則得眾矣。終在舉賢才，
政在人為，能任賢使能，得其人共理政事，如此，則政
益修而事無不治矣。孔子之所以如此告仲弓者，蓋亦以
其仁而不佞，可使南面也，居敬行簡，以臨其民，故言
之如是。**16**

16　《四書味根錄・論語・子路》：「此為行簡者言，在持其大體
　　而已。上節為政之大體三平看；下節廣其意，又舉賢才之大
　　體，當另論。」頁1。《集注》：「范氏曰：不先有司，則君
　　行臣職矣；不赦小過，則下無全人矣；不舉賢才，則百職廢
　　矣。失此三者，不可以為季氏宰，況天下乎？」頁191。《論
　　語集釋・子路・上》：「崔東壁《論語餘說》：人之才不必皆
　　長，而事亦往往有棘手者，法太密則人皆有慮患避事之心，以

二

就或人與孔子論仲弓仁而不佞言之。

〈雍也〉

　或曰：「雍也，仁而不佞。」子曰：「焉用佞？御人以口給，屢憎於人。不知其仁，焉用佞？」

因循為得計，而事之廢弛者多，故小過不可不赦也。庶官不得其人，則雖先之赦之，而亦無益於事，故所重尤在舉賢才。有一官，即擇一能治此官者而付之理，則身不勞而政畢舉，周公立政之篇所以必以三宅三俊為要務也。此雖為為宰者言之，其實治國治天下皆若是而已矣。《四書近指》：以天下之治，付之天下之人；至用天下之人，亦仍付之天下之人。總是持寬大高體要，我與天下俱遊於簡易之中。按：《後漢書·章帝紀·詔》曰：昔仲弓季氏之家宰，子游武城之小宰，孔子猶誨以賢才，問以得人，明政無大小，以得人為本。陸敬輿《奏議》曰：知人之難，聖哲所病。聽其言則未保其行，求其行則或遺其才。校勞考則巧偽繁興，而貞方之人罕覯。殉聲華則趨競彌長，而沈退之士莫升。是必素與交親，備詳本末，探其志行，閱其器能，然後守道藏器者可得而知，沽名飾貌者不容其偽。是以前代有鄉舉里選之法，長吏辟舉之制，所以明廉試廣，旁求敦行，能息馳騖也。又曰：廣求才之路，使賢者各以彙征，啓至公之門，令職司皆得自達。皆與夫子之言互相發明，附議於此。」頁769。以所言懇切，故轉錄於此，備參考。又注疏家或解此「先有司」，同乎孔子告子路問政之「先之」，謂此身先有司，無論一己品德修養，行事原則，工作效率，皆先為屬下楷模，使其遵而行之也。此解亦可作參考。

　　或人言於孔子謂：冉雍，仁厚有餘，而口才不足。
孔子答之謂：何用於口才，以口才應人，將屢為人憎
恨。吾不知其是否為仁，何用於口才？或人與孔子所以
有此問答者，蓋時以佞為賢，於冉雍，美其長而許其
仁，病其短而惜其不佞也。孔子以何用言巧辭辯，利口
給之佞也答之。在若徒逞口舌之利，巧其言以應他人詰
難而取勝，勢必僅能屈人之口，而不能服人之心。如
此，則必屢憎於人而遭人厭矣。仲弓列四科德行，屬行
必先人，言必後人，寬洪厚重，寡言簡默典型人物，故
重言焉用佞，以明重其賢德，口才稍遜，不足為病也。
至不知其仁也，乃仁道至大，非全德而不殆者，不足以
當之，孔子不輕以仁許人，故其言如是。**17**

17　孔子所云佞字，多偏重在堅牙利齒，口舌之辯，而便給其辭，
　　巧好其言，稍遠於言辭敏捷，辯才無礙，所謂口才好之正面意
　　義。故有巧言令色，鮮矣仁，是故惡夫佞者，佞人殆，惡利口
　　之覆邦家者佞之不足尚也等言。至不輕以仁許人，在仁道至
　　大，至高，至宏遠。孔子猶未敢自居。《論語》中僅言殷有三
　　仁，管仲唯其仁，顏淵三月不違仁，夷、齊求仁得仁而已。孔
　　子於子路、冉求、公西赤等，皆以其長才答孟武伯之問，而不
　　知其仁也，正與此所言同。又子張問楚令尹子文與齊大夫尹文
　　子之行仁矣乎？孔子亦僅以忠矣、清矣，稱其忠於職守，操持
　　清高答之。而以焉得仁，未達全德之稱，仁之最高境界以許之
　　也。仲弓雖賢，亦日月至于仁如子路、冉求、公西赤等弟子
　　同，故亦以不知其仁答之也。《聖門十六子書·冉子書·
　　上》：「嘗從孔子適衛。孔子曰：『雍可仕矣，山川其舍諸。』
　　及往見祝鮀，鮀與之言，雍但唯唯，鮀病其短才，或人以告，
　　孔子曰：『焉同佞乎！』」頁516。唯唯，正見其寡言簡默。鮀

小　結

　　冉雍仲弓，在《論語》中，除〈先進〉：「德行，
顏淵、閔子騫、冉伯牛、仲弓」外，尚有五則。於此五
則中，除知其仁而不佞，居敬行簡之秉性外，由孔子答
其問仁「出門如見大賓，使民如承大祭。」此重在敬。
「己所不欲，勿施於人。」此重在恕。問政「先有司，赦
小過，舉賢才。」此重在賢能德化，故可使南面也，凡
此，皆與列於德行有關。至其他方面，亦惜《論語》中
所載較少，則不可得而知之矣。

　　以其短才，是不知仲弓也。《論語孔門言行錄·六》：「呂氏
《新語》曰：深沈厚重是第一等資質，磊落雄豪是第二等資
質，聰明才辯是第三等資質。余執是說以考聖門，則仲弓之厚
重簡默，是第一等資質也。故孔子曰：可使南面，而或曰仁而
不佞，亦以其厚重簡默爾。夫仲弓之居敬行簡，殆幾於仁矣。
子曰：不知其仁，蓋於及門諸賢，不欲遽以仁許之；而冀其深
造自得也。其於子路、冉有、子華、原憲，皆曰不知其仁，亦
即此意。」頁16。又《論語講義·五》：「或人看仁字甚淺，
看佞字卻有作用，夫子不知其仁，仁字甚微，看佞字正是不
仁。首句焉用佞，是泛講，直指以教或人。禦人二句，乃折其
佞字作用之非。不知二句，為仲弓分辨，不知其仁，正破其所
見仁字之淺。末句焉用佞，卻見雍之不佞，正是好處。」頁1
（二冊，二十函）。

伍、結論

　　《論語》中所謂德行，既如前所言：在修道有得，忠恕敬謹，言行可法，而化俗垂教。則顏淵等四子之所以列入，必有其因素在，特再簡要綜合整理如下：

　　顏淵：顏淵除《論語》中所載，簞食瓢飲，用行舍藏，不遷怒、不貳過，有若無、實若虛，無伐善、無施勞；以及克己復禮，三月不違仁，彌堅彌高，鑽仰不倦，好學無違，回也其庶乎外。再如《中庸》之得一善則拳拳服膺。《孟子》之志道同乎禹、稷，有為若是乎舜。《韓詩外傳》之動作中道，從容得禮等，皆為列入德行之所在也。

　　閔子騫：閔子騫除《論語》中所載，敬謹謙恭，言必有中，辭婉意決，拒為費邑宰，而致孝人無間言外。再如《鹽鐵論》之守道立名。修身俟時，不為窮變節，不為賤易志，惟仁之處，惟義之行。《史記》之不仕大夫，不食汙君之祿。《說苑》之後母遇己不善，父欲出之；而有母在一子單，母去四子寒之孝行。《孔子家語》之居喪三年，操琴而悲，繼而弗敢過制，而為哀未盡，能斷之以禮之君子等，皆為列入德行之所在也。

　　冉伯牛：冉伯牛除《論語》中僅有之亡之命矣夫，重言斯人也，而有斯疾也之惋惜語外。再如《白虎通》之危言正行。《論衡》之行善，皆為列入德行之所在也。

　　仲弓：仲弓除《論語》中所載，居敬行簡，仁而不佞，雖喻以雖欲勿用微賤犁牛之子，但以騂且角，山川其舍諸外。再如《荀子》之與孔子並稱，與舜、禹對舉等，皆為列入德行之所在也。

　　綜上所述，則可知言行舉止之根乎仁，準乎禮，散見於孝悌忠恕之具體行為等。再簡言之，則為敬以持己，恕以接物。窮可獨善其身，達則兼善天下。而重仁政德化，以孝治天下，此固吾國故有文化基本精神所在也。

丙

言　語

壹、宰我

宰我生平事蹟

　　宰我，姓宰，名予，字子我，亦稱宰我，春秋末魯人也。[1]生於魯昭公二十年（周景王23年，西元前522年），少孔子二十九歲。[2]家庭情況，一無所知。[3]師事孔

1　《史記·仲尼弟子列傳》：「宰我，字子我。」《集解》：「鄭玄曰：魯人。」頁879。

2　宰我生卒年，古籍無記載。惟《孔門弟子研究·宰我》：「清代編寫的《大成通志·先賢列傳》曾說：『少孔子二十九歲。』如果照此推論，他就是生於公元前422（當作522）年。此說不知根據什麼？」頁65。又《聖門十六子書·宰予書·年譜》：「周景王二十三年，魯昭公二十年己卯，十月初九日，宰予生。即今之九月初九日也。」頁903。亦不知何所據，皆姑置此，聊備一說。

3　其家庭狀況，無任何可信記載或傳說資料可推究瞭解。

子，頌其德大，賢於堯、舜。⁴卒年不詳。⁵配享，唐追
封為「齊侯」，宋加封為「臨菑公」，後又改為「齊公」。⁶
宰我之為人也：性恣縱，言有失誤，行有昏惰。⁷有激進
革新理念，欲短舊制三年之喪為期年也。⁸至其功業也，

---

4 宰我使楚，昭王欲以安車象飾贈孔子，宰我以夫子「言不離
　　道，動不違仁，貴義尚德，清素好儉」云云，謂夫子德大，無
　　用此車而拒之，孔子深以為是（詳見《孔叢子‧記義》）。此深
　　知夫子也。故《孟子‧公孫丑》云：「宰我、子貢、有若，智
　　足以知聖人，汙不至阿其所好。宰我曰：『以予觀於夫子，賢
　　於堯、舜遠矣。』」頁73。

5 卒年不詳，惟《史記‧仲尼弟子列傳》：「宰予為臨菑（與臨
　　淄同）大夫，與田常作亂，以夷其族。」頁880。田常作亂，
　　史有明文，故《孔門弟子志行考述》推究為「宰予先子路一年
　　死。」頁71。然宰我仕齊死難事，不可信，詳下注9。

6 《孔門弟子研究‧宰我》：「從唐玄宗開元七年開始，宰我就
　　被列為儒家的『十哲』之一，而被請到了孔廟大成殿中。後來
　　雖然由『十哲』發展成為『四配』、『十二哲』，宰我始終也是
　　其中的一員。在歷代的封建政府祭祀孔子時，宰我也享受到了
　　配享的待遇。歷代的文人和當政者，並沒有把宰我當成儒家的
　　異端，而把他排斥在孔廟之外。」頁76。又「所以歷代官府在
　　祭祀和加封孔子時，也對宰我加以封賜。唐開元二十七年，追
　　封為『齊侯』，宋大中祥符二年，加封為『臨菑公』，後改封為
　　『齊公』。」頁79。《論語類考‧六‧人物考》：「《一統志》
　　云：墓在曲阜縣西南三里。」頁13（二冊，十九函）。

7 《孔門弟子志行考述》：「宰予實是一個跅弛不羈之才，……
　　順才氣行，總是恣縱的，揮灑的。」頁68。亦因其自以為是，
　　自行其是，而有《論語‧八佾》哀公問社於宰我，宰我有使民
　　畏懼戰慄以釋周人以栗之言有失誤。〈公冶長〉精耗神損，志
　　消氣衰而晝寢之行有昏惰也。

雖未仕進為官，無顯著政績，但以善言語，具外交長才，自有使諸侯之能也。⁹善辭說，列四科言語。¹⁰本為

8　關於《論語・陽貨》三年之喪問題，宰我以「君子三年不為禮，禮必壞，三年不為樂，樂必崩。舊穀既沒，新穀既升，鑽燧改火。期可已矣。」頁 273。此全在適應實際需要，自然季節更替，甚而時代趨勢等因素，而欲變舊制之革新理念也。《論語體認・道德規範》：「宰予認為三年之喪，時間太長，流弊也多，而且庶民不遵行也已久；與其徒存虛名，還不如求實，變革之改為一年更合乎實際。在這個問題上，應該說：宰予是適應時代發展趨勢，富有革新精神的。」頁 597。

9　宰我仕齊事，雖《韓非子・難言》、《呂氏春秋・慎勢》、《淮南子・人間訓》、《史記・李斯傳》及〈仲尼弟子列傳〉、《鹽鐵論・殊路》及〈頌賢〉、《說苑・正諫》及〈指武〉，皆有詳略不同記載，後從其說者亦眾多，且《先秦諸子繫年考辨・宰我死齊考》，更舉旁證以證子我（闞止）即宰我。但《史記・仲尼弟子列傳・索隱》云：「左氏無宰我與田常作亂之文，然有闞止字子我，而田、闞爭寵，子我為陳恆所殺。恐字與宰我相涉，因誤云然。」頁 880。仕齊爭寵作亂，為陳恆所殺者係闞止。闞止字子我，而宰我亦字子我，故以字子我之闞止，誤為字子我之宰我也。（考證文繁，不具引。）後之為說者，多以此為是。故《孔門弟子研究・宰我》云：「宰我一生，是沒有任過官職的。」頁 66。雖如此，但《說苑・雜言》：「子西謂楚王曰：『王之臣用兵有如子路者乎？使諸侯有如宰我者乎？』」頁 138。《孔叢子・嘉言》：「宰我使於齊。」頁 2。又〈記義〉：「孔子使宰我使於楚。」頁 9。皆言宰我一如子貢具有外交長才也。而楚令尹子西，又有「王之官尹有如宰我者乎？」（《史記・孔子世家》頁 769。）除具外交長才外，亦或有可為官尹之能也。

10　《孟子・公孫丑》：「宰我、子貢，善為說辭。」頁 70。《尸子・下》：「仲尼辭不辯，宰我侍。」頁 12。《論語・先

孔門高第，惟以口無擇言，涵養功疏，屢受責斥，竟或
以為德薄，不可救藥之反面典型人物，使嘉言懿行，未
能顯揚於後世也。**11**

進》：「言語、宰我、子貢。」頁154。《我與論語‧仁從那
兒來》：「宰我擅長語言，智慧又高，跟子貢一樣，遇到疑惑
之處，會拐彎抹角，不著痕迹問夫子。」頁67。《闕里誌‧先
賢列傳》：「吾於予，取其言之近類也，於賜，取其言之切事
也。」頁614。

11　《孔門弟子研究‧宰我》：「宰我在孔門中，成就是比較大
的，地位是比較高的。」頁74。《孔門弟子志行考述》：「宰
我是孔門高第弟子，然《論語》一書記宰我多不美之辭，而畫
寢、三年之喪兩章尤甚。」頁67。（另宰予問五帝之德於孔
子，——《大戴記》、《孔子家語》皆詳言之，惟文辭風格，
皆不同於《論語》，內容亦當係後儒想像，故本文略而不論。
——《史記‧仲尼弟子列傳》：「予，非其人也。」而梁丘據
遇虺毒，瘳而問攻療之方。《孔叢子‧嘉言》：「孔子曰：汝
說非也。」此等口吻，弟子中除子路、冉有外，少有如此之責
斥語。）亦因孔子有此嚴厲之批評，而《史記‧仲尼弟子列傳》
又以「孔子恥之」作結，宰我遂成為德薄、行不肖、不可救藥
之反面人物典型代表。除《韓非子‧顯學》孔子自言：「失之
宰予」外，而《三國志‧魏書‧少帝紀》亦云：「聖人行事，
不能無失，是以堯失之四凶，周公失之二叔，仲尼失之宰
予。」頁175。《孔門弟子志行考述》：「及其死，無門人弟
子為之道譽，所以他的嘉言懿行，不能顯揚於後世。」頁72。
至此，讀方觀旭《論語偶記》：「宰我因數為聖人所責，論社
有不咎之戒，晝寢有何誅之警，從井之疑，短喪之問，皆非所
與。遂使人幾忘其列聖門言語之科，發賢於堯、舜之論，受五
帝德帝繫姓之傳，及問鬼神，而聞反古復始之教諸美事，而疑
其行若有短。雖司馬作〈弟子傳〉，亦誣其與田常作亂也，悲

一

就孔子於宰我言行不當深責之，
宰我問而孔子答之二方面言之。

1. 孔子於宰我言行不當深責之者

〈八佾〉

> 哀公問社於宰我。宰我對曰：「夏后氏以松；殷人
> 以柏；周人以栗，曰：『使民戰栗。』」子聞之曰：
> 「成事不說。遂事不諫。既往不咎。」

　　魯哀公問后土之社神木主事於宰予，宰予答以夏時
以松，殷時以柏，周時以栗。並釋栗之義為使民畏懼戰
慄。孔子聞而責之謂：事已初成時，不可復議論；事已
既行日，不可復諫止；事已過往後，雖有失誤，亦不可
復追究也。孔子之所以如此責宰予者，蓋以其妄釋使民
戰栗，牽強附會之失言也。以社之植樹為木主，各以其
土之所宜，非取義於木之為名也。若謂使民戰栗而名

夫！」頁6（總14447）。方氏此言，似亦抱有何以如此？無可
奈何恨憾也。《四書釋義・論語要略・孔子之弟子》：「宰我
與子貢同列言語之科，亦孔門高第弟子。《論語》所載，於宰
我獨多深責之辭。疑宰我身後，多見誣於其政敵，編者不察，
載之《論語》，或非當時之情實也。」頁137。錢氏此言，或可
道出何以如此之原因所在也。

栗，則夏之以松，殷之以柏，將又何以解說之乎？或宰
予使民戰栗之論，意在樹立威嚴，救魯之權落三家，政
在大夫；然如是言之，必啟時君殺伐之心，而行殘暴之
政，此大有悖乎孔門之德化也。故孔子以三不字句，以
示無奈深責宰予，而期其慎言也。[12]

〈公冶長〉

> 宰我晝寢。子曰：「朽木，不可雕也。糞土之牆，
> 不可杇也。於予與何誅？」（子曰：）「始吾於人
> 也，聽其言而信其行。今吾於人也，聽其言而觀其
> 行。於予與改是。」

宰我晝日寢寐，臥床不起，孔子謂：腐朽之木，不
可以雕鏤刻劃；糞土之牆，不可以杇鏝塗飾，於宰予斯
人也，吾尚有何言以責之乎？繼而又謂：昔吾於人，聽
其所言，即信其所行；今則聽其所言，必觀察其所行，

---

12 《論語隨筆‧三》：「所以告哀公以使民戰栗者，蓋謂魯國積
    弱，主威不振，故藉此教哀公任法用威，以圖振作耳。然而謬
    矣，魯國不振，正坐私家擅權，而民心離渙。若更法以憚之，
    百姓解體，誰與奉公室者，此立危之道也。此言之失，所關甚
    大，故聖人深責之。」又「成事不說三句，反覆言之，重惋累
    歎，正所謂深責之也。然三句意思亦有次第。說謂陳其是非，
    諫謂申其匡救，咎謂責其愆尤。三語正不說之說，不諫之諫，
    不咎之咎也。」頁15（二冊，二十一函）。《論語會箋‧
    三》：「成事、初成之事也，遂事、已竟之事也，既往者、過
    去也。說謂陳其是非，諫謂申其匡救，咎謂指其愆尤。言各有
    所當，而其實一意，唯是重言以深責宰我也。」頁33。

是否言行合一，此由宰予之言行不相符，而有如是改變也。孔子於宰予所以如是深責之者，蓋白晝臥寢，恐緣於終宵嬉戲，或長夜酣飲，使精耗神損，志消氣衰，而怠惰昏憒有以致之也。此與黽勉惕勵，夙夜匪懈，自強不息，孜孜矻矻，專心壹志於道者適相反。其不可施教也明矣，故孔子如此言之。又宰予列四科言語，能言而行不逮，或善其言而頗其行，言與行違，故孔子於觀察人之言行，由始聽言信行，改為今之察言觀行也。[13]

13　子曰：始吾於人也以下云云，《注》、《疏》及《皇本》與上章併為一章，《朱注》亦引胡氏曰：「子曰，疑衍文。……宰予不能以志帥氣，居然而臥，是宴安之氣勝，儆戒之志惰也。」頁60。《論語隨筆·五》：「次節子曰二字，乃更端之詞。上節疾呼直斥，此節冷言婉勸，再著子曰，正見夫子丁寧反覆，望人無己神情，胡氏以為衍文者失之。」又「人之精神振奮則日新，頹惰則朽敝；人之志氣清明則靈通，污濁則闇塞，故有朽木糞土之喻。」頁5-6、頁6（二冊，二十一函）。《四書廣解·語論今解》：「孔子此言，仍為宰予而發。」頁60。今從而為之説。《禮記·檀弓》：「君子非疾也，不晝夜居於內。」頁129。《文選·十九·高唐賦》：「昔者先王嘗遊高唐，怠而晝寢。」頁177。《韓詩外傳·六》：「衛靈公晝寢而起，志氣益衰。」頁261。《論語今解·公冶長》：「宰予晝寢，恃才自逸，無向上意，志氣昏惰，故孔子深責之。」頁39。《論語注評·公冶長》：「古者雞鳴而起，猶苦晝短，大禹亦惜寸陰；而晝日寢寐，如何能為學作事，故孔子深責之。」頁70。此孔子以非疾居內，怠而晝寢，志氣衰而昏惰而責之也。又或解晝寢為睡午覺，然以今日養生之道觀之，午睡小憩，有益健康，以今例古，當無二致。劉開《論語補注·中》亦言：「當晝而假寐，亦古人所不免。」頁6（二十

四函）。孔子何以如是深惡痛絕？故此說無可取。《語譯廣解‧論語新解》：「按：韓李《論語筆解》謂：畫舊文作畫。李匡義《資暇錄》云：寢，梁武帝讀為寢室之寢，畫當作畫字，言其繪畫寢室。周密《齊東野語》謂：嘗見隋侯白所注《論語》亦言：畫當作畫。春秋時士大夫多盛飾其居室。宰予畫寢，是亦未能免俗，故孔子斥之。其曰：於予與何誅者，言俗尚奢華，於宰予獨何責乎？此別一解，其說亦通。」頁59。既於宰我獨何責乎？則又何出不可雕、不可杇孔子斥之之言？謂為一別解可也，其說亦通，則不可也。又或以朽木不可雕也，糞土之牆不可杇也，謂宰予身體底子太弱，多使之畫寢休息，不可苛求過甚。（詳見《論語別裁》）說雖新鮮，恐未必如是。又《論語今讀‧公冶長》：「宰我是個聰明而不夠勤奮，有才華而不重修養的學生，多次受到孔子的嚴厲責備；但孔子不但寬容收留他，而且還盛贊過他。不拘一格識人才，才可能是導師或領袖。」頁129。《四書味根錄‧論語‧公冶長》：「此聖人儆惰行者，不是責予，而曰于予何誅，其詞切而使之惕。本非有失，而曰于予改是，其詞婉而使之愧。」頁8。而《孔門弟子研究‧宰我》：「宰我受到『朽木不可雕也，糞土之牆不可杇也』的指責，是夠嚴厲了。但是我們要分析一下，這話是愛護性的批評呢？還是決裂性的戰書呢？是一時的氣話呢？還是最後的鑑定書呢？很顯然是屬於前者。……是愛護性的一時生氣情況下的批評。」頁73-74。此言極是，勝於傳統謂宰予係不可救藥反面人物，甚而以宰予言行，有污聖門，當刪除其十哲配享（詳見戴溪《石鼓論語答問》）說解。且《論語古解‧三》又云：「邢氏曰：宰我處四科，而孔子深責者，託之以設教耳。珊琳公曰：宰予見時後學之徒，將有懈廢之心生，故假畫寢以發夫子切磋之教，所謂互為影響也。」頁3（二十九函）。觀此，而非「不可救藥反面人物說解」之想，似可信矣。《論語蒙引‧五》：「宰予能言，其平日所言，必有志學勤篤之事；今也畫寢，則是行之不逮處，故夫子

2. 宰我問而孔子答之者

〈雍也〉

　　宰我問曰：「仁者雖告之曰：『井有仁焉，』其從
之也？」子曰：「何為其然也？君子可逝也，不可
陷也；可欺也，不可罔也。」

　　宰我問於孔子，設如仁者，或雖告以有人誤陷於
井，亦從而救之否乎？孔子聞而怪疑之謂：何以如是。
君子可逝往察視，思何以救之，而不可自投於井，從而
救之也。君子人可以事之或有以欺之，而不可以理之必
無以罔之也。孔子以宰予本仁者有殺身救世，濟人患難
精神，從井救人，似無不可之問。而以救之必有其道，
權衡形勢，得其術計救出之。若從而入於井，必與之同
死，自身不保，將何以救人？且君子人之行，事之或有
者，則誑而欺之以方；理之必無者，則不可昧而罔之非
道也。此蓋宰予或信道不篤。以仁者勇於所為，不計後
果行事，忽乎明辨是非之智，故孔子如是曉告之也。**14**

　　　既責其昏惰，復以其行不掩言者並責之，所以重警之也。」頁
　　　81（二冊，十八函）。此分析極是，夫子之所以由聽言信行，而
　　　聽言觀行之改變，皆出乎此也。
14　《集注》：「劉聘君曰：有仁之仁，當作人。今從之。」頁
　　　83。《論語正義》：「俞氏樾《平議》：謂井有人，或為井中
　　　有仁道。從之者，行仁道也；或謂井有仁，即井有人，仁與人
　　　同，並通。」頁130。《論語隨筆·六》：「道理止論當下，

〈陽貨〉

宰我問：「三年之喪，期已久矣！君子三年不為禮，禮必壞；三年不為樂，樂必崩。舊穀既沒，新穀既升，鑽燧改火，期可已矣！」子曰：「食夫稻，衣夫錦，於女安乎？」曰：「安。」「女安則為之！夫君子之居喪，食旨不甘，聞樂不樂，居處不安，故不為也。今女安則為之。」宰我出，子曰：「予之不仁也！子生三年，然後免於父母之懷。夫三年之喪，天下之通喪也。予也，有三年之愛於其父母乎？」

宰我問三年之喪於孔子，謂居喪三年，為時過久。

從井必不能救人，當下便無此理。不是惜此身為天下，不為一人也。從井之不可，只是救法差，不是不當救，亦不論所救有多寡大小也。」頁16（三冊，二十一函）。《論語學案·雍也》：「不失其身而為天下者有之矣，未聞失身以為人者也。失身以為人，是從井救人之說也。」頁51（總207-567）。《（鄭國慶）論語評注》：「孔子的回答似乎不那麼令人信服。他認為下井救人是不必要的，只要到井邊尋找救人之法也就可以了。這就為君子不誠心救人找到這樣的一個藉口，這恐怕與他一貫倡導的見義不為非君子的觀點是截然相反的了。」頁110。從井救人，除必不能救之外，且將與之同死，何可以見義不為，不誠心救人云云非之？此解不可從。《論語通解·雍也》：「君子可以叫他遠遠走開，卻不可以陷害他；可以欺騙他，卻不可以愚弄他。」頁122。此全錄《論語譯注》欠妥當之說，亦不可從。

君子人如三年不習禮、樂，則禮、樂必荒廢崩壞。又舊穀食盡，新穀升登，鑽燧改火，亦期年而周。居喪一年，斯亦可止矣。孔子聞而反問之謂：食稻衣錦，汝心安乎？宰我竟答曰：安。孔子乃責之謂：汝如心安，則可自為之也。惟君子人之居喪也，以悲痛哀戚在心，雖食佳餚，而不知其甘美；雖聞好音，而不知其歡娛。居之處之而不安，故不為也；今汝食旨而甘，聞樂而樂，則可自為之矣。宰我退，孔子語諸其他弟子謂：予之不仁於其父母也，子女生後滿三年，始免於父母之襁褓懷乳，且三年之喪，乃天下通喪，若宰我也，竟無三年之愛於其父母乎？宰我或以居喪過久，禮壞樂崩，應依天運一周，周而復始，時物皆變之道，而短其喪，期年可止。孔子初以父母逝世僅一年，食稻衣錦，回復正常生活，已知其甘美，而無哀戚之心，云汝安則為之，絕之之辭也。繼而以君子之居喪也，食旨不甘，聞樂不樂，而不居之處之，發其不忍之端，以警其未察及此，當反求諸己也。終又復告以汝安則為之，深責宰我之無愛於父母，欲其有所自省也。孔子之所以如此言之者，蓋父母撫育顧復，昊天罔極之恩，寸草心難報三春暉。云三年通喪者，自天子達於庶人，不分貴賤，無別智愚；恐賢者過，不肖者弗及，聖人所定之中制耳。非以三年，即可盡報父母恩也。且主旨並非全在周歲三年之短長，而在哀戚惻怛之心，存乎其中否也。故再言女安則為之，重責予之不仁也，予也有三年之愛於其父母乎？孝子於此，當三致意焉。**15**

小　結

　　宰我，在《論語》中，除〈先進〉：「言語，宰我、子貢」外，尚有四則。於此四則中，除知其晝寢，怠惰昏憒，不能專心壹志於道之習性外，由孔子責其使民畏懼戰栗，妄釋周人以栗之言，又欲短喪，無三年之愛於其父母，藉禮崩樂壞，鑽燧改火為之辭。此雖與列於言語善其言有關，然多飾辭之巧辯也。以言多失誤，行有怠忽，故孔子由聽其言而信其行，改為聽其言而觀其行，望其能慎言謹行也。至其他，惜《論語》中所載較少，則不可得而知之矣。

15　《集注》：「禮、父母之喪，既殯食粥，齊衰。既喪、疏食水飲，受以成布。期而小祥，始食菜果，練冠縓緣，要絰，不除。無食稻衣錦之理。夫子欲宰我反求諸心，自得其所以不忍者，故此之問也。而宰我不察也。」「初言女安則為之，絕之之辭，又發其不忍之端，以警其不察。而再言汝安則為之，以深責之。宰我既出，夫子懼其真以為可安而遂行之，故深探其本而斥之，言由其不仁，故愛親之薄如此也。」「又言君子所以不忍於親，而喪必三年之故，使之聞之，或能反求，而終得其本心也。」頁274。《論語精解・陽貨》：「喪起于愛，禮行於心，宰我要縮短喪期，孔子拿不忍的心反覆警惕他。」頁163。《論語贅言・下》：「父子之愛，天性也；三年之喪，貴賤通行之禮也。賢如宰我，何遂有短喪之說乎！蓋凡人初喪之時，莫不有自然之哀，時漸久則哀漸忘，至期年而不忘哀者亦希矣。夫子曰：『喪事不敢不勉。』子張曰：『喪思哀。』宰我殆任其情之自忘，而不知思勉之義，故有此說，而為聖人

之所深責也。」頁10。《四書味根錄‧論語‧陽貨》：「此啓
宰我仁親之心，以仁字作主。凡心不安處即是仁，仁正與安相
反。」頁19。《論語淺解‧陽貨》：「孔子從內心的安與不
安，來說明三年之喪的必要，反映了他重視人們內心自覺的道
德感情的思想。沒有自覺的孝心，三年之喪也就徒具形式，失
去了意義。」頁279。《論語隨筆‧十七》：「極天下不孝之
情，祇是一安字。安字當下，便是不仁。世之居三年之喪，而
食旨聞樂者，都生此病。聖人逼出宰我一安字而痛責之，以發
其不忍之端，不但為欲短喪者誅心，正使居三年之喪者通身汗
下也。」頁18（六冊，二十一函）。或以為宰予為孔門大弟
子，列四科言語之先，安有知言之人，而竟發此違情犯禮，大
有不仁愛於父母短喪之論？其所以如此者，蓋以喪期過久，禮
漸衰，恩趨薄，而思變舊制三年之喪為一年，合乎時代趨勢之
革新思想所致。此不僅宰予有此異議，即與孔子同時之趙簡
子，亦下令除三年之喪舊制，改為一年也。詳《論語李氏集註》
與《孔門弟子研究》。

貳、子貢

子貢生平事蹟

　　子貢，姓端木，名賜，字子貢，貢亦作贛，春秋末衛人也。[1]生於魯昭公二十二年（周景王25年，西元前520年），少孔子三十一歲。[2]幼時不似顏淵、子路之家貧，富有財資。[3]師事孔子，頌為天縱大聖，賢同日月；關係特殊，而為天下顯士。[4]卒年不詳，但知終於齊。[5]

1　《史記‧仲尼弟子列傳》：「端木賜，衛人，字子貢。」頁880。衛，今河南濮陽一帶。《尸子‧勸學》：「子貢，衛之賈人也。」頁1。《韓詩外傳‧八》同。

2　分見《史記‧仲尼弟子列傳》及《闕里誌‧年譜》。

3　李啟謙略謂：子貢拜孔子為師前，即從事經商活動，以二十餘歲青年經商，本身不可能有何資本，當係家庭所資助。於此可知子貢幼時家庭較有財產。詳《孔門弟子研究‧子貢（端木賜）》。

4　子貢之師事孔子，日欽其德。《論衡‧講瑞》：「子貢事孔子，一年，自謂過孔子，二年，自謂與孔子同，三年，自知不及孔子。當一年二年之時，未知孔子聖也，三年之後，然乃知之。」頁164。《論語‧子罕》：「固天縱之將聖，又多能也。」頁120。既知孔子為聖人，乃大加頌美。《論語‧子張》：「夫子之牆數仞，不得其門而入，不見宗廟之美，百官之富。」頁297。又「仲尼，不可毀也。他人之賢者，丘陵也，猶可踰也；仲尼，日月也，無得而踰焉。」頁297-298。又「夫子之不可及也，猶天之不可階而升也。」頁298。《韓

詩外傳・八》：「子貢曰：臣終身戴天，不知天之高也；終身
踐地，不知地之厚也。若臣之事仲尼，譬猶渴操壺杓，就江海
而飲之，腹滿而去，又安知江海之深乎！」頁338。《孟子・
公孫丑》：「自生民以來，未有夫子也。」頁73。《孔門弟子
研究・子貢》：「子貢對孔子贊揚，是發自內心的崇敬，不是
為了個人升官發財，他的心是純正的。」頁99。師生間情感篤
厚，出為之御，饑為之食，揚其名於天下，廬其墓凡六年，而
孔子亦美子貢材如瑚璉，達可為政，病危思急見之，而情同父
子。故《說苑・雜言》：「孔子遭難陳、蔡之境，絕糧，……
免於厄。子貢執轡曰：二三子從夫子而遇此難也，其不可忘
已。」頁138。《韓詩外傳・一》：「荊伐陳，陳西門壞，因
其降民使修之，孔子過而不式，子貢執轡而問。」頁14。《莊
子・盜跖》：「顏回為馭，子貢為右，往見盜跖。」頁427。
《孔子家語・在厄》：「孔子厄於陳、蔡，從者十日不食，子
貢以所齎貨，竊犯圍而出，告糴於野人，得米一石焉，顏回、
仲由炊之於壞屋之下。」頁51。《古微書・論語緯》：「（孔
子曰）自吾得賜也，遠方之士日至，是非奔轃乎！」頁476
（三十函）。《史記・貨殖列傳》：「使孔子名布揚天下者，子
貢先後之也。」頁1338。《禮記・檀弓》：「孔子之喪，門人
疑所服。子貢曰：昔者夫子之喪顏淵，若喪子而無服，喪子路
亦然。請喪夫子，若喪父而無服。」頁131。《孟子・公孫
丑》：「孔子沒，三年之外，門人治任將歸，入揖於子貢，相
嚮而哭，皆失聲，然後歸。子貢反，築室於場，獨居三年，然
後歸。」頁128-129。《史記・孔子世家》：「孔子葬魯城北
泗上，弟子皆服喪三年，三年心喪畢，相訣而去，則哭，各復
盡哀。或復留，唯子貢廬於冢上凡六年。」頁773。《論語・
公冶長》：「子貢問曰：賜也何如？子曰：汝器也。曰：何器
也？曰：瑚璉也。」頁55。又〈雍也〉：「（季康子問）曰：
賜也，可使從政也與？曰：賜也達，於從政乎何有！」頁75。
《禮記・檀弓》：「夫子殆將病也，遂趨而入。夫子曰：賜！

配享，唐追封為「黎侯」，宋加封為「黎國公」，旋又改封為「黎公」。[6]子貢之為人也：性敏捷，因此識彼，告往知來，侃侃和樂也。[7]貧無諂，富無驕，行己有恥，強恕求仁。[8]惟利口巧辭，而喜方人，孔子嘗黜其辯。[9]至

 爾來何遲也。」頁130。《史記·孔子世家》：「孔子病，子貢請見，孔子方負杖逍遙於門，曰：汝來何其晚也！」頁772。《尸子·勸學》：「子路，卞之野人也；子貢，衛之賈人也，皆學於孔子，遂為天下顯士。」頁1。又見《韓詩外傳·八》、《呂氏春秋·當染》等。

5　《孔門弟子研究·子貢》：「死於何年不詳。」頁80。《史記·仲尼弟子列傳》：「卒終於齊。」頁882。

6　《孔門弟子研究·子貢》：「《後漢書·明帝紀》載：東漢明帝十五年東巡狩，三月，……幸孔子宅，祠仲尼及七十二弟子。從這以後，孔子弟子（包括子貢在內），就不斷受到歷代官府的祭祀。與此同時，對子貢也不斷追加謚號，唐開元二十七年（西元739年），追封為『黎侯』，宋大中祥符二年（西元1009年），加封『黎陽公』，旋又改封為『黎公』。由此可見，不論文人學士，還是歷代帝王，對他都曾給以肯定和推崇的。」頁100。《聖門十六子書·端木子書·祠墓古蹟》：「先賢端木子貢，墓在濬縣城東南二里大伾山東南張家莊。」頁647。

7　《說苑·雜言》：「（子夏問）曰：子貢之為人也何若？曰：賜之敏，賢於丘也。」頁140。《論語·公冶長》：「賜也，聞一以知二。」《集注》：「子貢推測而知，因此而識彼。」頁58-59。又〈學而〉：「賜也，始可與言詩已矣，告諸往而知來者。」頁11。又〈先進〉：「冉有、子貢，侃侃如也。」《疏》：「侃侃，和樂之貌。」頁97。

8　《論語·學而》：「子貢曰：貧而無諂，富而無驕，何如？」頁11。又〈衛靈公〉：「子貢問曰：有一言而可以終身行之者

其功業也，善辭說，列四科言語。¹⁰為政，能折衝樽俎，
不辱君命。¹¹貨殖，能億則屢中，富比陶朱。¹²重仁道教

　　乎？子曰：其恕乎，己所不欲，勿施於人。」頁 241。又〈子
　　路〉：「子貢問曰：何如斯可謂之士矣？子曰：行己有恥。」
　　頁 201。又〈雍也〉：「子貢曰：如有博施於民，而能濟眾，
　　何如？可謂仁乎？」頁 85。

9　《孔子家語・七十二弟子解》：「有口才著名。」頁 87。《論
　　語・憲問》：「子貢方人。」頁 222。《史記・仲尼弟子列
　　傳》：「子貢利口巧辭，孔子常黜其辯。」頁 880。

10　《孟子・公孫丑》：「宰我、子貢，善為說辭。」頁 70。《論
　　語・先進》：「言語，宰我、子貢。」頁 154。《闕里誌・先
　　賢列傳》：「吾於予，取其言之近類也。於賜、取其言之切事
　　也。」頁 614。

11　除《說苑・雜言》之「子西謂楚王曰：王之臣用兵有如子路者
　　乎？使諸侯有如宰予者乎？長官五官有如子貢者乎？」頁
　　138。除長官五官不知究居何職外，但因善言語，巧辭說，又
　　反應敏捷，故自言長於外交。《韓詩外傳・九》：「孔子與子
　　貢、子路、顏淵遊於戎山之上，孔子喟然嘆曰：二三子各言爾
　　志。……（賜）對曰：得素衣縞冠，使於兩國之間，不持尺寸
　　之兵，升斗之糧，使兩國相親如兄弟。」頁 380。其顯著成
　　就，則有：孔子絕糧於陳，子貢說楚，昭王興師迎孔子（詳見
　　《史記・仲尼弟子列傳》），一也。哀公六年，吳欲霸中國，徵百
　　牢於魯。哀公會吳人於鄫，太宰嚭召季康子，康子不欲與會，
　　使子貢為辭。子貢以禮折之，太宰嚭無辭以對，二也。哀公十
　　一年，吳敗齊師，賜魯叔孫氏甲、劍、鈹等，叔孫氏不知何以
　　答謝。子貢進而為之辭說，以解叔孫氏之窘困，三也。哀公十
　　二年，魯、衛會吳人於鄖，吳人圍衛侯舍而拘留之。子貢見太
　　宰嚭說而脫之，四也。哀公十五年，子貢於齊、魯媾和會中，
　　亦以辭說使齊還侵魯之成地，五也。（以上皆詳《左氏》各該
　　年傳）此皆子貢因善言語，為一傑出外交家也。故「楚令尹子

化而不以暴為治，有顯著成就，垂範後世也。 13

西曰：王（昭王）之使，使諸侯，有如子貢者乎？曰：無有。」
（《史記‧孔子世家》頁 769）「越與魯盟於平陽，三子（季康
子、叔孫文子、孟武伯）皆從。康子病之（恥從蠻夷盟），言
及子贛曰：若在此，吾不及此夫（不遭此與蠻夷越盟之恥辱也）」
（《左‧哀二十七年傳》頁 1053）。至司馬遷「子貢一出，存
魯、亂齊、破吳、彊晉而霸越，子貢一使，十年之中，五國各
有變。」（《史記‧仲尼弟子列傳》頁 882）將子貢描寫成威力
無窮，神奇外交家云云，乃戰國縱橫家、策士巧言亂德，傾覆
人國家，非聖賢所為之辭説，因子貢善於言語而附益者，不可
盡信。

12　《論語‧先進》：「賜不受命，而貨殖焉，億則屢中。」頁
　　151。《史記‧仲尼弟子列傳》：「子貢好廢（謂買賤賣貴），
　　與時轉貨貲（轉易貨賣取貲利）。」頁882。又〈貨殖列傳〉：
　　「鬻財於曹、魯之間，七十子之徒，賜最為饒益。」頁1338。
　　《論衡‧知實》：「子貢善居積，意貴賤之期，數得其時，故
　　貨殖多，富比陶朱。」頁259。

13　《韓詩外傳‧三》：「季孫之治魯也，眾殺人而必當其罪，多
　　罰人而必當其過。子貢曰：暴哉治乎！」頁126。《孔門弟子
　　研究‧子貢》：「在國內政務上，子路是擅長治軍賦，而子貢
　　是喜歡搞教化。」頁87。《鹽鐵論‧貧富》：「子貢以著績顯
　　於諸侯，陶朱公以貨殖尊於當世，富者交焉，貧者贍焉。故上
　　自人君，下及布衣之士，莫不戴其德，稱其仁。」頁20。《論
　　語的哲學詮釋‧學而注釋十二》：「子貢作為一個政治家和商
　　人而名垂青史，在孔門弟子中，他可能僅次於顏淵而位居第
　　二。」頁67。

一

就孔子於子貢主動呼而告誡之，先自感嘆、發其疑、待其問而教誨之，聞子貢有所陳述而曉之，評論諸弟子時，中有子貢，或子貢直接發問而答之諸方面言之。

1.孔子於子貢主動呼而告誡之者

〈衛靈公〉

> 子曰：「賜也，女以予為多學而識之者與？」對曰：「然！非與？」曰：「非也！予一以貫之。」

孔子呼子貢而告之曰：賜也！汝意以為予多所學習，多見多聞而誌之於心，永不相忘者歟？子貢初以為然，後疑其辭而反問：非多學而識之者歟？孔子告之曰：非如是也！吾所講論之道，祇是一個道理上絕對之道，即仁，而可貫通天下一切道理也。孔子以一貫語曾子，曾子體道深，聞而即曉，且以人所易知忠恕釋之。[14] 此於子貢，先疑其辭而後告之者，蓋子貢之學，多而能識，孔子恐其僅止乎此，而不再精進，故教其知所本。

---

14 《論語‧里仁》：「子曰：『參乎！吾道一以貫之。』曾子曰：『唯。』子出，門人問曰：『何謂也？』曾子曰：『夫子之道，忠恕而已矣！』」頁48-49。

而告之以此也。[15]

---

15 《石鼓論語答問・下》：「聖人不貴於多學歟？曰：博學詳
說，聖賢之事也，然必有以貫之，則博而有要。人但見聖人之
博學多識，而不知聖人之有要也。隱然一貫之理，默通於博學
之中也，此其博學也與人異。」頁34。此亦道出孔子所以告之
之意。又《集注》云：「尹氏曰：孔子之於曾子，不待其問而
直告之以此，曾子復深喻之曰：唯。若子貢，則先發其疑而後
告之，而子貢終亦不能如曾子之唯也，二子所學之深淺，於此
可見。愚案：夫子之於子貢，屢有以發之；而其他人不與焉，
則顏、曾以下諸子，所學之深淺，又可見矣。」頁233。《論
語新編注譯・第一章・四》：「一以貫之，即用一個道理把所
有的學問、知識、理論統一起來。」頁71。《論語新解》：
「本章一以貫之，與孔子告曾子章一以貫之，兩章之字所指微
不同。告曾子是吾道一以貫之，之指道。本章告子貢多學一以
貫之，之指學。然道與學仍當一以貫之。道之所得本於學，學
之所求即在道。學者當由此兩章再深求孔子一貫之義始得。謂
孔子告曾子者其義深，告子貢者其義淺，因孔子之言可以測曾
子、子貢兩人所學之深淺，則殊未見其誠然。」頁526。《論
語商・衛靈公》：「曾子從心上用功，學有本領，故乘其悟而
直提之。子貢從聰明上用事，學少源頭，故因其可悟而撥請
之。一則原無病痛，只需直授真丹；一則病根正在，必須先下
一針，使病去而後訣可傳耳。」頁40（總207-491）。《論語編
者子思的考證》：「從前一章孔子說其道可一以貫之，就是說
他的道理可以一曉百曉，一通無遺。後一章他說一以貫之，就
是說他的學問能不需多學而識之。所以，這所謂一以貫之的
道，就是一種推理的方法；不過這個方法，獨一無二，可以應
用於凡百事物，也就是說，這就是孔子為學的一個總的原則的
道理。」頁27。《洙泗考信餘錄・一》：「〈子張〉篇：子貢
之推尊孔子至矣，則孔子之道所以昌明於後世者，大率由於子
貢。」頁40。又云：「聖道之顯多由子貢，聖道之傳多由曾

〈憲問〉

　　子貢方人。子曰：「賜也，賢乎哉？夫我則不暇。」

　　子貢喜臧否人之善惡優劣，論斷人之是非長短。孔
子責之謂：賜也！爾之涵養修持果皆賢善乎？而如是譏
諷品評他人！夫我，則自治尚感不足，而無暇及於此
也。蓋子貢確有喜臧否、論斷、或比較人我如何如何習
性。此可由「賜也何如？」「師與商也孰賢？」「孔文子
何以謂之文也」之問孔子；「紂之不善，不如是之甚
也！」「管仲非仁者與」之尚論古人等知之。[16]且太史公

　　子。子貢之功在當時，曾子之功在後世。」又云：「羽翼聖道
　　於當時，顏、閔、子貢、由、求之力，而子貢為尤著。流傳聖
　　道於後世者，游、夏、曾子、子張之功，而曾子為尤純。」頁
　　25、頁41。《論語孔門言行錄・二》：「孔子自顏子以下，穎
　　悟莫若子貢，自曾子以下，篤實無如子夏。」頁15。觀此，則
　　知夫子於曾參、端木賜二弟子特以一貫語云云所在矣。

16　所言見〈公冶長〉、〈先進〉、〈子張〉、〈憲問〉等篇。至〈公
　　冶長〉「女與回也孰愈？」亦孔子以子貢喜方人而有此問也。
　　《石鼓論語答問・下》：「此聖人以其身為子貢訓也。若一日
　　三省吾身者，必無工夫方人矣。為善惟恐其不足，救過惟恐其
　　不給，雖聖人猶以為不寢不食也，何暇論人哉！」頁28。《論
　　語集說・七》：「比方人物而較其短長，則心馳於外，而所以
　　自治者疏矣。」頁31（總20140）。《論語集釋・憲問・中》：
　　「黃宗羲《明儒學案》引吳康齋曰：日夜痛自檢點且不暇，豈
　　有暇檢點他人。責人密，自治疏矣，可不戒哉。」頁879。
　　《四書味根錄・論語・憲問》：「此見學當以自治為急，乎、
　　哉、夫、則四字虛婉，須得使他自思自省意。」頁23。此皆夫

又曰：「喜揚人之美，不能匿人之過。」17凡此，皆聖賢
所慎，而利口巧辭之子貢，又屢屢觸及之，故孔子語此
而寓深抑之之意也。

〈公冶長〉

> 子謂子貢曰：「女與回也孰愈？」對曰：「賜也，
> 何敢望回？回也，聞一以知十；賜也，聞一以知
> 二。」子曰：「弗如也！吾與女，弗如也！」

孔子以子貢喜方人，乃問其才能與顏淵孰勝？子貢
言顏淵之才也十，而己則僅為二，相去懸遠，何敢相
比。孔子聞此，知子貢有自知之明，又恐其自屈而慚，
故謂吾與汝皆弗如也（或曰：與、許也，吾與點也之
與，亦通。），其所以如此者，蓋一者數之始，十者數之
終。回也，明睿上智，生知之亞，即始而見終，故終日
不違，無所不悅，其庶幾乎而為德行之首；而賜也，瑚
璉美材，中資以上，因此而識彼，告往知來，億則屢
中，雖為言語之俊；然終不聞性與天道，未能如曾子之
一貫也。孔子語此，除美顏淵外，亦以慰子貢也。18

子之所以抑之者也。

17 《史記·仲尼弟子列傳》頁882。

18 《論語義疏·三·雍也》：「（苞意）夫子嘉其有自見之明，
而無矜剋之貌，故判之以弗如。同之以吾與汝，此言我與爾雖
異，而同言弗如，能與聖師齊見，所以為慰也。」頁7-8（二
冊，三函）。《論語新編注譯·第二章·二》：「《論語集解》
引包咸說：既然子貢不如，復云吾與汝俱不如者，蓋欲以慰子

2.先自感嘆，發其疑，待其問而教誨之者

〈陽貨〉

　　子曰：「予欲無言。」子貢曰：「子如不言，則小

貢也。朱熹則以為此中與字當作贊許講，即贊賞子貢的不如。李偉泰先生（臺灣大學文學系教授）認為，作贊許講，則是無情的奚落子貢，絕非孔子所為。如果作和字解，認為俱字是附和子貢，則是對子貢顧全臉面的體貼說法，既有對顏回的贊賞，又有對子貢的勉勵，表現出偉大的教育家孔子那種有若無，實若虛的謙謙之德，體現出孔門師生間相敬、相勉、互愛之情，並非孔子真不如顏淵。」頁127。《論語商·公冶長》：「子貢好以知勝人，故夫子提醒他。首句不是平平比較發問之詞，言汝一向自認聰明，畢竟與回何如？全是打動他，要他尋向裡面一步去。」頁28（總207-446）。《論語隨筆·五》：「此章總是激厲子貢，愈、如、望三字不同，愈是差勝，如是一樣，望則更差得遠了。」頁5（二冊，十五函）。案：孔門中聰明特達，可以大受者，顏回之外，實莫如賜。然賜之所重，在多學而識，或徒在聞見上比方，以較量所知之多寡，而不及回之潛心性命，學敦太原，一徹盡徹，明無不照，故弗如也。詳見李中孚《反身錄》。《論語集釋·公冶·上》：「梁氏旁證，愚謂子貢必待告往而後知來，若顏子無所不說，則不待告往而來無不知矣。胡氏泳曰：十者數之終，以其究極之所至而言，二者一之對，以其彼此之相形而言。輔氏廣曰：聞一知十，不是聞一件限定知得十件，只是知得周徧，始終無遺。聞一知二，亦不是聞一件知得二件，，只是知得通達，無所執泥。知得周徧，始終無遺，故無所不說。知得通達，無所執泥，故告往知來也。」頁269。如此解二與十，真能擺脫數字之限，直探經義矣。

子何述焉？」子曰：「天何言哉！四時行焉，百物
生焉，天何言哉。」

孔子曰：吾欲無所言矣。子貢聞而問之曰：夫子如
不言，則弟子何所祖述遵行也？孔子告之曰：蒼天何所
言哉！然四時行，百物生，循其自然之理流行，自不待
言也。又何言之有乎？孔子之所以如是言之者，蓋聖人
之教，一身動靜之間，莫非自然妙道精義，有不待言語
而明著者。孔子恐子貢長於言語，專在此尋求而學之；
不能就躬行處體認以察身教不言，而民自化之理，故以
予欲無言先發其疑，待其問而後教之如此也。[19]

---

19 《論語隨筆·十七》：「予欲無言，本有兩意，一緣聖人之
言，諸弟子總不能領會體察；多言無益，不如無言之為愈也。
一緣諸弟子皆以言求聖人，徒得其言，而不得其所以言，故聖
人別生一法，以無言為教，意思更深一層。」頁16（六冊，二
十一函）。此於子貢，重在後者。《集注》：「程子曰：孔子
之道，譬如日星之明，猶患門人不能盡曉，故曰予欲無言。若
顏子即便默識，其他則未免疑問。」頁272。《論語正義》：
「夫子本以身教，恐弟子徒以言求之，故欲無言以發弟子之悟
也。」頁380。此夫子以子貢之學從知識入，專於言語之間求
之，而忽法天循理，動靜皆天理流行，重身教，不在言語。苟
徒於言語之末求之，而不得其所以立言之本在身教。則必滋生
枝蔓，故夫子乃以予欲無言啓發之，使能近取譬，反諸其身，
而求力行踐履之實以自得也。《荀子·天論》：「列星隨旋，
日月遞炤，四時代御，陰陽大化，風雨博施。萬物各得其和以
生，各得其養以成，不見其事，而見其功，夫是之謂神，皆知
其所以成，莫知其無形，夫是之謂天。」頁206。天何言哉、

〈憲問〉

> 子曰：「莫我知也夫！」子貢曰：「何為其莫知子
> 也？」子曰：「不怨天，不尤人；下學而上達，知
> 我者，其天乎？」

　　孔子自歎曰：世無人知我者！子貢疑而問之曰：何
以發此世無人知我者之歎也？孔子告以一己不見用於世
而不怨天，人不己知亦不尤人。下學人事，上達天命，
人不我知，惟天知之耳。孔子之所以如此言之者，蓋不
見用於世，人不己知，在世人則不免怨天尤人；而孔子
不如此者，以其學為己而非學為人，故不求人知，惟天
知之耳。且天道有盈虧，人世有否泰，而命有窮通，故
用有行藏。雖不見用於世，不為人知，亦何怨尤之有
乎？又下學人事，乃博文約禮，所謂文章可得而聞者
也；上達天命，乃盡性知天，所謂性與天道不可得而聞
者也。登高自卑，行遠自邇，於孔門中，子貢之智，幾
足以及此。惜其有所未達，故孔子自歎，以發子貢之
問，而所以告之以此也。[20]

　　然行無不自化也。《讀論語大全・七》：「小子何述，非小子
何法之謂。述者，轉稱之以傳於人也。子貢之意，欲夫子著書
立教，而使弟子述之以詔後世，亦非但自為學也。」頁479-
480。此解亦有可取。又云：「向後再言天何言哉，非複詞
也。前云天何言哉，言天之所以為天者不言也。後之天何言
哉，言其生百物，行四時者，亦不在言也。」頁477。

20　《論語新解》：「尤、非之之意。孔子道不行於世而不怨天，

3. 聞子貢有所陳述而曉喻之者

〈公冶長〉

　　子貢曰：「我不欲人之加諸我也；吾亦欲無加諸
　　人。」子曰：「賜也！非爾所及也。」

　　子貢自述其志曰：我不欲人加之於我者，我亦不欲
加之於人也。孔子聞而抑之曰：此非賜也爾所能及也。
蓋我不欲人之加諸我，吾亦欲無以加諸人。無者，自然
而然，不待勉強，此仁也。但「己所不欲，勿施於人。」
勿者、禁止之辭，《大學》所謂絜矩之道，此恕也。恕
則子貢可勉為之，故問「有一言而可以終身行之者乎？」

知天命有窮通也。人不己知而不非人，知人事有厄（當脫一
困、窮、危字），亦皆由天命也。」又「孔子之學先由於知
人，此下學也。漸達而至於知天，此上達也。學至於知天，乃
歎亦惟天為知我也。」頁 504、頁 505。《論語孔門言行錄・
七》：「王氏守仁曰：『夫目可得見，耳可得聞，口可得言，
心可得思者，皆下學也。目不可得見，耳不可得聞，口不可得
言，心不可得思者，上達也。如木之栽培灌溉，是下學也。至
於日夜之所息，條達暢茂，乃是上達。故凡可用功，可告語
者，皆是下學；上達只在下學裏。凡聖人所說，雖極精緻，俱
是下學。學者只從下學用功，自然上達，不必別尋個上達的功
夫云。』按：王氏此言，深得一貫之旨，猶云『文章可得而聞，
性與天道不可得而聞。』不知性與天道，即在文章之中，不能
離文章而言性與天道也。」頁 8。語最明確。或孔子欲子貢反
身自修，但能下學，循序漸進，自可上達，終聞性與天道也。

孔子告之以「其恕乎。」仁則恐非日月而至焉之賜也等
所能及之矣，故如此言之。[21] 或以為能不招人以非理、橫
逆之事加陵於己，此雖聖賢猶不能止之，況乎子貢，故
言非爾所及也。

〈憲問〉

> 子貢曰：「管仲非仁者與？桓公殺公子糾，不能
> 死，又相之。」子曰：「管仲相桓公，霸諸侯，一
> 匡天下，民到于今受其賜！微管仲，吾其被髮左衽
> 矣！豈若匹夫匹婦之為諒也，自經於溝瀆而莫之知
> 也？」

子貢疑管仲未得為仁，以桓公殺公子糾，管仲不僅
未能死之，且忘君事仇而為相問於孔子。孔子以當時天
子微弱，管仲相桓公，率諸侯，攘夷狄，以尊周室；拯
人民於衽席，而免被髮左衽，此仁之大者也，故民至今
受其恩賜。若無管仲，則夷狄入侵中國，殊章服，變習
俗，而君不君，臣不臣，盡為被髮左衽異類矣。豈似匹

21　《論語會箋·五》：「中井積德曰：子貢蓋在孔子之側，與同
　　門諸子語，而有此言也，非對孔子說之。孔子旁聞而呼之曰：
　　賜也云云耳，賜也兩字，可想坐上光景。」頁14。此雖係推想
　　之辭，但頗有理。《論語隨筆·五》：「子貢正是平心靜氣，
　　想出處世的法子來，故與以相質；並不是夸大自張，輕脫自
　　許。看一欲字，原不曾說已能如此。聖人只是教他退一步作工
　　夫，非爾所及，但說當平心以察之，漸積以俟之。不可痛加貶
　　語，故抑之正以勉望之也。」頁7（二冊，二十一函）。

夫匹婦無知凡庶，自經於溝瀆，硜硜然死節小信，而無千秋功績，後世莫之知者也。此雖未如前章重其「如其仁」之言以告子路；但陳其捨小就大偉業，乃大聖大賢，大英雄豪傑，成大事業之所在，故深許其為仁也。孔子之所以告子貢以此者，蓋子貢或僅知重外交折衝樽俎之功，而忽輔天子，合諸侯，存亡繼絕，一匡天下之效也。22

4.評論諸弟子時，中有子貢者

〈先進〉

> 閔子侍側，誾誾如也。子路，行行如也。冉有、子貢，侃侃如也。子樂。「若由也，不得其死然！」

孔子以四弟子能各盡其自然之性，神貌相合，無所隱匿，故懽樂之也。子貢侃侃如也，蓋為一無憂無慮，溫和快活之樂天派性格。

又

> 子曰：「回也，其庶乎！屢空。賜不受命而貨殖焉，億則屢中。」

---

22 上章桓公殺公子糾，召忽死之，管仲不死，仁乎否也云云，與此相互發明，可參閱下政事子路，詳其本末原委之附注23，以資瞭解。

　　孔子就二弟子之所長，而嘉其成就也。子貢不受命
於官府，自以其財資，為買賤鬻貴商賈。善居積，意度
貴賤之期，數得其時。貨殖多，而於七十子中，最為饒
益，故孔子語此以美之。[23]

5.子貢直接發問而答之者

〈為政〉

　　子貢問君子。子曰：「先行其言，而後從之。」

　　子貢問於孔子，其言行如何，始可謂之君子？孔子
答之曰：君子人也，行之於未言之前，而言之於已行之
後，言行相副，則為君子人也。人之言行，應相互印

23　賜不受命，解者多謂不尊天命，不受教命，或不肯聽天由命，
　　恐皆欠妥。李啓謙據俞樾《群經平議》：「若夫不受命於官，
　　而自以其財，市賤鬻貴，逐十一之利，是為不受命而貨殖」
　　說，謂「不用官府之資，不受官府之命，而自出錢財，自做生
　　意的意思。」頁20。於詳述舊說非是後，作此解說較合理，茲
　　從之。或以為孔子此言，非美詞，乃在賢顏淵而譏子貢也。故
　　《論語孔門言行錄・七》云：「耳以兩聽而聾，目以兩視而
　　紛，心以兩思而惑。既志於道，而復紛心於貨殖，至於億度盈
　　虛多寡，則心馳於外，而志喪於內矣。蓋正其誼者必不能謀其
　　利，明其道者必不能計其功也。」頁19。此言亦非全是，《四
　　書味根錄・論語・先進》：「此見兩賢之可進道，並舉之而若
　　有幸詞也。上節重庶乎句，下節重億則屢中句。蓋回之近道固
　　足嘉，賜之明哲亦可取，子並舉之，謂皆可進道也，非區區較
　　量於貧富間。」頁11-12。

證，期其言顧行不失然諾；行顧言而能實踐。故言之不出，而恥躬行之有所未逮也。又甚多事，言也易，行也難。即行而不難，亦有言行不一，大其言，詐其言，甚而食其言，而一無愧恥，面有赧色也。故君子人諾其言而敏其行，先行後言也。蓋子貢或善言語，巧辭說，不患其言之難，而患其行之難，特使重力行不尚空言，期勿言行不相副，疾小人多言不行之不周，預為之警而告之以此也。**24**

24　《東方聖經・君子和小人》：「按照當時社會背景，孔子說這話的目的，在於恨小人的多言而行之不周，所以結論當為：君子先行其言，而後以言從之。言行相符，是君子也。」頁144。《石鼓論語答問・上》：「先行是一句，以行為先，其言然後從之。」頁18。《論語後案・三》：「先行句，其言二句略逗、連下讀。從、副也，謂言稱行也。」頁22-23（一冊，十函）。《禮記・緇衣》：「大人不倡游言。可言也，不可行，君子弗言也。可行也，不可言，君子弗行也，則民言不危行，而行不危言矣。……言必慮其所終，而行必稽其所敝，則民謹於言而慎於行。」頁929。又「子曰：言從而行之，則言不可飾也；行從而言之，則行不可飾也。故君子寡言而行，以成其信。」頁935。《四書大義・論語講義・八》：「實踐之士，必須是實踐為先，實踐有得，始發為言辭。」頁66。《論語解・一》：「子貢非不能踐言者，然未免於多言，夫子恐其有時而或以言為主，而行有未精也，是以深警焉。」頁12（總19933）。陳昌棟並舉甚多例，謂君子須言行相副，證當時一般小人言行不副，以言《孔注》「疾小人多言不行之不周」說為是，詳見所著《論語注評》。可取閱相參。

〈衛靈公〉

> 子貢問為仁。子曰：「工欲善其事，必先利其器。
> 居是邦也，事其大夫之賢者，友其士之仁者。」

子貢問所以為仁之道如何？孔子先設為譬喻，謂百
工欲善其所為之事，必先修利其所用之器。又坐實告以
為仁之方，謂居此國也，當事其大夫之賢者，友其士之
仁者也。孔子之所以如是言之者，蓋資藉乎賢師益友之
教誨切磋，屬其行，成其德，以輔其仁也。或賜也有
「好說（悅）不如己者」，恐其未能事賢友仁，故語此以
誘掖之也。[25]

〈雍也〉

> 子貢曰：「如有博施於民，而能濟眾，何如？可謂
> 仁乎？」子曰：「何事於仁？必也聖乎？堯、舜其
> 猶病諸？夫仁者，己欲立而立人，己欲達而達人。

---

[25] 《論語經正錄·二》：「汪雙池曰：子貢、我不欲人之加諸我
及博施濟眾等語，俱未嘗體踐而先言之。故夫子藥之曰：先行
其言，無非欲子貢為之躬行君子也。」頁30（二冊，十一
函）。《論語蒙引·十五》：「事其大夫之賢者，則有所觀法
而起嚴憚之心；友其士之仁者，則有所切磋而生勉勵之意，是
有所資以成其德矣。」頁8（四冊，十八函）。《論語說遺·
下》：「按：事賢友仁，何必言大夫士？蓋子貢結馳連騎，多
與士大夫往來，夫子欲其擇賢者而事之友之。重讀賢仁字，勿
重讀大夫士字。」頁10（二十六函）。

能近取譬，可謂仁之方也已！」

子貢問於孔子，設有人君能廣施恩惠於民，又能振濟眾庶之患難，其德若此何如，可謂為仁乎？孔子初答以能如此，何止於仁，乃聖人之行，堯、舜大聖，猶患其難行也。繼而告子貢為仁之道，在近取譬於己，而推己及人。先自立自達，而後立達他人也。蓋孔子告子貢終身行之之恕，為「己所不欲，勿施於人。」與此己立立人，己達達人，同為推己及人，但有消極積極之別耳。己立己達為成己，立人達人則成物矣。但欲成物，必先成己，所謂以心度物，反諸己，善推而擴充之，至於廣被眾庶也。此孔子誘掖子貢由勉為之之恕，彊恕而行，至乎自然而然仁之行之之道也。**26**

---

26 《批點四書讀本‧論語‧雍也》：「此章見仁當取諸心，作三節看，首節就功用上言仁，中節就心體上言仁，末節言為仁之術。」頁19。又所謂立達他人，《論語隨筆‧六》：「立是養的意思多，達是教的意思多。立是豎說，如云扶持、培植、不令傾仆也。達是橫說，如云開導、疏通、不令閉塞也。」頁18（三冊，二十一函）。《論語新編注譯‧第一章‧一》：「博施、博、廣大，普遍的意思。此指不分種族、男女、出身和社會地位高低、貧富的差別，都要一視同仁的從愛出發去對待。濟眾，幫助眾人，此指不分親疏、好惡，救援一切需要救助的人。」頁15。《論語補註‧中》：「近字所包甚廣，由己以況人。近取故在身也，然行諸外，亦不可無序。自身以推之家，自家以推之國，自國以推之天下。欲治國而取譬於家，則家近於國矣。欲治天下而取譬於國，則國近於天下矣。是近取隨在皆是，是親親而仁民，仁民而愛物，莫不由內及外，由寡及

〈衛靈公〉

　　子貢問曰：「有一言而可以終身行之者乎？」子
曰：「其恕乎！己所不欲，勿施於人。」

　　子貢問於孔子，修身之道，有一字可以終身奉行之
者乎？孔子以一恕字答之。蓋恕之為義，如心也，即以
己心比人心，人心比己心。己所不欲者，乃我惡人之加
諸我者；勿施於人者，乃我既惡人之加諸我者，我亦不
欲加諸人也。此推己及人，乃求仁之方，故可以終身奉
行之也。惟「己所不欲，勿施於人。」係就恕之消極方
面言；積極方面，則為「己欲立而立人，己欲達而達
人。」又子貢曾有「我不欲人之加諸我也，吾亦欲無加
諸人」之言，故孔子告之以此。**27**

　　衆，由小及大，施之各有次第，一以近為準，此皆近取之事
　　也。故可為仁之方，必待博施濟衆，而後謂仁，則是遠且難
　　者，聖人有不能行；何若近取之道有據，隨時隨地，用之不
　　窮，而其量亦推之無不及哉。」頁11-12（二十四函）。《論語
　　商·雍也》：「博施濟衆，原是仁者之極思，子貢此問，志量
　　甚大；但以此求仁，便失本領。夫子示以求諸己，便有從入之
　　方，二節總是一意，無仁恕之分。」頁42（總207-483）。皆說
　　解詳確，可參考。

27　參見〈公冶長〉、〈雍也〉有關諸章。又《韓詩外傳·三》：
　　「己惡饑寒焉，則知天下之欲衣食也。己惡勞苦焉，則知天下
　　之欲安佚也。己惡衰乏焉，則知天下之欲富足也。」頁147。
　　《大學》：「所惡於上，毋以使下，所惡於下，毋以事上，所
　　惡於前，毋以先後，所惡於後，毋以從前；所惡於右，毋以交

〈學而〉

子貢曰：「貧而無諂，富而無驕，何如？」子曰：
「可也。未若貧而樂，富而好禮者也。」子貢曰：
「〈詩〉云：『如切如磋，如琢如磨』，其斯之謂
與？」子曰：「賜也，始可與言《詩》已矣！告諸
往而知來者。」

子貢問於孔子：人貧困而無諂佞，富足而不驕逸，
行誼若此如何？孔子答以可也，然不如貧困而能樂道，
富足而能好禮之為尚也。子貢聞此，知夫子在期勉己，
而引切磋琢磨美武公之德詩，思自惕勵以明之。孔子知
子貢能告往知來，善取類，故可與言聞此知彼，敘物言
情，觸類引發之《詩》也。蓋子貢當時或富於財而怠於
學，以常人溺於貧富中，不知所以自守，能無諂無驕，
即為美德矣。孔子以可也未足多以抑之，言實不如貧能
樂於善道而忘其貧，則諂態不生，富能敬慎好禮而不知
其富，則驕心不起之勝於無諂無驕也。無諂無驕，重在
立己；貧而樂道，富而好禮，則由立己推而至於「博施
於民，而能濟眾」之立人矣。此雖「己所不欲，勿施於
人。」「賜也，非爾所及」子貢所短；然知切磋琢磨，許
其所已能，而期其所未至，亦孔子誘掖子貢之所在也。28

於左，所惡於左，毋以交於右，此之謂絜矩之道。」頁18。與
《孟子・梁惠王》：「所欲與之聚之，所惡勿施爾也。」頁
170。皆善哉言乎推己及人恕道也。

28　樂字下，應據皇本及《史記・仲尼弟子列傳》補一道字，使
「貧而樂道」與「富而好禮」相對成文。《論語說・卷一》：
「夫子嘗言飲水曲肱，樂亦在其中矣。顏子簞瓢陋巷，則稱之
曰不改其樂，與此章言貧而樂其意正同，孔氏欲明貧而能樂之
故，故注中兩言貧而樂道，毛大可因謂經文傳寫脫去道字，說
近于泥，未可從。」頁6。《論語孔門弟子言行錄・七》：
「貧而樂，此樂字與尋常快樂不同。身處逆境，貧乏無以自
存，饔飧不繼，何樂之有？即使自己能忍耐得，而號寒啼飢，
室人交讁之聲，想亦不能免也。所謂出北門而心憂，以此言
樂，亦強顏耳。竊謂貧而樂者，謂貧而無怨也。處貧時稍有怨
心，便不能安分守節，便為外物所搖奪，至於卑屈則諂也。諂
者行之於外，怨者藏之在心，若能貧而無怨，不惟行之於外無
諂，即存之於心亦泰然。不隕穫於貧賤，不充詘於富貴，雖簞
瓢屢空，晏如也。」頁4。解樂為無怨，亦有見地。《(趙杏根)
論語新解・學而》：「貧者樂道好禮而忘其貧，不自卑，何諂
之有？富者樂道好禮而忘其富，不自高，何驕之有？蓋無諂驕
的言行，未必無諂驕的心理。抑諂抑驕，何如樂道好禮，從心
裏根除諂驕之情，無諂驕之情，自然也就無諂驕之行了。」頁
17。《論語辨疑・二》：「無諂者、僅能免其阿媚卑屈而已，
未至於甘貧樂道而有心廣體胖之安也。無驕者、僅能除去蹇傲
矜肆而已，未至於端躬好禮而有崇敬謙光之美也。僅可、未若
之等第如此、不可不審辨之也。」頁9（總22417）。解可也、
未若甚精。《論語疏證・一》：「劉寶楠云：無諂無驕者，生
質之美；樂道好施者，學問之功。樹達曰：無諂無驕，止於有
守而已；樂善好施，則進而有為也。」頁24（一冊，十四
函）。《論語精讀全璧・學而》：「無諂無驕，只是消極地有
所不為；如果進而樂道好施，則是積極地有所作為。」頁6。
《論語今解・學而》：「無諂無驕，是卓然有以自立，不為環
境所支配。貧而樂道，是怡然自得，淡忘其貧。富而好禮，是
樂善不倦，善用其富。後二者比無諂無驕，自然是更高一

〈子路〉

> 子貢問曰：「何如斯可以謂之士矣？」子曰：「行己有恥；使於四方，不辱君命，可謂士矣。」曰：「敢問其次。」曰：「宗族稱孝焉，鄉黨稱弟焉。」曰：「敢問其次。」曰：「言必信，行必果，硜硜然小人哉，抑亦可以為次矣。」曰：「今之從政者何如？」子曰：「噫！斗筲之人，何足算也！」

子貢問如何行之，始可謂士？孔子以有恥、不辱，孝、弟，言信、行果，不可算之斗筲，依其所問，次第告之，期其有所為，有所不為也。夫自行己身，恆有可恥而不為。使四方能專對，排患釋難，解紛挫銳，受命不辱，達乎為政，此行至高，亦子貢所能，孔子欲其有所成，故首告之。孝稱於宗族，悌稱於鄉黨，良行素所使然，立乎為仁之本矣。為仁，固子貢所曾問，而思如何行之者也，故次告之。至堅持言信行果之剛毅介直者，雖不及言不必信，行不必果，惟義所在之大人；但有立有守，亦為士之次者也。惟今之為政者，乃市井斗筲鄙細之徒，不足數述，未可以為士也。孔子之所以告之以此者，蓋孔門弟子之問，多在探其源，窮其究，明

等。」頁8。《論語贅言‧上》：「諂、驕是一個病根，易地皆然，樂與好禮，是一個本領，同時俱有。貧者未嘗不好禮，富者亦未嘗不樂，夫子各就人所難者分言之耳。」頁3。《論語訓‧一》：「往、詩也，來者、禮樂也。」頁8（一冊，十三函）。王氏如此解，過狹，不可從。

其所以然也，故如此言之。或以子貢所問每下，一而
再，再而三，恐其無已，故噫然而作不以為然之歎以警
之也。²⁹

29　《韓李論語集解・十一》：「韓曰：硜硜勇敢貌，非小人也，
　　小當為之字，古文小與之相類，傳之誤也。上文既云言必信，
　　行必果，豈小人為耶？當作之人哉，於義得矣。」「李曰：請
　　以四科校量次第，則孝悌當德行科，上也。使四方，不辱君
　　命，當言語科，次也。言必信，行必果，當政事科，又其次，
　　以推文學可知焉。」頁2（總2068）。韓以小為之字形誤，李以
　　四科別出上下，皆有可取。《論語傳注・十三》：「行己有
　　恥，有不為也；使不辱命，能有為也，德才兼者也。孝弟雖不
　　知能肄應否，而本立矣。故次之。言必信，行必果，雖硜硜狹
　　小，而守堅矣，故又次之。噫，不平聲，斗、量名，容十升，
　　筲、竹器，容斗二升，蓋量粟盛飯之具。今之從政，皆飲食之
　　人耳。本既不立，守亦不堅，何論德才，不足數也。」頁19-
　　20（二冊，九函）。所分層次，頗有可取。惟今之從政，皆飲食
　　之人云云，欠妥，觀《論語商・子路》：「斗筲亦是有用之
　　器，只是沒大幹用，言今之為政者，其才華伎倆，非不小小可
　　觀，卻于大頭惱（腦）處不曾會得，如何可算得士。是致惜之
　　詞，非直詈口氣也」（頁24）此言，則知之矣。《論語隨筆・
　　十三》：「首節分志與才，不是分才與節。有恥，乃矜貴刻勵
　　之意，是恥其無所不為，非恥其不能有為也。今士人寡廉鮮
　　恥，不顧小節，已為無忌憚小人矣。及其骪骳洄洑以苟生，則
　　又取行己在清濁之間語以自掩，士品之污，鮮不由此。」又
　　「使於四方包得廣，一切宣德達情，安內攘外之事都是。所以
　　能不辱君命者，必有處事通變之才，然後足以外輯方國，內安
　　社稷，所謂入則周公、召公，出則方叔、召虎也。」又「孝弟
　　亦行己之大端，此是本立而才不足者，須看宗族鄉黨四字。近
　　不言父兄，恐其昵而失之私也。遠不及邦國，恐其傳聞不真而

〈陽貨〉

> 子貢曰：「君子亦有惡乎？」子曰：「有惡。惡稱
> 人之惡者，惡居下流而訕上者，惡勇而無禮者，惡
> 果敢而窒者。」曰：「賜也亦有惡乎？」「惡徼以
> 為知者，惡不孫以為勇者，惡訐以為直者」。

　　子貢問於孔子：君子人亦有所憎惡者乎？孔子除答
以專稱道他人過惡，為臣下而謗譭君上，徒恃勇猛而不
守禮法，果敢而窒礙於事理，不通恕道四真小人可憎惡
者外，並反問子貢亦有所憎惡者乎？子貢則以竊人之意
以為己有，不遜讓以為勇猛，發人陰私以為介直三偽君
子答之。子貢所答幾全同於孔子，其所以文字有異者，
蓋子貢善言語，反應敏捷，善化孔子之言而如此也。[30]

──────────

失之泛也。說宗族鄉黨，便可近該父兄，遠括邦國矣。孝屬宗
族，弟屬鄉黨，尤有意義，蓋孝親與宗族相近，敬長與鄉黨相
連也。」頁10-11（四冊，二十一函）。《論語經正錄・十
三》：「楊賓實曰：言必信，行必果之士，一則未免有徇名之
心。以此示義於天下，一則不顧義理之安，而必為之，此其品
之所以不足貴也。行己有恥者，闇然自修，不動於名，又知非
義之可恥而不為。苟信果焉，而害於義，不如無信果也。此正
誠意之學，閔、冉乃優為之。」頁28（八冊，十二函）。《論
語會箋・十三》：「鄭小谷曰：前輩有云：由也果，於天下
事，無不喜其大全，故問君子則以為未盡於修己，問政則以為
未盡於先勞。賜也達，於天下事，無一不思其究竟，故問政則
必窮所去，問士則必窮其次，此章是也。」頁22。
30　參見李啟謙《孔子弟子研究・子貢》頁83。應裕康〈從論語看

〈子路〉

　　子貢問曰：「鄉人皆好之，何如？」子曰：「未可
　　也！」「鄉人皆惡之，何如？」子曰：「未可也！
　　不如鄉人之善者好之，其不善者惡之。」

　　子貢問於孔子，有人於此，一鄉之人皆好之、惡
之，可以別其善惡否？孔子皆答以未可也。實不如鄉人
之善者好之，不善者惡之，始可真知其為善士矣。孔子
之所以如此告子貢者，蓋鄉人皆好之，或此人為惡，有
與物同黨苟合，闇然媚世，而為眾所喜愛稱美，未可信
以為真善也。鄉人皆惡之，或此人獨善，卓絕特異，不
與物同，而為眾所厭惡詆毀，亦未可信以為真惡也。能

──────────

子貢之言行〉頁5-6。又《集注》：「稱人惡、則無仁厚之
意，下訕上，則無忠敬之心；勇無禮，則為亂；果而窒，則妄
作，故夫子惡之。」頁275。《論語蒙引‧十七》：「賜也亦
有惡乎？夫子以子貢問有惡，知其必有所惡也，故問以發之。
觀夫子之所惡如彼，子貢之所惡如此，此皆惡其所宜惡，而合
乎天理人心之功者，所謂惟仁者能惡人也。」頁64-65（四
冊，十八函）。《石鼓論語答問‧下》：「聖人之所惡，惡其
為害於人；子貢之所以惡者，惡其自欺於己，其廣狹不同如
此。聖人之喜怒，前輩以為如鑑然，妍醜自見，無所容心。若
子貢之惡，則見人之過，而有忿疾之心矣。」頁64。《論語隨
筆‧十七》：「春秋末年，以下犯上，以勇欺怯，以智掍愚，
以詐侵誠。廉恥忠厚之道衰，而刻薄姦偽之機熟。聖賢所惡，
正為世道人心之防。究之江河日下，風俗日壞，積重難返。春
秋降而為戰國，可勝浩歎。」頁21（六冊，二十一函）。

為鄉人之善者所好，又為不善者所惡，善者善己，惡者
惡己；善善明，惡惡著，而可信知其為真善士矣。**31**

〈子罕〉

子貢曰：「有美玉於斯，韞匵而藏諸？求善賈而沽
諸？」子曰：「沽之哉！沽之哉！我待賈者也。」

子貢問於孔子，有美玉於此，置諸匵中藏之乎？抑
待高價出售之乎？孔子答以出售之，出售之，惟待善價
之良賈耳。此子貢欲觀孔子用行捨藏之道，而以玉比德
以為問。謂有美德於此，遯而懷藏之乎？抑待賢主敬禮

31　《四書味根錄·論語·子路》：「此欲考鄉人之論，必先別鄉
人之類也，以類字作骨。子貢欲稽人於好惡之因，夫子則決人
於好惡之類。」頁20。《公羊·莊十七年傳·疏》云：「一鄉
之人皆好此人，此人何如？子曰：未可即以為善，何者？此人
或者行與眾同，或朋黨矣。子貢又問，若一鄉之人皆惡此人，
此人何如？子曰：未可即以為惡也。何者？此人或者行與眾
異，或孤特矣。不若鄉人之善行者善之，惡行者惡之。與善人
同，復與惡人異。道理勝於前，故知是實善。」頁94。《論語
學案·子路》：「一鄉之好惡，起於一人，隻犬吠形，群犬吠
聲。一鄉皆好，不如鄉人之善者好之，善者好之，則好不必眾
矣。一鄉皆惡，不如鄉人之不善者惡之，則惡不必眾矣。深見
雷同之口，不足信也。」頁19-20（總207639-207640）。皆全本
經義為說甚是。又蔣伯潛謂：「一說以好惡屬我──子貢言一
鄉之人，我皆好之；一鄉之人，我皆惡之，何如？孔子曰：皆
未可，不如於鄉人之中，擇其善者好之，其不善者惡之。蓋一
鄉之人，未必皆善，亦未必皆不善，故我之或好或惡，亦不可
以一律也。」頁204。此說亦通。

之求其善道，而與之共治其國乎？孔子之答，重言沽之哉者，深表若有賢主禮聘，願仕而急行其治國之道也。伊尹之耕於野，太公之釣於渭，非懷寶迷邦。知不可枉道從人而仕，必待賢主如成湯、西伯之禮聘，然後佐之，以成殷、周偉業也，待賈意在乎斯。蓋子貢列四科言語，巧於辭說，又精於貨殖，故取譬乎商賈為問也。[32]

〈公冶長〉

> 子貢問曰：「賜也何如？」子曰：「女，器也。」曰：「何器也？」曰：「瑚璉也。」

子貢問一己之行如何？孔子告以汝乃成材之器以答之。子貢以器有善惡良窳，未悉己為何器復問之。孔子又以盛黍稷之器，宗廟之貴者瑚璉答之，以美其行可為廊

---

[32] 《我與論語‧孔子的幽默和一件疑案》：「善問的子貢，以美玉為喻引出師生之間精彩對話，使我們看到二人不同風格。子貢用求，而孔子用待，不同的字義代表師生相互不同的氣質、風姿、為人原則。求、含有自我推銷，為國為民服務的意思，這與子貢的商人性格有關。待、就是期待、等候，如舜之待堯，禹之待舜，呂尚待文王。」頁474。《論語析辨》：「善賈、有二說。賈讀價，《皇疏》：當得貴價而賣之否耶？善賈即高價。賈讀古，《正義》：善賈喻賢君也。《狄槎雜記》：賈人、在官知物價者。古人重玉，凡用玉必經賈人。《左傳‧昭十六年》：宣子有環，其一在鄭商，《韓子》：買諸賈人。此沽玉必經賈人之證。《白虎通》：行曰商、止曰賈。後人稱行商作賈。善賈、能出高價之商人，亦即識貨之商人。二說切通，然似以《正義》為長。」頁193。

廟之材也。³³惟孔子言君子不器,言管仲之器小哉;今雖
以薦鬼神,羞先王,宗廟祭之貴器嘉許子貢之成才,然
意似有未足。蓋子貢方人,倦於學而悅不如己者。又自
言僅得聞夫子之文章,而不及其性與天道,雖達可從
政,貴為美器,亦器之小者,尚未至不器大用也。孔子
語此,在誘掖子貢如能再切磋琢磨,期其益有精進,不僅
億則屢中,尤能臻於庶乎屢空之境也。³⁴

33　《四書考輯要‧六‧論語‧公冶長》:「《禮記》謂夏璉、殷
　　瑚,而包咸、鄭康成說《論語》,賈服、杜預等註《左傳》,皆
　　謂夏瑚、殷璉,與《禮記》說異,朱子因之,不知何據?然學
　　者作瑚璉文,固重在發揮貴重華美之質,而不在考核其孰為
　　夏、孰為殷也。子貢于政,則以練達稱,于四科,則以言語
　　著。結駟連騎,聲名見重乎列國;束錦遊說,到處倒屣以相
　　迎。貴重華美,兼而有之。故夫子比之以瑚璉也。」頁6-7
　　(二冊,三十函)。《論語撮解》:「瑚璉,宗廟盛黍稷之器
　　也,言子貢之器,可用諸宗廟也。古者議國政,必先謀之於宗
　　廟,然後陳之於朝,宗廟則國政之所由出也,言子貢之器,千
　　乘之國可使治之政也。」頁不詳。(該書影印自日本,頁碼處
　　全為0,是該寫本原無頁數,惟細數影印本為第十一大張。)
　　《論語集釋‧公冶‧上》:「《松陽講義》:大抵天下人才最怕
　　是無用,不但庸陋而無用,有一種極聰明極有學問的人,卻一
　　些用也沒有。如世間許多記誦詞章虛無寂滅之輩,他天資極
　　好,費盡一生心力,只做成一箇無用之人,故這一箇器字,亦
　　是最難得的人。到了器的地位,便是天地間一箇有用之人
　　了。」頁256。子貢之所以能有分庭抗禮成就者,想全在此器
　　之有用一義也。

34　以上所言,多就《論語》為說。

〈先進〉

子貢問：「師與商也孰賢？」子曰：「師也過，商也不及。」曰：「然則師愈與？」子曰：「過猶不及。」

子貢問於孔子，顓孫師子張，卜商子夏二同門之才性優劣孰較勝。孔子答以師也則過而不已，商也則不及而止。子貢以師之過勝乎商之不及而復問焉。孔子以過猶不及，俱不得中告之。蓋聖門所重，在止乎至善之中，故「中庸之為德也，其至矣乎。」顏子之擇乎中庸，拳拳服膺；虞舜之執其兩端，用其中於民，皆在斯。[35] 又子張才高意廣，過而不已則近狂，子夏篤信謹守，不及而止則近狷，皆不合乎中道。雖不得中道之士，降而得狂狷亦可，故曰：「不得中行而與之。必也狂狷乎！狂者進取，狷者有所不為也。」孔子之所以如此告子貢者，乃明聖人之教，在抑其過，誘其不及，期其得乎中道而已也。[36]

35　皆詳見《中庸》。又「子曰：道之不行也，我知之矣，知（智）者過之，愚者不及也；道之不明也，我知之矣，賢者過之，不肖者不及也。」頁5。亦明過與不及，皆非得中也。《論語隨筆・十一》：「過是過中，非過乎商，不及是不及乎中，非不及乎師。」頁6（四冊，二十一函）。

36　《四書味根錄・論語・先進》：「通章以中字為主，首節因子貢問，而言其所造之異；下又因子貢注在師，而言其失之同，總之皆失中也。所謂中，只是義理之至當恰好處。」頁9。李

〈顔淵〉

> 子貢問政。子曰：「足食，足兵，民信之矣。」子
> 貢曰：「必不得已而去，於斯三者何先？」曰：
> 「去兵。」子貢曰：「必不得已而去，於斯二者何
> 先？」曰：「去食。自古皆有死，民無信不立。」

　　子貢問為政之道如何？孔子答以倉廩實、武備修、
民信於上三者。子貢復問若必不得已而去之，則三者次
第如何？孔子先言去兵，次去食，而信則終不可失也，
並申其不可失之理由所在。蓋食為民本，足之則可知禮
義，知禮義則教化行。兵在保國，足之則可止暴亂，止
暴亂則宗社安。民信於上則無叛離，無叛離則上下相
得，為政之道，盡乎此矣。至設不得已先去兵者，在凶
歲饑饉至，政不及備，可先去此。次去食而信不可失

啟謙解過猶不及指交友言，《孔門弟子研究・子夏》：「孔子
說：子張所交的朋友甚麼人都有，面很廣，但廣得有些過分。
而子夏只結交比自己賢能的人，面不廣，朋友少，所以說他不
及。」頁113。此言亦有見地。李榕階又專指禮言。《論語孔
門弟子言行錄・十》：「《禮記・仲尼燕居》：子曰：師爾
過，而商也不及。子貢越席而對曰：敢問將何以為此中也？子
曰：禮乎禮，夫禮者，所以制中也。〈檀弓〉篇：子夏既除喪
而見，予之琴，和之不和，彈之而不成聲，作而曰：哀未忘
也。先王制禮，而弗敢過也。子張既除喪而見，予之琴，和之
而和，彈之而成聲，作而曰：先王制禮，不敢不至焉。按：此
文即是過與不及之證，可以知二子之才質矣。」頁5。如此解
之亦可。

者，言人不食則死，此古今常道。雖食復食，亦未有一
人不死者也。而信，則言可復，迹可履，然諾不可爽失
之治國準則也。失此，則雖食兵足矣；但民不孚信於
上，而效死勿去以共體時艱，則國不可長存矣。孔子語
此，極言為政當貴乎信也。[37]

37　《論語學案・顏淵》：「立政凡以為民耳，食以養民，兵以衛
民，信以教民，而先王治天下之道，不外是矣。」頁28（總
207-624）。《論語贅言・卷二》：「此章兩民字最重，政為民
而立也，食以遂民生，兵以衛民身，信以復民性。民性本兼五
常，一信字可包仁義禮智也。」頁7。《論語或問》：「制其
田里，薄其賦斂，使民有常產而不失其時，則倉廩實而足食
矣。比其什伍，時其簡教，使民有勇而知方，則戎備飾而足於
兵矣。有是二者，則民以信事其上而無欺詐離叛之心，所謂民
信之者也。」頁438-439。《論語集說・六》：「制其田產，
薄其賦斂，則食足而有以養乎民矣。比其什伍，時其簡教，則
兵足而有以衛乎民矣。兵食既足，則民信乎其上，曾無貳疑離
叛之心，此則為政之大論也。夫政固不外乎兵食與信，然以三
者權之，無食則民飢而死矣，無信則民離而國不能以自立矣，
而兵則猶可緩也，故曰去兵。以食與信二者權之，死者人之所
不免，而信則不可一日無也，故曰去食。是則食重於兵，而信
又重於食矣。去兵去食云者，非謂兵食果可去也，特以輕重相
權，以明夫信之終不可去耳。」頁20-21（總20118-20119）。
《論語集釋・顏淵・上》：「《反身錄》，人心一失，餘何足恃，
雖有粟烏得而食諸？兵雖多適足以階亂。隋洛口倉，唐瓊林
庫，財貨充盈，米積如山，戰將林立，甲騎雲屯，不免國亡家
破者，人心不屬故也，善為政者尚念之哉。」頁729。三氏所
言極詳。或謂去兵乃去力役之征，去食為賦稅皆蠲除，又發倉
廩以振貧窮，指國有災難時而言。（詳見《論語正義》）此別
一解。至「自古皆有死，民無信不立。」亦有持相左意見者，

又

子貢問友。子曰：「忠告而善道之；不可則止，毋
自辱焉！」

子貢問交友之道如何？孔子以友人有過失，當忠告
善導之；若不從則應休止，勿多言或見辱以告之。孔子
之所以如此告子貢者，蓋朋友切切偲偲，責善輔仁。若
有不善，當懇切忠告，善加誘導，期其勵德改過，而少
醜行也。惟朋友以義合，若不見從，宜適可而止，不多
言強使從己，產生不愉快，而小則割席分坐，大則凶終
隙末，而皆所謂招羞辱也。語云：「朋友數，斯疏矣。」
交而親密，猶恐其疏而辱，況責善輔仁乎！此孔子所以
告子貢交友之道也。[38]

故《論衡·問孔》有：「問：使治國無食民饑，棄禮義；禮義
棄，信安所在？《傳》曰：倉廩實知禮節，衣食足知榮辱。讓
生於有餘，爭生於不足。今言去食，信安得成？春秋之時，戰
國饑饉，易子而食，析骸而炊。口饑不食，不暇顧恩義也。夫
父子之恩、信矣；饑饉棄信，以子為食。孔子教子貢去食存信
如何？夫去信存食，雖不欲信，信自生矣。去食存信，雖欲為
信，信不立矣」頁93。而《論語點睛補註·十二》亦有：「陳
旻昭曰：既已死矣，且道有信，立個甚麼」（頁92（八函））等
之言也。

38　《論語經正錄·十二》：「胡雲峰曰：君臣朋友，皆以義合，
故皆惡乎數，亦皆曰不可則止。善事君者，必以道事之，而不
可則止爾。善待朋友者，必忠告善道之，而不可則止爾。未可
止而遽止，非忠愛之道也。」頁48（七冊，十二函）。《論語

〈公冶長〉

　　子貢問曰：「孔文子何以謂之文也？」子曰：「敏
而好學，不恥下問，是以謂之文也。」

　　子貢問衛大夫孔圉，何以諡曰文？孔子以性敏疾而
好學，位高而不恥下問，故諡為文而答之也。師生之所
以如此相問答者，蓋子貢以孔圉以文係諡之美者為諡，
疑其太高，問何德而獲此諡？孔子以此答之者，在凡人
性敏疾者多不好學，位高者多恥下問；而孔圉則不如
是。雖識智敏疾，但能好學；雖位高為大夫，但有所不
知，而不恥諮問在己下之人。其行如此，可準乎「勤學
好問曰文」諡法，諡之為文也。**39**

　　體認・道德規範》：「忠告而善道之，即先是告，其次是道，
告要忠，道要善。……前者就告之內心而言，要忠；後者就道
的方式而言，要善。告而不忠，道而不善，都沒有達到忠告而
善道之的有效運用。」頁623。應裕康先生於《說苑・雜
言》：「賜也好說不如己者」下謂：「子貢既然只喜跟不如自
己的人為友，則平時看不起別人，以致頤指氣使，是免不了
的，則在交友之際，是最傷感情的事了。朋友因此反（翻）
臉鬪口，就是自取其辱了。」頁9。所言雖是推測之詞，但亦
有可參閱處。

39　衛太叔疾娶仕於衛宋人子朝女為妻，子朝因故出奔，孔圉令太
　　叔疾出其妻而更娶文之女孔姞。太叔疾通於初妻之娣，為宮
　　室置於犁邑，儼然二妻對立。孔圉怒，欲攻之，訪於仲尼，仲
　　尼曰：胡簋之事，則嘗學之矣；甲兵之事，未之聞也，而有去
　　意，命駕將行。事詳《左・哀十一年傳》。《集注》：「蘇氏

二

> **就子貢智足以知聖人，歎一己才資，**
> **難以盡知夫子聖道，欲去久廢無實舊**
> **制，或立身當有所警省，君子人不文**
> **其過，有過思改等諸方面言之。**

1. 智足以知聖人者

〈憲問〉

> 子曰：「君子道者三，我無能焉：仁者不憂，知者
> 不惑，勇者不懼。」子貢曰：「夫子自道也。」

　　孔子自謂：君子所實踐之道有三：樂天知命，心胸
坦蕩而不憂之仁者；識常達變，明辨是非而不惑之智
者；果敢直前，捍難禦侮而不懼之勇者，我則一無能之

曰：其為人如是而謚曰文，此子貢之所以疑而問也。孔子不沒
其善，言能如此，亦足以為文矣。非經天緯地之文也。」頁
63。《四書考輯要‧六‧論語‧公冶長》：「《左傳》載孔文
子攻太叔疾一事，甚為君子所不齒，故子貢疑其謚文為未當。
聖人謂其敏學好問，特節取其長耳。」頁11（二冊，二十
函）。此上云云可補子貢之所以問。又《論語精解‧公冶
長》：「下問者，非僅以貴下賤之謂，凡以能問於不能，以多
問於寡，皆是。」頁34。《論語說略‧上》：「子貢性敏而悅
不若己者，敏而好學，不恥下問，皆子貢所不足。夫子因其方
人，而警之使自反。」頁7（二十六函）。斯言亦是。

也。子貢聞而知夫子三美德盡備，故謂此夫子謙言自稱
述也。孔子之所以如此言之者，蓋無而實有，能之或未
敢自居；抑或以子貢長於言語，喜方人而忽乎此，故如
此言而誘掖之也。惟子貢謂夫子自道，此深知夫子仁且
智既聖之矣。**40**

2.一己才資，難以盡知夫子聖道者

〈公冶長〉

> 子貢曰：「夫子之文章，可得而聞也。夫子之言性
> 與天道，不可得而聞也。」

子貢自謂：夫子之文章，可得而聞知之，惟言性與
天道，不可得而聞知之也。子貢之所以如此言之者，蓋

40　《集注》：「尹氏曰：成德以仁為先，進學以知（智）為先。」
　　頁222。《孟子・公孫丑》：「昔者，子貢問於孔子曰：『夫
　　子聖矣乎？』孔子曰：『聖則吾不能，我學不厭，而教不倦
　　也。』子貢曰：『學不厭，智也；教不倦，仁也。仁且智，夫
　　子既聖矣！』」頁71。同章又云：「子貢，智足以知聖人。」
　　頁73。皆可為此作注腳。又《論語孔門言行錄・八》：「仁者
　　心無繫累，無妄念，無私欲，故無入而不自得，胸襟灑然，夫
　　何憂。知者，見理明，識事機，辨曲直，故能當機立斷，物來
　　順應，夫何惑。勇者立志定，秉節堅，操守嚴，故能浩然獨
　　立，剛直而不餒，不為外物所搖奪，不為勢力所屈擾，夫何
　　懼。」頁6。若孔子以此自驗一己於斯三者之用力，皆恐有所
　　不足，故曰我無能焉，實非全為謙詞也。然否？姑置此聊備一
　　說。

夫子之詩書禮樂等述作，及其涵養修習、德之見乎外之威儀文彩，形資昭顯明著，皆可耳聽目視，接而依循勉學得知之。至其所言自然而然之性與天道，則高堅深微，非明睿上智者仰鑽沈潛，心領神會，難以曉知也。以聞一知十，亦步亦趨之回也，猶瞠乎其後，況才資不如彼之一己者乎！故子貢如此言之。

3. 欲去久廢無實舊制者

〈八佾〉

> 子貢欲去告朔之餼羊。子曰：「賜也！爾愛其羊，我愛其禮！」

子貢欲去人君告朔於廟之餼羊，孔子止之。謂賜也！汝愛其羊而欲去之；我則愛其禮而思存之也。其所以如此者，蓋子貢以告朔餼羊，本古天子於季冬，頒來年十二月之朔於諸侯，諸侯受而藏於祖廟，月朔殺羊告廟，敬重其事，請而行之。惟魯自文公始，怠於政而不告朔，廢此廟享之祭久矣；但有司仍循舊例供其餼羊，子貢傷其虛應故事而無實，故欲去之，此子貢務實精神所在也。孔子止之者，以禮雖廢，但羊存則其迹尚在，告朔之名未泯，猶可識而復其舊焉。若併去其羊，則禮亦亡矣，故思存之，此孔子維護舊禮制精神所在也。 [41]

---

41 《論語新譯評述·八佾》：「子貢倒是有一點實事求是的精神的，因為周室衰微，禮壞樂崩，告朔之禮，既已名存實亡，單

4.立身當有所警省，君子人不文其過，有過思改者

〈子張〉

> 子貢曰：「紂之不善，不如是之甚也。是以君子惡居下流，天下之惡皆歸焉。」

子貢謂：殷紂之不善，非如後世所傳之甚也。因之，君子人不可自居下流，否則，所有罪惡，將一如地勢卑下之處，眾污穢濁流所匯聚，而皆歸之其身也。子貢之所以言此者，蓋欲人立身，當有所警省，不可一置身於不善之地，而天下之惡皆歸之。非謂紂本無亡殷之罪，虛被惡名，是後人憎惡痛恨之極，有以致此也。[42]

───────────

單保留活羊，徒具形式，故主張去掉它。」頁54。《論語贅解・卷一》：「告朔是尊君敬祖之大禮，固不僅在一羊，而猶幸有此一羊。子貢惜其有名而無實，視禮在羊之外，夫子欲人顧名而思義，視禮即在羊之內。」頁13。

[42] 《論語新解》：「顧頡剛曾作〈紂七十罪惡〉一篇文章，……但他所述最古的書說紂王的，不過幾句平常罪惡的事體。這很可為本章紂之不善，不如是之甚及天下之惡皆歸焉諸語的實證。」頁295。又《論語正義》：「《皇疏》引蔡謨曰：聖人之化，由群賢之輔；闇主之亂，由眾惡之黨。是以有君無臣，宋襄以敗，衛靈無道，夫奚其喪。言一紂之不善，其亂不得如是之甚。身居下流，天下惡人皆歸之，是故亡也。此以天下之惡為惡人，其說亦通。《左・昭七年傳》，楚芊尹無宇曰：昔武王數紂之罪以告諸侯曰：紂為天下逋逃主，萃淵藪。《杜注》：天下逋逃，悉以紂為淵藪，集為歸之。《孟子・滕文公》

又

子貢曰：「君子之過也，如日月之食焉：過也，人
皆見之；更也，人皆仰之。」

子貢謂：君子之過失，如日月之蝕高懸天空，其虧
缺人皆見之；及其更改，復其光明，人皆瞻仰。其行眾
皆盡見之，毫無隱晦也。子貢之所以言此者，蓋子夏曾
言「小人之過也必文」，君子人除不如是外，亦重在孔子
之「過則勿憚改」，而發為斯論也。[43]

篇言紂臣有飛廉，《墨子·非樂》有費中、惡來、崇侯虎，
《淮南·覽冥訓》有左彊，〈道應訓〉有屈商，是紂時惡人皆
歸之證。」頁408。此別一說，亦是。

43　《論語經正錄·十九》：「汪雙池曰：過皆見則不文，更皆仰
則速改，不必為君子之過寬，要人過而能改耳。」又「夏用九
曰：君子之過也，人皆見之。人非有過之患，有過而人不見其
過之為患也，況又從而文之乎！」頁24（十冊，十二函）。
《論語說·卷四》：「君子之過出於無心，故有過則未嘗諱，
而知過則改之必速，譬諸日月之食，與天下共見之。君子之光
明正大，雖于有過亦然，則其他可知矣，豈陰邪之小人所可同
日而語哉。」頁13。《四書新編·論語·改過》：「我們有過
不足為恥，能見過更是慶幸，肯認過更是美德。明儒聶豹說：
『聖人過多，賢人過少，愚人無過。』蓋愚人妄作妄行，習以
為常，不復知過也。」頁53。不知過故無過，如知而文飾之，
又當如何？夫如是。不僅為愚人，斯亦狂作狂行，狂悖妄人
矣。

三

就他人間孔子或子貢，讚美子貢賢於孔子，於子貢面前謗毀孔子諸方面言之。

1. 他人間孔子或子貢者

〈雍也〉

> 季康子問：「仲由可使從政也與？」子曰：「由也
> 果，於從政乎何有？」曰：「賜也可使從政也與？」
> 曰：「賜也達，於從政乎何有？」曰：「求也可使
> 從政也與？」曰：「求也藝，於從政乎何有？」

　　季康子問於孔子，子貢之才，可使為大夫從事於政
也歟？孔子以子貢能神智瑩徹，明通事理，思慮周詳，
而無窒礙、拘泥、執著，其於從政，何難之有？謂其才
可使從政也。[44]

---

[44] 《論語學案・雍也》：「三子常服聖人之教，各就其質之所近
而學焉，以達其材，斐然成章矣。曰果、曰達、曰藝，居然經
世之具，故皆可使之從政。方之九官，其夔龍之彥也與？子路
勇者也，遇事輒斷，亦斷於理也；子貢穎敏，尤能燭理之變於
無窮；冉子周詳機警，事事安頓得有理，如曲技之迭奏然，故
曰藝。子路才氣極大，視求則已疏，視賜則已戇。賜見事早，
求見事審，要之，各有長處。」頁35（總207-559）。

〈述而〉

> 冉有曰：「夫子為衛君乎？」子貢曰：「諾，吾將
> 問之。」入曰：「伯夷、叔齊何人也？」曰：「古
> 之賢人也。」曰：「怨乎？」曰：「求仁而得仁，
> 又何怨？」出曰：「夫子不為也。」

　　冉有問於子貢，夫子助衛君乎？子貢應諾而入，問
伯夷、叔齊何如人也？夫子以古之兄弟讓國賢人答之。
子貢復問夷、齊初雖有讓國之意，但終至餓死，怨乎否
也？夫子答以君子殺身成仁。夷、齊乃求仁得仁，又何
怨之有。子貢聞此，出謂冉有曰：夫子不助衛君也。同
門、師生之所以如此問答者，蓋夫子時居衛，衛君出公
輒甚敬禮之，或疑夫子將助之，故冉有言諸子貢，而子
貢問之也。子貢既知夫子許兄弟讓國為求仁得仁之賢
者，推而可知，必不助父子爭位之惡行者矣。[45]子貢之

45　衛父子爭國事，約言之，衛靈公無道，世子蒯聵謀殺南子未
　　遂，而被逐出境，逃至晉。靈公亡，國人立蒯聵子輒，是為出
　　公。晉趙鞅納蒯聵於衛邑戚，衛出公遣石曼姑率師圍之，拒其
　　返國，父子爭國位惡行，於焉形成。此與《史記‧伯夷叔齊列
　　傳》：「伯夷、叔齊，孤竹君之二子也。父欲立叔齊，及父
　　卒，叔齊讓伯夷。伯夷曰：父命也，遂逃去。叔齊亦不肯立而
　　逃之，國人立其中子。於是伯夷、叔齊聞西伯昌善養老，盍往
　　歸焉，及至，西伯卒。武王……東伐紂，伯夷、叔齊叩馬而
　　諫，……武王已平殷亂，天下宗周，而伯夷、叔齊恥之，義不
　　食周粟。隱於首陽山，采薇而食之，……遂餓死」（頁852）之
　　兄弟讓國而致死事適相反，由彼知此，故夫子不為衛君也。

問，本應問夫子是否助衛君，而特迂迴以兄弟讓國是
問。識乎此，則知子貢善為辭說，列於四科言語之所在
矣。

〈學而〉

> 子禽問於子貢曰：「夫子至於是邦也，必聞其政。
> 求之與？抑與之與？」子貢曰：「夫子溫、良、
> 恭、儉、讓以得之。夫子之求之也，其諸異乎人之
> 求之與？」

孔子弟子子禽，疑怪夫子所至邦國，必與聞其國

《東方聖經・雜談》：「子貢不直接問孔子對衛出公輒的態
度，可能是因為這時孔子師徒身在衛國，這樣問不方便，怕有
干政之嫌。因此我們可以推知，孔子師徒敏於事而慎於言的一
個側面。」頁281。此推想頗有理。又《論語新解》：「求仁
而得仁，此仁字亦可作心安解。父命叔齊立為君，若伯夷違父
命而立，在伯夷則心感不安，此伯夷之能孝。但伯夷是兄，叔
齊是弟，兄逃而己立，叔齊亦心感不安，遂與兄偕逃，此叔齊
之能弟。孝弟之心，即仁心也。孝弟之道，即仁道也。夷、齊
在當時，逃國而去，只求心安，故曰求仁而得仁，何怨也。」
頁235。如此解仁字，亦明確易曉知。《四書味根錄・論語・
述而》：「董次白：處天倫之變者，不當問其迹之合與不合，
但當求其心之安與不安。衛輒之罪，不在于代父之位，而在于
見父之出，而陰托嫡孫以乘其隙。不在于據父之國，而在于假
祖之命，而顯然拒父以欺其眾。父子之間，見利而有我心焉，
則仁人之所不忍耳。」頁11。父子之間，見利而有我心，遜
乎兄弟之問求仁得仁之安心遠矣，僅就心之安與不安言，亦可
知夫子不為衛君也。

政。求於時君而得之，抑時君自願與之言治國而得之問於子貢。子貢以夫子有溫、良、恭、儉、讓五德得之，異乎他人求而得之，以答子禽之問也。其所以如此言之者，蓋敦柔潤澤謂之溫，行不犯物謂之良，和從不逆謂之恭，去奢從約謂之儉，先人後己謂之讓。夫子有此誠中形外德容五，時君敬信，見其儀形，樂而告以其政，或就而問孔子以得之也。子貢善觀孔聖善言德行，故如此答之也。[46] 或以為夫子所至之國，入其境觀察其風俗，即知其政教。其民溫、良，則其君德教溫、良；其民恭、儉、讓，則其君政教恭、儉、讓。化從上始，孔子但據五者之上行下效，而觀其國民之道德良窳，推而測知其時君之政教高下，故異乎他人求之而後得也。

〈子張〉

> 衛公孫朝問於子貢曰：「仲尼焉學？」子貢曰：
> 「文、武之道，未墜於地，在人。賢者識其大者，
> 不賢者識其小者，莫不有文、武之道焉。夫子焉不
> 學？而亦何常師之有？」

衛大夫公孫朝問於子貢曰：仲尼何所從學得成此聖？子貢答之曰：文、武之謨訓、功烈與所定之典章制

46　《論語新解》：「溫、柔和義，良、義善義，恭、莊順義，
　　儉、節制義，讓、謙遜義。五者就其表露在外之態度，可以想
　　見其蘊蓄在心之德養。孔子因此德養，光輝接人，能不言而飲
　　人以和，故所至獲人敬信，乃自以其政就問之也。」頁17。

度，猶存在於人間。賢者誌其承天治人，道之重大者；
不賢者誌其名物制度，道之細小者，是賢與不賢，皆保
有文、武之道者也。夫子無所不從學，又何常師之有以
自限也。子貢之所以如此答公孫朝者，蓋以孔子「祖述
堯、舜，憲章文、武。」「夢見周公。」學琴於師襄，訪
樂於萇弘，問禮與官於老聃及郯子。甚而項橐可師，童
謠可識。且「學不厭」、「三人行，必有我師」、「入太
廟，每事問」、「不恥下問」。是有善言懿行，可資取法
者，皆為之師，此昌黎所謂「道之所存，師之所在」
歟？是夫子所以為集大成之聖，故子貢如是言之也。**47**

〈子罕〉

　　大宰問於子貢曰：「夫子聖者與？何其多能也！」
　　子貢曰：「固天縱之將聖，又多能也。」子聞之
　　曰：「大宰知我乎？吾少也賤，故多能鄙事。君子

47　《四書味根錄‧論語‧子張》：「此論聖人隨在可學，而無非
　　師也。朝意夫子有專師，子貢謂夫子無處不學，正不必執一人
　　以為師，答意只歸重末二句。」頁14。《論語隨筆‧十九》：
　　「焉學、乃問所學何人，不只問所學何事也，此學字連師字在
　　內。焉不學，則以識大識小而言，何常師、以賢不賢而言，此
　　兩句乃緊對焉學一問也。」頁14（六冊，二十一函）。《四書
　　大義‧論語講義‧七》：「在歷史文化的真蹟上，識取歷史文
　　化的真精神。更憑歷史文化的真精神，激起個人的新覺悟。這
　　便是所謂：『夫子焉不學』，在此，隨時隨處都是學，因之隨
　　時隨地都是師，故說『亦何常師之有』。」頁58。如此解二
　　語，極是。

多乎哉？不多也。」牢曰：「子云：『吾不試，故
藝。』」

吳太宰問於子貢，夫子為聖者歟？何其多能小技藝
也！子貢答以夫子本天縱大聖，難以限量，故多能也。
夫子聞之，謂太宰真知我乎？吾以少小貧賤，親自執
事，故多能鄙陋瑣屑技藝事，君子或不當如是也。蓋太
宰之問，意夫子既為聖人，當務大忽小，不應多能此鄙
陋瑣屑技藝事。子貢之答，明夫子乃天縱大聖，兼材備
藝，無所不通，多能乃其餘事也。孔子之言，除明君子
人不必多能外，亦在陳一己所以如此之所自也。「吾少
也賤，故多能鄙事。」一也。「吾不試（為世所用），故
藝。」二也。且「入太廟，每事問。」三也。識乎此，
雖常人亦可多能，況天生大聖之資孔子者乎！孔子語雖
自謙，實不可以其既為聖人，不應多能技藝事也。[48]

────────
48 所謂多能乃其餘事者，《石鼓論語答問・中》：「天縱猶言天
   生，……又多能也一句，亦道多能是好事，意謂聖人先自聖
   了，又分外多能爾。」頁20-21。《二論詳解・卷二》：「此
   章是太宰不知聖，子貢知聖，夫子不居聖而居多能，亦不以多
   能為貴也。」頁28。《四書的智慧・論語的智慧・孔門弟
   子》：「子貢固天縱之將聖之語，並無實質的意義。孔子大概
   不滿意子貢對太宰的解釋，於是指出君子不以多能為尚。子貢
   不了解孔子，由此可見。孔子之語也是要說給子貢聽的。」頁
   186。此恐以臆測之，未必中肯。《四書味根錄・論語・子
   罕》：「此見子貢智足知聖也。章內有四人之言，以子貢之言
   為主，太宰固不是，即夫子所言，與牢所問，皆是謙詞。」頁
   5。據此，足知未必中肯之言之未虛發也。

〈顏淵〉

> 棘子成曰：「君子質而已矣，何以文為？」子貢
> 曰：「惜乎夫子之說君子也！駟不及舌。文，猶質
> 也；質，猶文也。虎豹之鞹，猶犬羊之鞹。」

　　衛大夫棘子成言於子貢，謂君子人也，質樸而已
矣，何必為文采乎？子貢除惋惜其過言一出，雖四馬快
足追之不及外，並舉喻言君子人雖具醇樸本質，但行以
文遠，亦當貴乎彪炳文采也。子貢之所以如此答之者，
蓋質文乃表裡兩面，無質則不能立其本，無文則不能致
其遠。質待文以行遠，文附質使不失本，故文猶質，質
猶文，相須並重，不可偏廢，而為彬彬然君子也。若僅
存質去文，則一如虎豹失其文采之鞹，無異乎牛羊而類
鄙夫，不復為文質彬彬君子矣。棘子成或疾時人文勝質
而言此，故子貢語此以矯之也。**49**

49　《論語隨筆・十二》：「二賢俱是矯弊，子成矯時人之弊，子
　　貢矯子成之弊，要以子貢之言為是。文勝固失，質勝之害，極
　　於清淨虛無，或至蔑禮棄法，為禍世道人心不少。聖人本來質
　　文並重，與奢寧儉，與易寧戚。原說的有斟酌。子成何以文
　　為，語氣直截，直是抹殺文了。子貢言文質等耳，不可相無，
　　此言本來無病。即《戴記》無本不立，無文不行之說也。文猶
　　質也二句正說，虎豹之鞹二句反說。只是申明以暢其意，不必
　　另作轉語。」頁7（四冊，二十一函）。《論語解・六》：「有
　　其質，則有其文。質者文之本，而文者所以成其質也。質立
　　矣，而文生焉。體用兼備，表裏兼資。君子所以為彬彬也。」

2.讚美子貢賢於孔子者

〈子張〉

> 陳子禽謂子貢曰:「子為恭也;仲尼豈賢於子乎?」
> 子貢曰:「君子一言以為知,一言以為不知,言不
> 可不慎也!夫子之不可及也,猶天之不可階而升
> 也。夫子之得邦家者,所謂立之斯立,道之斯行,

頁15(總19986)。錢地略謂:文質二者,孔子嘗謂質勝文則
野,文勝質則史,文質彬彬,然後君子,是知文質並重也。若
論先後,則質為先,文為後;若論本末,則質為本,文為末。
先後本末,應相須並重,不可偏廢。棘子成以君子人,本質良
善,又何須多習禮文?然不知君子之德質雖美,無文不能以行
遠,如堯、舜、周、孔之道,賴文以行,源遠流長。若無文,
則堯、舜、文、武之美質盛德,亦不能流傳後世,以及影響後
世,故文質二者,相得益彰。而子貢所答,亦是文質並重,惜
未道出先後之序,故朱子評其無本末輕重也。(詳見《論語漢
宋集解》)。《論語集解‧十一》:「孔曰:皮去毛曰鞹,虎豹
與犬羊別者,正以毛文異耳。今使文質同者,何以別虎豹與犬
羊邪!」頁9(二冊,一函)。《讀論語大全說‧六》:「子貢
之言文猶質也,質猶文也,自無病,病在虎豹之鞹猶犬羊之
鞹。……朱子曰:虎皮、羊皮,雖除了毛,畢竟自別,此喻甚
精切。虎之所以為虎,羊之所以為羊,既不但以毛別,且亦不
但以皮別,徹底自是分明在。豈一除去毛,便可云虎豹猶犬羊
哉?」頁385。友人亦謂:「子貢虎豹之鞹二句,其實偏主在
文,以喻去文無以別君子小人。然君子小人之質,並不相同,
故朱子謂子貢言,無本末輕重之差,此子貢矯子成之弊而失
之。」又《文心雕龍‧情采》,涉及文質二者,取譬頗精,亦
可參閱。

綏之斯來，動之斯和。其生也榮，其死也哀，如之
何其可及也？」

　　陳子禽言於子貢曰：子之於己師，為恭敬以尊崇
之，實仲尼才德何能踰越於子乎？子貢非斥之謂：君子
之言也，於其一言之妥切適當與否，而知其賢愚，故言
之不可不慎也。夫子道德才智之不可及，一如天之不可
以階而升登之也。夫子如得國而為諸侯，得家而為大
夫。其於人也，立之以禮則人立，導之以教則令行，安
撫之則近悅而遠來，役使之則心悅而誠服，生時人人敬
愛，無不尊親；死後人人追憶，無不悲戚。似此聖人，
將何以及之乎？子貢之所以如此言之者，蓋子禽或當時
見孔子，栖遑不見用，而發此不智之言。子貢除廣為陳
說孔子聖德，不與他人同，以折抑子禽外，亦以頌美孔
子也。**50**

50　《四書味根錄・論語・子張》：「此見聖人之神化不可及也。
　　夫子之不可及無可形容，故提之於天，猶恐子禽未喻，又抽出
　　功業之盛言之；然功業不可及，正道德不可及，非有兩意。」
　　頁17。《論語經正錄・十九》：「黃勉齋曰：立之謂制其田
　　里，道謂道之以德，綏謂撫安之，立之固也，動謂鼓舞之，道
　　之深也。立之、道之、綏之、動之，皆聖人教化之施。斯立、
　　斯行、斯來、斯知，皆天下感動之速。或曰：子貢知足以知聖
　　人，今乃不言其德，而言其得邦家之效，何也？曰：天之德不
　　可形容，即其生物而見其造化之妙。聖人之德不可形容，即其
　　感人而見造化之速。天下之理，實大則聲宏，本深則末茂，感
　　動之深淺遲速，未有不視其德之所至者。聖人道全德備，高明
　　博厚，則其感於物者如此。因其感於物，以反觀聖人之德，豈

又

> 叔孫武叔語大夫於朝曰:「子貢賢於仲尼。」子服
> 景伯以告子貢。子貢曰:「譬之宮牆:賜之牆也及
> 肩,窺見室家之好。夫子之牆數仞;不得其門而
> 入,不見宗廟之美,百官之富。得其門者或寡矣!
> 夫子之云,不亦宜乎?」

　　魯大夫叔孫州仇於朝中對大夫言:子貢之才德踰越
乎仲尼,子服景伯將此言轉告子貢。子貢以宮牆高低設
譬曉喻之。謂一己之牆,高僅及肩,可窺見室家所有;
而孔子之牆,高達數仞,若不得其門而入,則其宗廟之
美備,百官之富盛,不可窺而見之矣。但得其門而入
者,又少有其人,故不見宗廟之美,百官之富也。叔孫
州仇未親聖教,本在門外,宜其有此謬說也。子貢之所
以如此言之者,蓋人之才德,各有深淺,深者難見,淺
者易窺。賜之才德短淺,故及見之,孔子聖道高峻,故
難窺其美富也。子貢語此,除非斥叔孫氏之謬說外,亦

不曉然而易見哉。」頁26(十冊,十二函)。《論語新解》:
「本篇二十五章,皆記孔門諸弟子之言,而特以子貢三章讚美
孔子者為殿。時人如叔孫武叔、陳子禽,皆以為子貢賢於仲
尼,可見子貢晚年,其修德修業之功,亦幾幾乎超賢入聖矣。
而子貢智足以知聖人,又能善言之。楊子雲曰:仲尼、聖人
也,或劣諸子貢,子貢辭而闢之,然後廊如也。然則聖道之光
昌,子貢之功亦不小矣。故《論語》編者以此三章列之本篇之
末也。」頁670。

以頌美孔子也。[51]

3. 於子貢面前謗毀孔子者

〈子張〉

> 叔孫武叔毀仲尼。子貢曰：「無以為也！仲尼不可
> 毀也。他人之賢者，丘陵也，猶可踰也；仲尼，日
> 月也，無得而踰焉。人雖欲自絕，其何傷於日月
> 乎？多見其不知量也！」

魯大夫叔孫州仇於子貢前謗毀孔子，子貢駁斥之
曰：勿如此謗毀之也！並以丘陵、日月高低設譬曉喻
之。謂他人之才德，高若丘陵，猶可踰越；仲尼則如日
月，至高至明，無人得而可踰越。人雖欲自絕棄於日
月，於日月又何有傷害，適足見其不知自度其德，自量

51　《四書味根錄・論語・子張》：「此論聖德高深，非淺識者所
能窺也。武叔之妄議，起於有所見，有所不見耳。豈知賢人人
也，近而易見；聖人天也，遠而難知，故以宮牆喻之。通章是
喻體，譬之以下，只說宮牆，勿將正意夾入。或從喻意影著正
意，卻好。」頁15。《論語旁證・十九》：「葉氏夢得曰：子
貢晚見用於魯，拒吳之強大，曉齕而舍衛侯。伐齊之謀，請陳
成子而反其侵地。魯人賢之，此所謂賢於仲尼也。」頁12（六
冊，二十三函）。《論語經正錄・十九》：「陳定宇曰：賢人
之道，卑淺易見，聖人之道，高深難知，此子貢以牆室取譬之
意也。要之，觀乎賢人，則見聖人。使叔孫果知子貢之所以為
子貢，則亦必略知孔子之所以為孔子，豈至為此言哉！此言叔
孫非特不知孔子，亦不知子貢也。」頁25（十冊，十二函）。

其力也。子貢之所以如此言之者，蓋凡人見小才智，即謂之高，而不識聖人大道德，故謗毀之也。子貢語此，除深折叔孫氏之毀言外，亦以頌美孔子也。[52]

小　結

經以上粗略陳述，於《論語》三十八則有關子貢記載中，除少數無涉子貢之行誼外，綜合觀之，可大體發現，在稟賦個性上：則侃侃和樂，貧無諂，富無驕；有過思改，惡居下流。且智可因此識彼，告往知來，務實欲去久廢舊制，而文質並重也。在學習專精上：則雖孔門弟子之事仲尼，猶渴而就江海，各取一瓢飲；而子貢於學習上所得之專精，則在如何表達言語之高度技巧。故意在探知夫子是否助父子爭國之衛君，而入問兄弟讓位之夷、齊；孔子至每一邦國，必聞其政，欲觀其用舍行藏之道，而問有美玉於斯，韞匵而藏諸，求善賈而沽諸也。在涵養操持上：則由己所不欲，勿施於人之己立己達，而至博施於民，而能濟眾之立人達人。除得聞夫子之文章外，並欲本乎絜矩之恕，終身行之，曉知聖人

52　《說苑・善說》：「子貢見太宰嚭，太宰嚭問曰：『孔子何如？』對曰：『臣不足以知之。』太宰曰：『子不知，何以事之？』對曰：『惟不知，故事之。夫子其猶大山林也，百姓各足其材焉。』太宰嚭曰：『子增夫子乎？』對曰：『夫子不可增也，夫賜其猶一累壤也，以一累壤增大山，不益其高。』」頁96-97。觀斥叔孫氏及此增之不益其高等言，則知子貢之智足以知聖人矣。

通天下萬事萬物，一貫之教化仁道，使孔子之名布揚天
下，而無莫我知也夫之歎也。在事業政績上：則以性敏
捷，善言語，巧辭說。故其達也，貨殖能億則屢中，於
孔門中最為饒富；為政則使於四方，不辱君命，分庭抗
禮諸侯中也。至與孔子之師生關係也：則極盡贊譽之能
事，謂天縱大聖，無所不能。而學之淵深，如不得其門
而入，則不見宗廟之美，百官之富；德之尊崇，高如日
月，世人莫之能踰也。雖如此，但以其喜臧否人善惡優
劣，論斷人是非短長，喜揚人之善，然亦不能匿人之過
者也。不僅問孔子「賜也何如？」「師與商也孰賢？」
「孔文子何以謂之文也？」且尚論古人，而謂「紂之不
善，非如是之甚也！」「管仲非仁者歟！」故孔子斥子貢
方人，謂「賜也，賢乎哉！夫我則不暇。」[53]雖孔門中
「三盈三虛，惟顏淵不去。」不可以此獨病子貢之未能長
相左右。[54]但喜交不如己者，又倦於學而欲休止，[55]孔門

53　《論語‧憲問》：「子貢方人。」頁222。子貢有喜臧否、論
　　斷、或比較人我，甚而尚論古人如何如何情事，如《論語‧公
　　冶長》：「子貢問曰：賜也何如？」頁55。又〈先進〉：「子
　　貢問：師與商也孰賢？」頁161。又〈公冶長〉：「子貢問
　　曰：孔文子何以謂之文也？」頁62。又〈子張〉：「子貢曰：
　　紂之不善，不如是之甚也。」頁295。又〈憲問〉：「子貢
　　曰：管仲非仁者與？」頁216。
54　《論衡‧講瑞》：「孔子之門，三盈三虛，唯顏淵不去。」頁
　　164。《孔門弟子研究‧子貢》：「拜師後，不像顏回那樣整
　　天跟著孔子，而是時常離開孔子，到各國去搞些社會工作和商
　　業活動。」頁81-82。

大儒子貢如此，終為一大缺失。且亦學亦官，亦官亦商情事，[56]雖有其正面價值，但今人或有學而優仕後，不再讀書，以學者清流身分，作為階升之用；甚而學、官、商相勾結後遺症等言，而非短鄉先賢。似此，恐有以今證古，不全了悉孔聖之教弟子，除多學博聞之知識傳授外，尤重在修齊治平，經世濟民宏旨也。至拔去鬍鬚，化裝為婦人，使人莫之識事。雖事屬荒誕，恐有情非得已，不可明言者也。[57]

55　《說苑・雜言》：「孔子曰：丘死之後，商也日益，賜也日損。商也好與賢者處，賜也好說（悅）不如己者。」頁141。
　　《荀子・大略》：「子貢問於孔子曰：賜倦於學矣。」頁335。
　　《韓詩外傳・八》：「弟子事夫子有年矣，才竭而智罷，振（奮發，又或作倦）於學問，不能復進，請一休焉。」頁348。
　　《孔子家語・困誓》：「子貢問於孔子曰：賜倦於學，困於道矣，欲息……」頁53。

56　《孔門弟子研究・子貢》：「子貢拜孔子為師後，他不僅向孔子學習，而且還展開其他活動。在這之中，不僅有政治工作，而且還兼搞商業活動。」頁82。

57　《論衡・龍虛》：「豫讓吞炭，漆身為厲，人不識其形；子貢滅須為婦人，人不知其狀。」頁62。以豫讓吞炭，漆身為厲，在使人不辨其形，為智伯報仇襄子事例之。則子貢滅須為婦人，或有特殊之行類豫讓者乎？不然，則縱橫世間時，或結有恩怨，老而思退隱江湖，恐為仇家所識而避之者乎？但子貢大儒，前者或有可能，後者則外乎儒家至死不變其節，不易其行之教矣。此懸案待後賢考而明之也。

叁、結論

　　《論語》中所謂言語，既如前所言，在能言善辯，巧乎辭說，可以為行人、使適四方他國，能折衝樽俎，不辱君命之使者。宰我、子貢二子之所以列入，必有其因素在，特再簡要綜合整理如下：

　　宰我：宰我於《論語》記載中，僅能知孔子責其晝寢、怠惰昏憒之行，妄釋使民畏懼戰栗之言，望其能謹言慎行。由聽其言而信其行二端，無必然理由知其列入言語。惟《孟子》有宰我、子貢，善為說辭。《尸子》有仲尼辭不辯，宰我侍。《韓非子》有宰予之辭，雅而文也。《孔子家語》有宰予有文雅之辭。（下雖有智不充其辯，以言取之，失之宰予等類《論語》負面描寫，不影響宰予之善言語。）且《孔叢子》有宰我使於齊，孔子使宰我使於楚。又有宰我使楚，昭王欲以安車象飾贈孔子，宰我以辭拒之，孔子深許之。《說苑》有使諸侯有如宰我者乎等，皆為列入言語之所在也。

　　子貢：子貢於《論語》記載中，知能巧於表達言語之高度技巧。如意在探知夫子是否助父子爭國之衛君，而入問兄弟讓位之夷、齊。至每一邦國，必聞其政，欲觀其用行舍藏之道，而問有美玉於斯，韞匵而藏諸，求善賈而沽諸二端。可推知《孟子》所謂善辭說，列於言語之所在也。又《孔子家語》之有口才著名。《史記》之

利口巧辭。且《韓詩外傳》之素衣縞冠，使於兩國之間，不持尺寸之兵，升斗之糧，使兩國相親如兄弟。亦因善言語，巧辭說，而為傑出外交家。有顯著成就五（皆詳注11）。皆為列入言語之所在也。

　　綜上所述，則可知二子之善言語，巧辭說。亦因此而長於外交，為行人，使諸侯，能折衝樽俎，多有建樹，斯亦孔子所謂使於四方，不辱君命之士矣。

政 事

壹、冉有

冉有生平事蹟

冉有，姓冉，名求，字子有，亦稱冉有，春秋末魯人也。[1]生於魯昭公二十年（周景王23年，西元前522年），少孔子二十九歲。[2]幼出身於微賤家族。[3]師事孔子，除親執御役外，於孔子之用於魯也，亦有先導及翼

1　《史記·仲尼弟子列傳》：「冉求，字子有。」《集解》：
　　「鄭玄曰：魯人。」頁878。
2　分見《史記·仲尼弟子列傳》及《闕里誌·年譜》。
3　冉求家族，史無明文記載，惟《孔子家語·七十二弟子解》
　　云：「冉求，字子有，仲弓之族。」頁87。而《論語·雍
　　也》：「子謂仲弓曰：犁牛之子，騂且角，雖欲勿用，山川其
　　舍諸。」頁74-75。此謂仲弓父賤而行惡，故《史記·仲尼弟
　　子列傳》逕謂：「仲弓父，賤人。」頁878。冉求既與仲弓同
　　族，而仲弓又出身賤人家族，則冉求之出身，恐同於仲弓也。

助之功焉。⁴卒年不詳，莫知其壽數。⁵配享，唐追封為
「徐侯」，宋封為「彭城公」，旋又改為「徐公」。⁶冉有之

4　《論語·子路》：「子適衛，冉有僕。」頁195。此冉求為孔
　　子僕以御車也。至孔子用於魯，冉求有先導及翼助之功，如：
　　冉求與齊師戰於郎，勝之，季康子問曰：「子之於軍旅，學之
　　乎？性之乎？」冉有曰：「學之於孔子」。季康子曰：「我欲
　　召之可乎？」對曰：「欲召之，則毋以小人固之則可矣。」又
　　「今孔子在衛，衛將用之。己有才而以資鄰國，難以言智也，
　　請以重幣迎孔子。季孫以告哀公，公從之。」季康子以冉求贊
　　美孔子之卓越才智學養，且魯不用，衛將用之，遂於魯哀公十
　　一年，迎孔子歸魯。事詳《史記·孔子世家》、《孔子家語·
　　儒行》及《左傳·哀公十一年》。又孔子之仕於魯也，季氏諸
　　多意欲為之者，或意見與孔子相左時，冉求多能及時商請或稟
　　告孔子。此除於《論語》本文所述者可推知外，《荀子·宥坐》
　　亦有：「孔子為魯司寇，有父子訟者，孔子拘之，三月不別。
　　其父請止，孔子舍之。季孫聞之不說曰：是老也欺予，語予
　　曰：為國家必以孝，今殺一人以戮不孝，又舍之。冉子以告」
　　（頁342）之言也。
5　死於何年及壽數若干，一無可信文字記載甚而傳聞資料，故
　　《孔門弟子研究·冉求》：「死於何年不詳。」頁40。
6　《孔門弟子研究·冉求》：「《後漢書·明帝紀》載，東漢明
　　帝十五年，東巡狩，三月，……幸孔子宅，祠仲尼及七十二弟
　　子。從這以後，孔子弟子（包括冉有），就不斷受到歷代官府
　　的祭祀。與此同時，對冉有也不斷追加諡號。唐代開元二十七
　　年（西元739年），追封為『徐侯』，宋代大中祥符二年（西元
　　1009年），更封為『彭城公』，後又改為『徐公』。由上可見，
　　不論文人學士，還是歷代帝王，對他也還是給以肯定和加以推
　　崇的。」頁50。《聖門十六子書·冉子書·祠墓古蹟》：「先
　　賢冉子子有墓在鄆城縣東三十五里冉村集。」頁993。

為人也：侃侃和樂，勇武果決。⁷博藝多能，達可從政。⁸
至其功業也，居四科政事之首，宰可足民，戰乃勝齊。⁹

7　《論語・先進》：「冉有、子貢，侃侃如也。」《疏》：「侃
　　侃、和樂之貌。」頁97。且《孔子家語・弟子行》：「不懾不
　　悚（即不恐不懼），敷奏（展示）其勇，強乎武哉！」頁29。
　　至《論語・先進》：「求也退，故進之」之言，論者謂冉有之
　　資稟，失之柔弱，於進取勇為或有所不足而發，此恐不盡合冉
　　有侃侃和樂之性。且季氏旅泰山，孔子謂「女弗能救與？」冉
　　有直接回答「不能。」又與公西華母請粟於孔子，孔子初與之
　　釜，以為不足而請益之，增與之庾。仍感不足，而逕與之五
　　秉。此等武勇、獨斷、果決之性，並非柔弱。該章之所以云此
　　者，乃別有所指，詳正文分析。

8　《孔子家語・弟子行》：「（子貢曰）恭老恤幼，不忘賓旅，
　　好學博藝，省物而勤也，是冉有之行也。孔子因而語之曰：好
　　學則智，恤孤則惠，恭則近禮，勤則有繼。」頁77。所言是否
　　過當，不得而知。惟《孔門弟子志行考述》云：「在這幾句行
　　贊中，好學博藝，尤為冉有之特長。《論語》載孔子答季康之
　　問曰：『求也藝，於從政乎何有？』又答子路問成人，於列舉
　　臧武仲之智，孟公綽之不欲，卞莊子之勇之後，並特別提到冉
　　求之藝。可知冉有之博藝多能，不但在孔門諸賢中首屈一指，
　　而且已成為當時社會博藝君子的典型。」頁48。《論語・雍
　　也》：「（季康子問）曰：『求也，可使從政也與？』曰：
　　『求也藝，於從政乎何有？』」頁75。

9　《論語・先進》：「政事，冉有、季路。」頁154。《鹽鐵
　　論・殊路》：「七十子躬受聖人之術，有名列孔子之門，皆諸
　　侯卿相之才，可南面者數人云。政事者，冉有、季路。」頁
　　24。《孔子家語・七十二弟子解》：「冉求……有才藝，以政
　　事著名。」頁87。《三國志・蜀書十二・郤正傳》：「有過必
　　知，顏子之仁也；侃侃庶政，冉（有）、季（路）之治也。」

惟於仁道學說，禮樂教化，則少貢獻。¹⁰雖與孔子理念落差最大，受責斥獨多。¹¹但成就之大，於孔門中，絕不遜

頁872。《論語·公冶長》：「子曰：『求也！千室之邑，百乘之家，可使為之宰也。』」頁58。又〈先進〉：「方六七十，如五六十，求也為之，比及三年，可使足民。」頁168。於此知冉有所長者，在使人民豐衣足食，財用不缺之善理財上。此亦可於「既庶矣，又何加焉，曰：富之」（〈子路〉）之師生問答。且《國語·魯語》：「季康子欲以田賦，使冉有訪諸仲尼。」頁154。欲使冉有助季氏推行田賦制度，恐亦落在冉有善理財，長於富民之豐衣足食，財用不缺之經濟活動工作上。除此宰可足民外，冉有竟能戰而勝齊。《左傳·哀公十一年》略謂：齊師伐魯，季孫、叔孫、孟孫皆畏而不欲戰，冉求力爭，終與齊戰。孟儒子洩率右師戰於郊，潰敗。孟子側為之殿，奔而後，將入門，策其馬曰：非敢後也，馬不進也，童子汪踦死於是役。冉求率左師，奮力戰勝，而有「用矛於齊師，故能入其軍，孔子曰義也」（頁1018）贊美語。

10 由《論語·公冶長》孔子於孟武伯之問，答以可使為之宰外，然有「不知其仁也。」頁58。〈先進〉冉有自謂：「比及三年，可使足民，如其禮、樂，以俟君子。」頁168。而〈雍也〉且有：「非不說子之道，力不足也」（頁77）自白，故《孔門弟子研究·冉求》：「冉求從來沒發表過關於仁、義、禮、孝等儒家道德觀念的看法；而且他也從來沒有向孔子提問過這方面的問題。」頁46。是冉求於此少貢獻也。

11 冉有並非不喜悅孔子仁道學說，而感一己能力不足之言。孔子謂非一己能力不足，而係畫地自限，不努力前進，一也。季氏旅於泰山，冉有不能救止，二也。子華使於齊，冉有為其母請粟，未采納孔子意見，遂與之五秉，孔子謂：「君子周急不繼富，」三也。季康子欲推行田賦制，使冉有訪諸仲尼，仲尼不對，四也。季氏將伐顓臾，孔子以「危而不持，顛而不扶，則

於其他高第也。[12]

一

就孔子呼而教之、評論諸弟子時中有
冉求，或冉求問而答之諸方面言之。

1.呼而教之者

〈八佾〉

季氏旅於泰山，子謂冉有曰：「女弗能救與？」對
曰：「不能。」子曰：「嗚呼！曾謂泰山不如林放
乎？」

將焉用彼相」歸過冉有，五也。季氏富於周公，冉有復為之聚
斂附益之，孔子謂：「非吾徒也，小子鳴鼓而攻之，可也。」
六也。各詳《論語・雍也》、〈八佾〉、〈雍也〉、《國語・魯語》
及《左傳・哀公十一年》、《論語・季氏》、〈先進〉等。

12 如顏淵之自得回也，門人益親，情同父子，發聖人之蘊，得儒
家正統，而為復聖。子路之自得由也，惡言不入於耳，以德為
治，鄰國不敢侵境，孔子稱許再三。子貢之心喪廬墓，使孔子
名布揚天下者，而先後之也。子夏之有聖人一體，彰顯儒學，
幾為孔子本尊分身。曾參之言必稱師，得夫子一貫真諦，具體
聖人，使仁、孝之德，光顯後世，而為宗聖。（各詳見該專章
正文或附注）諸高第如此，但由注4冉有為孔子僕御與孔子用
於魯，有先導及翼助之功云云，則冉有於孔子之師生相親及成
就之大，當不遜於上述諸大弟子也。

魯大夫季康子越禮旅祭泰山，孔子呼冉有謂之曰：
汝弗能救止之乎？冉有逕答以不能。孔子聞而自歎曰：
若泰山之神，受此違禮諂媚之祭，乃不如林放尚知禮之
本所在也。孔子以季氏為魯大夫，按禮僅能祭宗廟，不
可僭越而祭封內山川；今季氏旅祭之，是目中無魯君存
在也。冉有為之宰，自謂不能救止之。故孔子舉林放尚
知禮之本，以儆季氏，並呼冉有而教誨之也。**13**

2.評論諸弟子時中有冉求者

〈先進〉

> 子路、曾皙、冉有、公西華侍坐。子曰：「以吾一
> 日長乎爾，毋吾以也！居則曰：『不吾知也。』如
> 或知爾，則何以哉？」子路率爾而對曰：「千乘之
> 國，攝乎大國之間，加之以師旅，因之以饑饉，由

---

13 前此二章，林放曾問禮之本，孔子贊以大哉問。《論語經正
錄・三》：「黃勉齋曰：本之說有二，其一曰仁義禮智根於
心，則性者禮之本也，故曰：中者天下之大本。其一曰禮之
本，禮之初也。凡物有本末，初為本，終為末，所謂夫禮始諸
飲食者也。」頁7（二冊，十一函）。《論語述注・八佾》：
「此章凡三層意，救季氏一層，欲季氏知其無益自止一層，進
林放以勵冉有一層。」頁2。《論語章句新編》：「泰山之神
不能言語，又何從而非季氏之祭乎？疑泰山二字乃季氏或季孫
之誤。文當作：季孫不如林放乎？意謂季氏身為大夫，尚不如
林放之知禮也。」頁117。此本《讀論語札記》說，亦說之有
理，特附於此。

也為之，比及三年，可使有勇，且知方也。」夫子
哂之。「求爾如何？」對曰：「方六七十，如五六
十，求也為之，比及三年，可使足民，如其禮樂，
以俟君子。」「赤爾如何？」對曰：「非曰能之，
願學焉。宗廟之事，如會同，端章甫，願為小相
焉。」「點爾如何？」鼓瑟希，鏗爾，舍瑟而作，
對曰：「異乎三子者之撰。」子曰：「何傷乎？亦
各言其志也。」曰：「莫春者，春服既成，冠者五
六人，童子六七人，浴乎沂，風乎舞雩，詠而
歸。」夫子喟然歎曰：「吾與點也！」三子者出，
曾晳後。曾晳曰：「夫三子者之言如何？」子曰：
「亦各言其志也已矣！」曰：「夫子何哂由也？」
曰：「為國以禮，其言不讓，是故哂之。」「唯求
則非邦也與？」「安見方六七十，如五六十，而非
邦也者？」「唯赤則非邦也與？」「宗廟會同，非諸
侯而何？赤也為之小，孰能為之大？」

　　孔子乘間，子路、曾晳、冉有、公西華四弟子侍
坐，因使各言其志，以觀其器能。呼冉有而問之曰：爾
之志趣若何？冉有對曰：方六七十小國，或五六十尤小
者，由求也治之，比及三年之後，可使其民富足，無匱
於衣食；至於禮、樂之教，非己所能，當俟君子人為之
也。冉有以為治之道，特重其民之富而教之。故孔子適
衛，冉有僕，聞孔子庶矣哉贊歎後，而屢問又何加焉
也，故其言如此。至諸弟子退，曾晳後，而問三子所言

為政之事，無甚不同，夫子何哂笑子路而不及冉求？故問冉求所言，非治國為邦者乎？孔子除言為國以禮，禮貴謙讓，子路直言不讓故哂笑之外，深許三子皆具治國為邦長才也。[14]

又

> 閔子侍側，誾誾如也。子路、行行如也。冉有、子貢，侃侃如也，子樂。「若由也，不得其死然。」

孔子以四弟子能各盡其自然之性，神貌相合，無所隱匿，故懽樂之也。冉有侃侃如也，蓋為一無憂無慮，溫和快活之樂天派性格。

3.冉有問而孔子答之者

〈子路〉

> 子適衛，冉有僕。子曰：「庶矣哉！」冉有曰：「既庶矣，又何加焉？」曰：「富之！」曰：「既富矣，又何加焉？」曰：「教之！」

孔子至衛，冉有為僕御。孔子歎美之謂：人民眾多

---

14 《論語義疏·六·先進》：「或云：冠者五六，冠者三十人也。童子六七，六七四十二人也。四十二就三十，合為七十二人。此孔子升堂者七十二人也。」頁19（三冊，三函）。此言近乎野語，不可從。

矣！冉有問之曰：人民眾多矣，又何所增益？答謂：使之富裕。又問：既已富裕矣，又何所增益？答謂：使之受教育。孔子以庶而不富，則人民雖眾多，但生計不富裕，飢寒充塞，哀鴻遍野，何益於治。故制田里，薄稅斂以富之。如富而不教，則生計雖富裕，但飽食煖衣，逸居近於禽獸，亦無益於治。故立學校，明人倫以教之也。既庶且富又教之，三者兼備，為治之道，盡乎此矣。此孔子答冉有之問，亦所以明治國理念之所在也。[15]

〈先進〉

　　子路問：「聞斯行諸？」子曰：「有父兄在，如之何其聞斯行之？」冉有問：「聞斯行諸？」子曰：

15　《論語隨筆・十三》：「一章精神，全在庶矣哉一歎。……庶字本不易得，有自然而然者，是天地之所生成也。有使之然而然者，是先王先公休養生息之所遺留也。」頁6（四冊，二十一函）。《四書味根錄・論語・子路》：「此因感衛民而發王道之全也。庶矣哉句為主，下富教總是保其庶；但富從庶講出，教從富講出，既字又字方有著落。」頁8。《石鼓論語答問・下》：「休養生息者，所以庶之也，勸課農桑者、所以富之也，申明禮義者、所以教之也。不如是，不足以為人上。」頁7。《譯注廣解四書讀本・論語新解》：「此章之旨，與《孟子》論仁政當先制民之產，使人民不飢不寒，足以仰事俯蓄，然後謹庠序之教，申之以孝弟之義正同。孫中山先生的民族主義主張增加人口，就是要使之庶。民生主義主張平均地權，節制資本，使人民大家有飯吃，就是要富之。民權主義中的訓政時期，開發民知，訓練人民，使能運用四權，就是教之。治國之道，三者盡之矣。」頁196。

「聞斯行之！」公西華曰：「由也問：『聞斯行
諸？』子曰：『有父兄在。』求也問：『聞斯行
諸？』子曰：『聞斯行之。』赤也惑，敢問。」子
曰：「求也退，故進之。由也兼人，故退之。」

　　子路、冉有同問，若聞人有窮困當賑貧救乏之事於
斯，即得行之乎？二人問同，但孔子答之異，故公西華
疑而惑焉，問其所以然也。孔子以冉求雖為一無憂無
慮，溫和快活之樂天派，甚或武勇性格。惟有力不足，
畫地自限，不進而止情事。且於賑濟窮困時，或不甚果
斷，一再謀諸父兄，患其所當為，逡巡畏縮而不為，故
以聞斯行之，不必多慮，以激而進之也。**16**

16　《論語後錄·四》：「包咸曰：賑窮捄（救）乏之事，或者疑
　　咸說無本。坫案：《白虎通德論》曰：朋友之道，親存不得行
　　者二。不得許友以其身，不得專通財之恩。友飢則白之于父
　　兄，父兄許之，乃稱父兄與之，不聽即止，故曰友飢為之減
　　餐，大寒為之不重裘。故《論語》曰：有父兄在，如之何聞斯
　　行之。（上俱《白虎通德論》文）據此，則咸所謂賑窮救乏
　　者，即朋友通財之道也。」頁5（二冊，二十一函）。李啟謙力
　　主此說，見《孔門弟子研究·冉求》，今從之。《論語商·先
　　進》：「子路兼人之勇，更無人攔擋得他，何等果決；卻只知
　　向前，絕不知有個斟酌商量。說父兄在，默默令他自去消化。
　　蓋子路平素行事，儘有不照著夫子處，則有父兄二字，甚有味
　　也。」頁4（207-473）。《論語隨筆·十一》：「有父兄在，
　　是教他審慎而行，故把父兄來壓服他。如之何？若當面而斥之
　　者，此中便伏一退字。」頁10（四冊，二十一函）。

〈雍也〉

　　　子華使於齊。冉子為其母請粟。子曰：「與之釜。」
　　請益。曰：「與之庾。」冉子與之粟五秉。子曰：
　　「赤之適齊也，乘肥馬，衣輕裘。吾聞之也：『君
　　子周急不繼富。』」

　　公西子華使於齊國，冉有為子華母請安家之粟於孔
子，孔子謂：與之六斗四升之釜。冉有以為不足請增益
之，孔子再增二斗四升之庾。冉有仍以為不足，遂與之
多至八百斗五秉之數。孔子謂：公西子華之至齊也，乘
坐肥馬所駕之車，衣著輕暖皮裘，家富有並不貧窮。且
吾聞君子周濟困急，不續增財富。孔子以冉有此舉，有
違一己教誨，失雪中可送炭，錦上不可添花之周急不繼
富原則。故舉子華乘肥馬，衣輕裘，並非貧窮以責之
也。

二

就冉有言行不當，孔子糾正責斥之
，或有疑難問諸同門二方面言之。

1.言行不當，孔子糾正責斥之者

　　〈子路〉

冉有退朝。子曰：「何晏也？」對曰：「有政。」
子曰：「其事也？如有政，雖不吾以，吾其與聞
之。」

冉有退自季氏私朝，孔子見而問之謂：何以如是晏
晚？冉有答以有政。孔子故以疑問口吻謂之曰：其事
也，如係魯之國政，今雖不吾用，以曾為大夫，當亦與
聞之也。孔子之所以如是辨正之者，蓋政乃國政，事係
家事。季氏乃魯三家之一，時勢強專政，魯國政亦或不
列議於公朝，而與家臣謀之於私室。冉有之對，雖亦或
係實情，然不可以季氏私家之議事，稱魯公朝之論政，
而遂其僭越之念也。故孔子必也正其名，以繩其非，而
如是辨正之，借對冉有不當之教言，以抑季氏也。17

17　《四書味根錄・論語・子路》：「此據禮正名分，而不以政予
　　家，所以杜僭竊也。（蒙吉）正名分者，正政之名，則為君之
　　分正；正事之名，則為臣之之分正，此便是作《春秋》心事。」
　　頁11。《論語贅解・卷二》：「此章即在衛正名之意。其事也
　　三字，大聲急呼，使之顧名而思義，真覺森然可畏，懍然難
　　犯。即《春秋》所謂有求名而不得之意。」頁16。《集注》：
　　「是時季氏專魯，其於國政，蓋有不與同列議於公朝，而獨與
　　家臣謀之於私室者，故夫子為不知者而言，此必季氏之家事
　　耳。若是國政，我曾為大夫，雖不見用，猶當與聞。今既不
　　聞，則是非國政也，語意與魏徵獻陵之對略相似。其所以正名
　　分，抑季氏，而教冉有之意深矣。」頁197-198。《論語蒙
　　引・十三》：「政事、泛言之則通用，曰國事亦政也，曰家政
　　亦事也。別言之大曰政，小曰事，如曰作於其政，害於其事之
　　類。公朝之事曰政，私家之事曰事，此章是也。」頁78（三

〈雍也〉

　　冉求曰：「非不說子之道，力不足也。」子曰：
「力不足者，中道而廢；今女畫。」

　　冉求自謂：非不喜悅夫子之道，以一己才力，欲進
不能，有所不足也。孔子聞而非斥之謂：所謂力不足
者，乃行至中途，力竭廢止；今汝畫地自限，未盡全力
也。孔子曾云：有能一日用其力於仁矣乎？吾未見力不
足者。使冉求誠喜悅己道，則如口之悅芻豢，必將竭盡
其力以求之。一如顏淵之終日不違如愚；子路之行有不
逮，惟恐又聞；子張之書諸紳，亦不敢稍事懈惰怠忽
也。今冉求竟自我設限，止而不前，自不能達商也、賜
也之起予，曾參忠、恕一貫之唯。亦求也退，故進之。
而僅游於藝，未能志於道，據於德，依於仁之所在歟？
故孔子語此以深責之也。**18**

　　冊，十八函）。《論語隨筆·十三》：「在公室則為政，在私
　　室則為事。政如會盟、征伐、祭祀等事。事如私家之租稅錢
　　穀。大夫亦自有朝，大夫外朝亦可議國政。冉子在朝所議，明
　　明是國政，聖人卻定要說他是事，斷斷不許私家有政言；雖然
　　是政，一到私家，便算事了。」頁8（四冊，二十一函）。此亦
　　在正名分以抑季氏也。

18　《論語新解》：「按：孔子之道，高矣遠矣，顏淵亦有末由也
　　矣之歎，然歎於既竭吾才之後。孔子猶曰：吾見其進，未見其
　　止。又曰：求也退，故進之。是冉、顏（作顏、冉較佳）之相
　　異，正在一進一退之間也。孔子曰：有能一日用其力於仁矣

〈季氏〉

季氏將伐顓臾,冉有、季路見於孔子曰:「季氏將有事於顓臾。」孔子曰:「求!無乃爾是過與?夫顓臾,昔者先王以為東蒙主,且在邦域之中矣。是社稷之臣也!何以伐為?」冉有曰:「夫子欲之,吾二臣者,皆不欲也。」孔子曰:「求!周任有言曰:『陳力就列,不能者止。』危而不持,顛而不扶,則將焉用彼相矣?且爾言過矣!虎兕出於柙,龜、玉毀於櫝中,是誰之過與?」冉有曰:「今夫顓臾,固而近於費,今不取,後世必為子孫憂。」

乎?我未見力不足者,此即《孟子》不為不能之辨也。學者其細思之。」頁197。《孔門弟子志行考述》:「照《朱注》的解釋,力不足者,欲進而不能;畫者,能進而不欲。謂之畫者,如畫地以自限也。今按:力不足者,勉強而求之,至於半途,力竭而廢,是乃資稟所限,無可奈何。這亦是《孟子》所謂:非不為也,是不能也的意思。至於畫地自限者,則所謂非不能也,是不為也。」頁47-48。《論語學案·雍也》:「學問須自識病痛,方有鞭策處。吾輩明明坐自畫一病,終無長進,卻要卸罪於力,若以為天限者,然以此誑己誑人,如諱病忌醫,更無瘳法。聖人直為人指破膏肓處,令人毛骨俱竦。」又曰:「中道而廢,是力不足,今女畫,是志不足。」頁39(總207-561)。《論語隨筆·六》:「冉有開口非不說三字,便是半遮半掩,不肯說是不說(悅),卻借諉於力不足,明明是畫字供狀。」又「突然說非不說(悅),一似誰冤枉他來,卻極力辨剖者。」頁7(三冊,二十一函)。《論語述注·雍也》:「冉求方自以為說子之道,而誘於力之不足,夫子知其並此說字亦假話也。故此句並不提起。」頁5。

孔子曰：「求！君子疾夫：舍曰欲之，而必為之辭。丘也，聞有國有家者，不患寡而患不均，不患貧而患不安；蓋均無貧，和無寡，安無傾。夫如是，故遠人不服，則脩文德以來之！既來之，則安之！今由與求也，相夫子，遠人不服而不能來也，邦分崩離析而不能守也。而謀動干戈於邦內，吾恐季孫之憂，不在顓臾，而在蕭牆之內也。」

　　季氏欲伐顓臾，冉有、季路為季氏臣以告孔子。孔子以冉有相其室尤用事，輔成季氏之惡，多係冉有，特以無乃爾是過歟獨責之，並陳不可伐之所在。冉有又諉以夫子欲之，歸咎於季氏，一己與季路皆不願為也，似在推卸責任。孔子又以二子失持危扶顛，虎兕出柙，龜玉毀櫝為相典守之責又斥之。冉有一再受責斥，不得不道出實情；但仍為季氏辨稱，今不取，後世必為子孫憂，不得不伐之。孔子聞此，又特呼其名重責之，謂心實貪其利而不言，另為辭說巧為之飾，此君子所惡者也。既斥其非，又將治國安邦基本大道詳告之，期其知所當行也。蓋孔子以冉有於季氏，有欲伐顓臾大過，不能諫爭之；旅祭泰山，不能救止之；且富於周公，又為之聚斂附益之。不令小子鳴鼓而攻之，重責其非吾徒也，又何能收教之誨之之所在歟？[19]

19　《集注》：「洪氏曰：二子仕於季氏，凡季氏所欲為，必以告於夫子。則因夫子言而救止者，宜亦多矣。伐顓臾之事，不見於經傳，其以夫子之言而止也？」頁252。說頗有理，惟陳冠

學不以為然。《論語新注》:「按:季氏伐顓臾事不見經傳,論者謂或因夫子之言而止。余謂季氏果欲伐顓臾,必不因夫子一言而止也。此殆戰國以來儒門講說,造為季氏事,託之夫子言語者。」頁164。陳氏言茲事體大,且未說出所據,一己又無法斷其是否,企後賢能詳考而定之也。《讀四書大全說·七》:「前云君子疾夫,舍曰欲之,則夫子之所責於季氏者,唯其欲也。若冉有之言憂也,則折之曰而必為之辭,知其憂不在此,而彼亦初不為子孫慮也。云不患寡,不患貧,修文德以來遠人,蓋以理言,而責其以患貧、寡故,妄欲人之土地也。云患不均,患不安,邦分崩離析而不能守,則以事言,而見季孫之憂不在顓臾。而云後世必為子孫憂者,非其本心,而徒為之辭也。云均無貧,和無寡,則以引伸其不當欲之故。云安無傾,則以質言顓臾之不足為季孫憂也。乃自聖人言之,彼此合成一理,初無垠鄂,不期於立言之妙自無窮。豈若後世文人,必分支立柱,以自為梳理哉!」頁449-450。又「季孫之憂,不在顓臾,而在蕭牆之內,豈徒孔子知之,冉有亦知之,即季孫亦未嘗不知之。探其意中所懷挾者而告之曰,吾恐在此不在彼,亦因其所懼而懼之也。……季孫之憂,自在蕭牆,而其欲則在顓臾。知憂不在此而曰憂,是以為君子之所疾。」頁451。《四書味根錄·論語·季氏》:「此聖人以大義沮權臣,以首句提起,下分三段看。前段重昔者節,已斷盡其兆了;中三節因求諉過,而責其過無可辭;後六節因求文過,而詳其憂之非所急。(姚承菴)季氏伐顓臾,只是一個欲字,欲便患寡患貧,便無魯先王。求以子孫之憂文季氏之欲,夫子明大義以止其欲,只從欲字究到蕭牆之憂,見欲之必不可肆。(唐荊州)二子之辭憖,而支支而遁;聖人之費直,而切切而詳。」頁1。《論語贅言·下》:「此章詞氣激越,鋒鄂外露,又數用譬喻,似是《孟子》文字所祖。」頁9。諸分析皆是,可參閱。

〈先進〉

　　季氏富於周公，而求也為之聚斂而附益之。子曰：
「非吾徒也！小子鳴鼓而攻之，可也。」

　　季氏財富踰乎魯君，而冉求復為之囊括聚斂以增益
之。孔子痛責之謂：冉求非吾門徒，爾等門人鳴鼓聲討
之可也。蓋孔子以冉求應知魯三家季氏獨大，已較魯君
為富。求為之宰，無能改於其德，而更為聚斂以附益
之，助季氏不行仁政且富之，外乎孔門之教矣。非吾
徒，絕之甚，使門人鳴鼓聲其罪以討之，痛之切。聖人
於黨惡禍民之冉求，不出此重言痛責之，又何能明孔門
之教也。[20]

<hr>

20　《孟子·離婁》：「孟子曰：求也為季氏宰，無能改於其德，
　　而賦粟倍他日。孔子曰：求，非吾徒也，小子鳴鼓而攻之，可
　　也。由此觀之，君不行仁政而富之，皆棄於孔子者也。」頁
　　175。《四書味根錄·論語·先進》：「此夫子深責冉求之黨
　　惡害民也。上節立個罪案，下節以其有負聖教，既絕之，又正
　　之。」頁10。《論語學案·先進》：「冉有臣季氏，而不能匡
　　救其惡，聚斂之為，得罪名教不少，故夫子鳴鼓而攻之。」頁
　　10（總207-615）。《論語通義》：「政事冉有，本為賢者。舊
　　說冉有附益季氏，孔子呼其門弟子攻擊之，且重其語曰鳴鼓。
　　鳴鼓，大事也，不得已而公開之也。孔子之惡其弟子，固有如
　　是之甚歟？夫子循循然善誘人，而於本經，亦未見其對弟子有
　　如此攻擊之辭也。《左傳·哀公十一年》，冉有用矛入齊軍，
　　孔子老而尚稱其義，且列四科。心輒疑之，孔子不會為此言
　　也。如為斯言，或有別指。季氏富於周公，孔子本惡其非禮。

2.有疑難問諸同門者

〈述而〉

> 冉有曰:「夫子為衛君乎?」子貢曰:「諾,吾將
> 問之。」入曰:「伯夷、叔齊何人也?」曰:「古
> 之賢人也。」曰:「怨乎?」曰:「求仁而得仁,
> 又何怨?」出曰:「夫子不為也。」

　　冉有問於子貢,夫子助衛君乎?子貢應諾,入問伯
夷、叔齊何如人也?夫子以古之兄弟讓國賢人答之。子
貢復問夷、齊初雖有讓國之意,但終至餓死,怨乎否
也?夫子答以君子殺身成仁。夷、齊乃求仁得仁,又何
怨悔之有。子貢聞此,出謂冉有曰:夫子不助衛君也。
冉有以夫子時居衛、衛君出公輒甚敬禮之,而疑夫子將
助之,故言諸子貢,而子貢問之也。子貢既知夫子許兄
弟讓國為求仁得仁之賢者,推而可知,必不助父子爭位

冉有為季氏宰,季孫康子竊位為上卿,欲收田賦,孔子止之不
能,殆借冉有以罪季氏歟?言之微矣。」頁175-176。《論語
點睛補註・十一》:「卓吾云:攻求,正所以攻季氏。」頁85
(八函)。斯言極是。《論語存疑・十一》:「既曰非吾徒,又
曰小子鳴鼓而攻之,是欲大家去救正他,使改過遷善也。註愛
人無已,須兼二句看。小註以鳴鼓而攻,為不忘乎愛。」頁7
(三冊,十八函)。讀此,再參閱前言語篇宰予注13,李啓謙於
宰予晝寢、是愛護性的一時生氣狀況下的批評云云,則知聖人
之所以教群弟子矣。

之惡行者，故如此答冉有也。 [21]

三

就他人問群弟子才具，或何
謂成人於孔子二方面言之。

1.問群弟子才具者

〈公冶長〉

> 孟武伯問：「子路仁乎？」子曰：「不知也。」又
> 問。子曰：「由也，千乘之國，可使治其賦也；不
> 知其仁也。」「求也何如？」子曰：「求也，千室
> 之邑，百乘之家，可使為之宰也；不知其仁也。」
> 「赤也何如？」子曰；「赤也，束帶立於朝，可使
> 與賓客言也；不知其仁也。」

　　孟武伯以子路有仁德否乎問於孔子。孔子以仁道至
大、至高、至宏遠，一己尚未敢居，顏淵僅三月不違，
況子路等日月至焉者乎？又不願直言無仁，非獎誘之

21　衛父子爭國事，詳言語篇貳子貢注45。又〈論語孟子中仁字之
　　研究〉：「云求仁得仁，又何怨者，此孔子答不怨者。初心讓
　　國，求為仁也。君子殺身以成仁，夷、齊雖終於餓死，得成於
　　仁，豈有怨乎？且夷、齊之讓，出於親愛之誠，全係由仁之本
　　孝悌發出，伯夷以父命為尊，孝也。叔齊以天倫為重，悌也。
　　既得而求之，故無所怨，是以夫子許以求仁得仁也。」頁67。

教，故以不知也答之。武伯又問冉求何如？孔子除肯定冉求可為千室大邑，百乘卿大夫家，邑宰或家臣之所長外，仍以不知其仁也答之。

〈雍也〉

季康子問：「仲由可使從政也與？」子曰：「由也果，於從政乎何有？」曰：「賜也可使從政也與？」曰：「賜也達，於從政乎何有？」曰：「求也可使從政也與？」曰：「求也藝，於從政乎何有？」

季康子問於孔子，冉有之才，可使為大夫從事於政也與？孔子以冉求多才能技藝，習練治術，有所專精，應變多方，而不失使命能任事，其於從政，何難之有？謂其才可使從政也。[22]

〈先進〉

季子然問：「中由、冉求，可謂大臣與？」子曰：「吾以子為異之問；曾由與求之問！所謂大臣者，以道事君，不可則止。今由與求也，可謂具臣矣！」曰：「然則從之者與？」子曰：「弒父與君，亦不從也。」

季子然係季氏子弟，自多季氏得冉有、仲由二賢臣，以是否為大臣問於孔子。孔子除抑季子然之自多

外，並陳以正道事君，君有過惡則諫，三諫不從，則止
而去位不仕大臣之義。今冉求、仲由，二人臣於季氏，
季氏有過惡，如謀動干戈伐顓臾，舞八佾僭天子，旅泰
山以雍徹，竟不諫爭匡救，使恣其行。又不止而去位不
仕，不可謂大臣，僅備臣數之具臣而已。季子然聞此，
又問既如是，則君有過惡，皆縱其慾而從之者乎？孔子
以雖不諫不止；但如有弒父與君忤逆之事，則亦不從
也。語此除陰折季氏僭竊不臣之心外，並深許二子必不
黨惡也。[23]

2.問何謂成人者

〈憲問〉

> 子路問成人。子曰：「若臧武仲之知，公綽之不
> 欲，卞莊子之勇，冉求之藝；文之以禮樂，亦可以
> 為成人矣！」曰：「今之成人者何必然！見利思
> 義，見危授命，久要不忘平生之言，亦可以為成人
> 矣！」

　　子路問如何行之，始可謂成人。孔子先言成人需具

23　《論語說‧卷四》：「冉有、季路之不得為大臣，在不能輔季
　　氏以盡臣道於公朝，而惟欲盡己為家臣之職，故夫子謂之具
　　臣。」頁2。《四書味根錄‧論語‧先進》：「（唐伯虎）前抑
　　二子者，剪季氏之羽翼，所以抑季氏也。後揚之者，杜季氏之
　　奸萌，亦所以抑季氏也，言在此而意在彼。」頁15。

有如臧武仲之智，公綽之不欲，卞莊子之勇，冉有之
藝。然後節之以禮，和之以樂而文成之，可謂成人矣。
成人條件，中有冉有之藝。則知其才能技藝，不僅能泛
應多方，不失使命，而可任事從政；且可為成德之所謂
完人要件，於此可知孔子於冉求之肯定。

小　結

　　經以上粗略陳述，於《論語》十六則有關冉求記載
中，除極少數無涉冉求之行誼外。綜合觀之，則大體發
現，在秉賦個性上：則侃侃和樂，爽朗無憂懼。惟有畫
地自限，不進而止情事，故其問聞斯行諸時，孔子逕以
聞斯行之答之也。在學養操持上：則雖有才藝，但短於
道德修行，故有力不足於夫子之道，而如其禮、樂，以
俟君子之言也。在政績功業上：則為季氏宰，善理財，
可使足民。惟季氏舞八佾，以雍徹，旅泰山等之僭天
子；且欲謀動干戈於顓臾，皆未能諫諍匡正救止之。故
雖列四科政事之首；而不得為大臣，僅為備臣數之具臣
而已。至與孔子之師生間關係也：則子適衛，親執御役
為之僕；而齊伐魯，冉求勇戰勝之，孔子美之曰義也。
雖如此，但或以其才有餘而氣不足，識雖明而力不專，
孔門中，與孔子意見落差最大，受斥責獨多者，當首推
冉求。尤以季氏富於周公，而求也為之聚斂附益之之黨
惡罪行為甚，宜乎孔子有非吾徒，小子鳴鼓而攻之重責
之之言也。

貳、子路

子路生平事蹟

　　子路，姓仲，名由，字子路，又名季路。春秋末魯卞之野人。[1]生於魯襄公三十一年（亦昭公元年，周景王3年，西元前542年），少孔子九歲。[2]幼家貧，生活較困窘。[3]曾陵暴孔子，孔子以禮誘導之，而請為弟子。[4]始

1　《史記・仲尼弟子列傳》：「仲由，字子路，卞人也。」頁878。《孔門弟子研究・子路（季路）》：「一致認為卞邑在今山東省泗水縣東五十里之卞橋鎮（今又稱泉林）。」頁51。《聖門十六子書・仲子書・祠墓古蹟》：「仲里在泗水縣東六十里，相傳為子路故居，今名仲村。」頁730。《論語・子路》：「野哉由也。」頁191。《韓非子・外儲說右上》：「由之野也。」頁235。《尸子・勸學》：「子路，卞之野人。」頁10。《荀子・大略》：「子貢、季路，故鄙人也。」頁381。

2　分見《史記・仲尼弟子列傳》及《闕里誌・年譜》。

3　《說苑・建本》：「子路曰：負重道遠者，不擇地而休；家貧親老者，不擇祿而仕。昔者由事二親之時，常食藜藿之實，而為親負米百里之外。」頁26。

4　《論語集釋・陽貨・下》：「《金樓子》：孔子游舍於山，使子路取水。逢虎於水，與戰，攬尾得之，內於懷中。取水還。問孔子曰：『上士殺虎如之何？』子曰：『上士殺虎持虎頭。』『中士殺虎如之何？』子曰：『中士殺虎持虎耳。』又問：『下士殺虎如之何？』子曰：『下士殺虎持虎尾。』子路出尾

終追隨孔子周游各國，情感甚篤。卒於魯哀公十四年（衛出公12年，西元前480年），卒時孔子為之覆醢，而悲歎為天欲滅絕己。[5]享年六十二歲。配享，唐時追封為「衛侯」，宋改為「河內侯」，旋又追封為「衛公」。[6]子路

棄之。復懷石盤曰：『夫子知虎在水而使我取水，是欲殺我也。』乃欲殺夫子，問：『上士殺人如之何？』曰：『用筆端。』『中士殺人如之何？』曰：『用語言。』『下士殺人如之何？』曰：『用石盤。』子路乃棄盤而去。按：《金樓子》所載未知出何書，六朝時古籍多今所未見，姑錄之以廣異聞。張氏甄陶曰：此是子路初見夫子，雞冠佩劍，毫氣（同豪氣，謂嗲野紛紛，恣放氣概也。）未除時語。《家語》載子路初見孔子，拔劍而舞，有古之君子以劍自衛乎之問，夫子答以古君子忠以為質，仁以為衛云云，與此章（子路曰：君子尚勇乎……）問答相類。胡氏之說（疑此子路初見孔子時問答也）蓋本於此。」頁1075-1076。《史記‧仲尼弟子列傳》：「子路性鄙，好勇力，志伉直，冠雄雞，佩猳豚。陵暴孔子。孔子設禮稍誘子路，子路後儒服委質，因門人請為弟子。」頁878。《論衡‧率性》：「世稱子路無恆之庸人，未入孔門時，戴雞佩豚，勇猛無禮。聞頌讀之聲，播雞奮豚，揚唇吻之音，聒聖賢之耳，惡至甚矣，孔子引而教之。」頁15。

5 《禮記‧檀弓》：「孔子哭子路於中庭，有人弔者，而夫子拜之。既哭，進使者而問故。使者曰：醢之矣。遂命覆醢。」頁112。《古微書‧論語緯》：「子路感雷精而生，尚剛好勇，親涉衛難，結纓而死。孔子聞而覆醢，每聞雷鳴，乃中心側怛，故後人忌焉，以為常也。」頁480（三十函）。又《公羊傳‧哀公十四年》：「顏淵死，子曰：噫！天喪予；子路死，子曰：噫！天祝予。西狩獲麟。孔子曰：吾道窮矣。」頁357。

6 《孔門弟子研究‧子路》：「《後漢書‧明帝紀》載：東漢明

之為人也，孝親友於女兄，⁷尊師加惠人民。⁸恃強好

帝十五年東巡狩，三月，……幸孔子宅，祠仲尼及七十二弟
子。從這以後，孔子弟子包括子路在內，就不斷受到歷代官府
的祭祀。與此同時，對子路也不斷追加謚號。唐朝時（開元 27
年，西元 739 年）追封為『衛侯』，宋代（大中祥符 2 年，西元
1009 年）改封為『河內侯』，旋又追封為『衛公』。」頁 64。
《聖門十六子書·仲子書·祠墓古蹟》：「仲子墓在開州北七
里。」頁 729。

7　《說苑·建本》：「南游于楚，從車百乘，積粟萬鍾，累茵而
坐，列鼎而食。願食藜藿，為親負米之時，不可復得也。枯魚
銜索，幾何不蠹：二親之壽，忽如過隙。草木欲長，霜露不
使；賢者欲養，二親不待。故曰：家貧親老，不擇祿而仕
也。」頁 26。又《孔子家語·致思》：「由也事親，可謂生事
盡力，死事盡思者也。」頁 17。又《禮記·檀弓》：「子路有
姊之喪，可以除之矣。而弗除也。孔子曰：何弗除也？子路
曰：吾寡兄弟而弗忍也。孔子曰：先王制禮，行道之人，皆弗
忍也。子路聞之，遂除之。」頁 120。另《漢書·外戚傳》顏
師古《注》亦有：「子路厚於骨肉，雖違禮制，是其仁愛」
（卷 97 上，頁 15）之言。

8　《史記·仲尼弟子列傳》：「子路後儒服委質，因門人請為弟
子。」司馬貞《索隱》：「服虔注《左氏》云：古者始事，必
先書名於策，委死之質於君，然後為臣，示必死節於其君
也。」頁 878。又《孔門弟子研究·子路》：「君臣如此，師
徒也是一樣。臣委質於君，弟（子）委質於師，其義一也。
（見《史記》有關注解）這就是子路願以死忠於孔子，以後子
路的行為果是如此。孔子有病時，他為之祈禱；（〈述而〉）在
陳絕糧時，他想辦法給孔子作飯。（《墨子·非儒下》）周游列
國途中，他處處跟隨。孔子自己就說：『自吾得由，惡言不聞
於耳。』（《史記·仲尼弟子列傳》）孔子還說：『道不行，乘桴
浮於海，從我者，其由與！』（〈公冶長〉）他處處跟隨並誓死保

勇，崇信尚義。⁹聞過則喜，而為天下聖德賢士。¹⁰至其

護孔子。」頁57。另《韓非子‧外儲說右上》：「季孫相魯，
子路為郈令。魯以五月起眾為長溝，當此之時，子路以其私秩
粟為漿飯，要作溝者於五父之衢而食之。」頁235。《說苑‧
臣術》：「子路為蒲令，備水災，與民春修溝瀆，為人煩苦，
故予人一簞食，一壺漿。孔子聞之，使子貢復（覆）之，子路
忿然不悅，往見夫子曰：由也以暴雨將至，恐有水災，故與人
修溝瀆以備之，而民多匱於食，故與人一簞食，一壺漿，而夫
子使賜止之何也？夫子疾由之行仁也？夫子以仁教而禁其行，
由也不受！子曰：爾以民為餓，何不告於君，發倉廩以給食
之，而以爾私饋之？是汝不明君之惠，見汝之德義也。速已則
可矣，否則，爾之受罪久矣！子路心服而退也。」頁25。

9　《中庸》：「子路問強。子曰：南方之強與？北方之強與？抑
而之強與？」頁8。《說苑‧建本》：「孔子謂子路曰：汝何
好？子路曰：好長劍。」頁29。又〈雜言〉：「（子夏問仲尼）
曰：子路之為人也何若？曰：由之勇，賢於丘也。」頁140。
（《列子‧仲尼》全同）《孔子家語‧弟子行》：「不畏彊禦，不
侮矜寡。」頁29。《左傳‧哀公十四年》：「小邾射以句繹來
奔，曰：使季路要我，吾無盟矣。使子路，子路辭。季康子使
冉有謂之曰：千乘之國，不信其盟，而信子之言，子何辭焉？
對曰：……彼不臣，而濟其言，是義之也，由弗能。」頁
1031。《孔門弟子研究‧子路》：「千乘之國，不信其盟，而
信子（子路）之言，可是子路辭退不幹，原因是不能鼓勵小邾
射幹背叛國家這種不義之事。從這段故事就可看出，在當時子
路就已經是一位守信用而著稱的人物了。」頁56。

10　《孟子‧公孫丑》：「孟子曰：子路，人告之以過則喜。」頁
51。《三國志‧吳書‧諸葛恪傳》：「自孔氏門徒，大數三
千，其見異者，七十二人。至于子張、子路、子貢等七十之
徒，亞聖之德。」頁1152。《後漢書‧列女傳》：「子路至
賢，猶有伯寮之愬。」頁997。

功業也，與乎四科政事，長於兵賦，治績遠聞，鄰國不敢侵境，孔子曾再三稱許之。[11]

一

就孔子於子路主動教誨、贊許、告誡，評論諸弟子時中有子路，或子路問而答之諸方面言之。

1、主動教誨、贊許、告誡者

〈爲政〉

　　子曰：「由、誨女，知之乎？知之爲知之，不知爲

11　《論語‧先進》：「政事，冉有，季路。」頁154。《論衡‧率性》：「子路……卒能政事，序在四科。」頁16。《鹽鐵論‧殊路》：「七十子恭受聖人之術，有名列于孔子之門，皆諸侯卿相之才，可南面者數人，云政事者，冉有、季路。」頁24。《孔子家語‧七十二弟子解》：「有勇力才氣，以政事著名。」頁27。《漢書‧刑法志》：「治其賦兵，教以禮誼。」頁501。《荀子‧大略》：「晉人欲伐衛，畏子路不敢過蒲。」頁378。又《韓詩外傳‧六》：「子路治蒲三年，孔子過之。入境而善之曰：由，恭儉以信矣。入邑曰：善哉！由，忠信以寬矣。至庭曰：善哉！由，明察以斷矣。子貢執轡而問曰：夫子未見由，而三稱善，可得聞乎？孔子曰：入其境，田疇草萊甚辟，此恭敬以信，故民盡力。入其邑，墉屋甚尊，樹木甚茂，此忠信以寬，其民不偷。（至其庭），其庭甚閑，此明察以斷，故民不擾也。」頁237。

　　不知，是知也。」

　　孔子呼子路而告之謂，我教汝以知之之道乎？其所
實知者，則以為知；實所不知者，則以為不知，如此則
為真知矣。孔子之所以如此言之者，蓋子路好勇兼人，
或有僅以聞見，未經裁度，即謂為知，甚而強不知妄以
為知自欺情事，故語此以教之。**12**

〈陽貨〉

　　子曰：「由也，女聞六言六蔽矣乎？」對曰：「未
　　也。」「居！吾語女，好仁不好學，其蔽也愚；好

12　《荀子·子道》：「故君子知之曰知之，不知曰不知，言之要
　　也。能之曰能之，不能曰不能，行之要也。」（《說苑·雜言》
　　全同），又〈儒效〉：「知之曰知之，不知曰不知；內不自以
　　誣，外不自以欺。」分見頁400、90。皆可與此相互發明。
　　《論語集釋·為政·下》：「論語意原：或聞而知之，或見而
　　知之，聞見未為得也，知之而後有得也。道猶嘉肴也。食焉則
　　得其味，得之聞見者皆未食也。」頁98。僅聞見而未食之，無
　　潛沉涵泳之功，則不得其味，謂為真知也。《論語今解·為
　　政》：「知之為知之，其事甚易；不知為不知，其事甚難。人
　　心有自衛作用，恐承認不知有傷尊嚴，於不知不覺之中，強不
　　知以為知，近似自欺。果能不知為不知，是有自知之明，故曰
　　是知也。」頁14。《批點四書讀本·論語·為政》：「此章誨
　　子路以真知，真知不外無自欺。首尾兩知字就心上言，中四知
　　字就事理上言。」頁13。《論語經正錄·二》：「陳定宇曰：
　　彊不知以為知，非惟人不我告，己亦不復求知，終身不知。而
　　後己不知者以為不知，則人必告我，己亦必自求知，豈非知之
　　之道乎？」頁33（二冊，十一函）。諸說皆是。

知不好學，其蔽也蕩；好信不好學，其蔽也賊；好
直不好學，其蔽也絞；好勇不好學，其蔽也亂；好
剛不好學，其蔽也狂。」

　　孔子呼子路而問聞六美德六蔽事乎？子路答曰未
聞。孔子命之坐而告之：謂仁者：博施周急，若不好學
以裁之，則恐不當施傷惠，而可罔可陷為昏愚。智者：
明照事物，若不好學以裁之，則恐行動或不當理，而失
所憑依，蕩逸無所適從。信者：重承諾不欺罔，若不好
學以裁之，則恐信如尾生不能通權達變抱柱之死，而殘
害其身。直者：正人之曲無隱晦，若不好學以裁之，則
恐直如楚人不隱父惡，而滅性殘情，絞切親恩。勇者：
果敢猛進，若不好學以裁之，則恐唯匹夫、血氣是逞。
而無謀慮，暴虎馮河，急切生禍害。剛者：無欲不曲
求，若不好學以裁之，則恐自以為是，頑強失節近愎
戾，而狂妄傲倨。蓋子路之長，在勇於為善，其失之
者，在不喜讀書為學，故有「何必讀書，然後為學」之
言。但讀書為學，在明道知中，無適無莫，不滯於一
端，而得其宜以裁之。否則，雖有盛德，亦必生蔽塞，
而不自見其過也。此恐子路所短，故孔子語此以教之。13

13　（楊伯峻）《論語譯注·陽貨》：「這個言字和有一言而可以
　　終身行之的言相同，名曰言，實是指德。一言，孔子拈出恕
　　字；六言，孔子拈出仁、知、信、直、勇、剛六字。後代五言
　　詩、七言詩以一字為言之義蓋本於此。」頁184–185。《論語
　　隨筆·十七》：「六言只是六樣話題，本當作六德、六美。」

〈子罕〉

　　子曰：「衣敝縕袍與衣狐貉者立，而不恥者，其由
也與？『不忮不求，何用不臧。』」子路終身誦
之。子曰：「是道也，何足以臧？」

又「蔽或根於氣稟，或生於意見，任氣則性偏，好學所以變化
氣質，而不失之固。逐見則心昧，好學則擴充聞見，而不拘於
墟，此好學有窮理養氣二義也。」頁8、頁9（六冊，二十一
函）。《說苑・建本》：「孔子謂子路曰：汝何好？子路曰：
好長劍。孔子曰：非此之問也，請以汝之所能，加之以學，豈
可及哉？子路曰：學亦有益乎？孔子曰：夫人君無諫臣則失
政，士無教友則失德，狂馬不釋其策，操弓不返於檠，木受繩
則直，人受諫則聖，受學重問，孰不順成，毀仁惡士，且近於
刑。君子不可以不學。子路曰：南山有竹，弗揉自直，斬而射
之，通於犀革，又何學為乎？孔子曰：括而羽之，鏃而砥礪
之，其入不益深乎？子路拜曰：敬受教哉。」又「子路問於孔
子曰：請釋古之學，而行己之意可乎？孔子曰：不可，昔者東
夷慕諸夏之義，有女，其夫死，為之內私婿，終身不嫁，不嫁
則不嫁矣，然非貞節之義也。蒼梧之弟，娶妻而美好，請與兄
易，忠則忠矣，然非禮也。今子欲釋古之學，而行子之意，庸
知子用非為是，用是為非乎？不順其初，雖欲悔之，難哉！」
頁29-30。此除告以為學之義可參考外，亦恐子路勇於行私
意，而不學以非為是也。又《論語經正錄・十七》：「黃勉齋
曰：仁、知、信、直、勇、剛，皆美德也，又必學以明其理，
何哉？六者德之大目耳，輕重淺深，當施不當施之間，其理固
多端也。今但見大目而好之，不務學以究其理之曲折，則見其
一，而蔽其一，未有不流於一偏者也。」頁15（十冊，十二
函）。此說亦是。

　　孔子以子路著破敗麻枲賤衣，與著狐貉輕裘華服者
並立，常人之情，必感慚恥，而能不如是者，惟仲由也
歟？其所以如此者，乃因不妒嫉他人，不貪求財物，將
何為而不善乎，以美子路也。子路性憨直，聞孔子美
己，常稱誦之，似有伐善自矜意。以此為限，孔子知
之，謂是亦為善之道也，尚復有美於此者，何可自伐其
善，不知再精進以抑之，而誘其能再修德，復進於善；
雖已登堂，更望其能入室也。**14**

14　《論語贅解・卷一》：「始終皆勉子路以臧，臧、善也。善之
　　分量無窮，有善有至善，在用之何如耳。忮、求皆從恥中來，
　　忮者、恥己之無，而生害人之心，求者、恥己之無而生諂人之
　　心，皆所謂不臧也，反是則臧矣。」頁50。《論語隨筆・
　　九》：「忮者，因恥己之無，而遂疾人之有。求者，因慕人之
　　有，而益恥己之無，都從恥字生出。」頁14（四冊，二十一
　　函）。《論語會箋・九》：「忮求皆生於羨，忮帶妒，求帶
　　諂。忮者、妒心之毀貶，求者、羨情之卑屈。」頁28。《論語
　　孔門言行錄・十一》：「忮則忌人之有，故強者必忮；求則諂
　　人之有，故弱者必求。忮求之心一生，則無所不至矣。」頁
　　9。《論語正經錄・九》：「王雙池曰：夫子因其不恥，而推
　　及不忮不求，望其以不忮不求，而一於求道。子路會意祇凡事
　　要不忮不求，故誦之若將終身。但不忮不求，豈善中止境？此
　　是其勇進處，亦是其浮麤入不細處，視子貢之切磋琢磨，終遜
　　一地矣。子曰：何足以臧？所以啓其志，非徒抑之也。」頁
　　37-38（二冊，十二函）。《四書味根錄・論語・子罕》：「此
　　始終進子路以臧也。始嘉其淡心於世外，終冀其虛心於道中，
　　總是進之之意。」頁18。《論語意原・二》：「子路強探意
　　取，終不見其有得也。君子之於學，始則必有入也，入則必有
　　得也，得則日進，進則不息。子路聞聖人之譽己也，得不忮不

〈顏淵〉

> 子曰：「片言可以折獄者，其由也與？子路無宿諾。」

　　孔子謂凡聽訟，必須兩辭，以定是非，偏信一言，足能決斷獄訟者，惟子路可。其所以如此者，蓋以其行直不欺，情無所隱，誠信昭著，聞於天下。訟獄者當亦無誑言妄語以欺仲由，而於其面前，皆能吐直言實情，不自道己長，妄稱彼短，故僅聽其一言，足可定其曲直是非，使人折服也。又子路所允諾他人之事，急於實踐，不久留或有遺忘疏失而失信也。此與其性直果決有關，亦與其聞斯行之，兼人個性有關，故孔子兩言以美之也。**15**

求之語。至於誦之終其身。夫不忮不求，特去其私欲之害爾，可以為難，不可以為有得也。終身誦此無復進矣，尚何望其日新之功乎！」頁26（一冊，十六函）。所謂無復進，何望其日新之功，此即「升堂矣，未入於室也。故《論語存疑・十一》亦云：「子路之學，立縕袍於狐貉而不恥，敝車馬於朋友而無憾，便是升堂。終身誦苦葉之詩，好勇奮乘桴之志，是未入室。雖未入室，然升堂亦非常人所及。」頁6（三冊，十八函）。《論語講義・九》：「終身誦之，不是自喜自誇，是以此為至守而勿遷，四字從他意思中形容出來。」頁19（三冊，二十函）。果如此，則孔子何足以臧云云，則為贅詞矣。呂氏說似欠妥。

15　《論語學案・顏淵》：「子路果斷之才，優於從政，雖折獄之難，而片言之下，幾無遁情矣。記者申之曰：子路無宿諾，則

〈衛靈公〉

子曰：「由，知德者鮮矣。」

豈立辦於剸割之際哉，其忠信所感孚者固然也。想其誠心質
行，可質神明，能令狡偽者獻其誠，傾險者輸其敬，雖未至於
無言靡爭之化，亦幾有刑清訟簡之風焉。雖然聽訟末也，必也
以德化民。使之無訟乎，則非聲色之可與幾也。是以君子不動
而敬，不言而信。彼徒取信於然諾之間，陋矣。」頁31（總
207-605）。《論語易讀・顏淵》：「本章之意，或認為孔子稱
子路明快。但如子路真的為官斷案，也不至於只憑一方的話而
定。而子路無宿諾，是稱子路守信，也就沒有了著落。焦循
《論語補疏》，訟者多直己以曲彼，構辭以誣人；子路行直，聞
於天下，不肯自道己長，妄稱彼短，故其單辭必無誣枉。此當
是孔子對子路的贊美，未必子路真的自打官司，或真的只聽片
面之辭即憑以斷獄。」頁216。《四書味根錄・論語・顏
淵》：「此見取信於人，在於養之有素也。上節夫子稱子路能
取信於人，下節門人記子路養之有素以明之，都無寔事，須會
意講。」頁15。《論語經正錄・十二》：「孫夏峰曰：片言能
服人，蓋由平時無片言之欺人也。子路之果，由來素矣，故千
乘之國，不信其盟，而信子路之一言。」頁38（七冊，十二
函）。《論語贅解・卷二》：「在家與在國，同比一情；為學
與為政，同此一理。今日之良吏，即昔日之名儒也；今日之貞
臣，即昔日之端士也。獄之能折，全從諾之不宿來。」頁8。
《集注》：「宿，留也，猶宿怨之宿，急於踐言，不留其諾
也。」頁182。惟《集解》：「宿，猶豫也，子路篤信，恐臨
時多故，故不豫諾。」頁109。此說亦極合理，可參考。《論
語通解・六・顏淵》：「子路在辦案判決前從不給任何一方許
諾。」頁232。如此解宿諾，欠妥，不可從。

　　孔子呼子路而告之，謂汝少知義理之得於己之德也。孔子之所以如此言之者，蓋君子固窮，而子路曾慍見，故語此以教之也。[16]

〈先進〉

　　子曰：「由之瑟，奚為於丘之門？」門人不敬子路。子曰：「由也，升堂矣，未入於室也。」

　　孔子以子路性剛強，鼓瑟亦有壯氣，而不合雅頌。謂此聲何為出於丘之門乎？所以誡之也。門弟子不解孔子之意，以孔子為輕賤子路，而不敬之。孔子乃就子路之德行、學識造詣深淺言之。謂子路已造乎正大高明之階堂，特未深入精微之奧室耳，斯亦難矣，何可遽爾輕慢不敬之乎？又復為之解也。[17]

16　《論語古解・八》：「王氏肅曰：君子固窮，而子路慍見，故謂之少於知德者也。韓氏曰：此一句是簡編脫漏，當在子路慍見下文一段為得。李氏翔曰：濫當為慍，字之誤也，仲尼因由慍見，故云窮斯慍焉，則知之固如由者易鮮矣。」頁1（二十九函）。

17　《說苑・修文》：「子路鼓瑟，有北鄙之聲。……北者，殺伐之域。……昔舜造南風之聲，其興也勃焉，至今王公述而不釋。……紂為北鄙之聲，其廢也忽焉，至今王公以為笑。彼舜以匹夫，積正合仁，履中行善，而卒以興。紂以天子，好慢淫荒，剛厲暴賊，而卒以滅。今由也匹夫之徒，布衣之醜也，既無意乎先生之制，而又有亡國之聲，豈能保七尺之身哉！冉有以告子路。子路曰：由之罪也，小人不能耳，陷而入於斯，宜矣之言也。遂自悔不食七日，而骨立焉。孔子曰：由之改過

2、評論諸弟子時中有子路者

〈先進〉

（子曰）：「柴也愚，參也魯，師也辟，由也喭。」

　　孔子就四弟子之短長，而評其得失也。子路性剛強，有時或跋扈恣睢，猛烈近狂，失之粗獷。故孔子語此使自勵也。**18**

矣。」頁165-166。又《語譯廣解四書讀本・論語》：「程子曰：言之聲之不和，與己不同也。《家語》云：子路鼓瑟，有北鄙殺伐之聲，蓋其氣質剛勇，而不足於中和，故其發於聲者如此。」頁160。皆謂不合雅頌之音。又《論語講義・十一》：「因聲音而知其所得之未深，故警之，警其學也。因警而生不敬，不敬其學也。因不敬而發揚子路之造詣，始終為學，非為聲音也。若泥定聲音講，不免膠柱鼓瑟矣。」頁4（三冊，二十函）。《論語隨筆・十一》：「道之正大光明即堂，其精微之奧即室，非是堂是一個道理，室又是一個道理也。未入不是不入，言其猶有待耳。就鼓瑟一事而言，有發揚蹈厲之象，而不足於優柔平中之度，即其升堂，猶未入室處。」頁6（四冊，二十一函）。《論語析辨》：「升堂入室，皆比喻修業入道之階段。孔門弟子可分三級，粗識義理，謂之及門，三千弟子，大都皆及門也。及至高明之境，瞭解大道，謂之升堂，七十弟子是也。識聖教之精微，明斯文之奧義，謂之入室，三千弟子中，顏回一人而已。」頁218。《四書味根錄・論語・先進》：「分上下看，為子路言、則諷其短，為門人言、則表其長。」頁8。

18　《讀四書大全說・六》：「喭者、粗俗也，粗者不密，俗者不

又

> 閔子侍側，誾誾如也。子路、行行如也。冉有、子貢，侃侃如也，子樂。「若由也，不得其死然。」

孔子以四弟子能各盡其自然之性，神貌相合，無所隱匿，故懽樂之也。惟子路行行，性過剛強，不能體剛履柔而相濟，故獨道其恐將不得善終以戒之也。[19]

雅。未能精義入神以利用，故曰粗；不知文以禮樂，而好惡同於流俗，故曰俗。」頁363。《語譯廣解‧四書讀本‧論語》：「嗲、強武粗率之貌，故引申為跋扈恣睢之意。蓋過於剛直，而涵養有虧也。」頁162。《論語的人格世界‧補編》：「子路為人勇敢進取，常會有言行過份俗的毛病。」頁182。

19 《論語譯注‧先進‧十一》：「得死、當時俗語，謂得善終。《左傳‧僖公十九年》、得死為幸。」頁115。《論語說‧卷三》：「不得其死，非不以壽終之謂，比干之死，乃得其死所也。衛、亂國也，而由也仕焉，竟死出公之難，是所謂不得其死所也。」頁5。後子路仕於衛，事輒不去，於西元前480年，卒死於衛族權力爭奪孔悝之亂。事詳《左傳‧哀公十五年》。又《史記‧仲尼弟子列傳》：「斷子路之纓，子路曰：君子死而冠不免，遂結纓而死。孔子聞衛亂曰：嗟乎！由死矣。已而果死！」頁875。《孔子家語‧顏回》：「顏回問子路（於孔子）曰：力猛於德而得其死者，鮮矣。盍慎諸焉？孔子謂顏回曰：人莫不知此道之美，而莫之禦也，莫之為也。何居為聞者，何日思也夫？」頁96。於此，亦可知子路過剛勇，而不能濟之以德，故終死於非命。

又

子路、曾皙、冉有、公西華侍坐。子曰：「以吾一日長乎爾，毋吾以也！居則曰：『不吾知也。』如或知爾，則何以哉？」子路率爾而對曰：「千乘之國，攝乎大國之間，加之以師旅，因之以饑饉，由也為之，比及三年，可使有勇，且知方也。」夫子哂之。「求，爾何如？」對曰：「方六七十，如五六十，求也為之，比及三年，可使足民，如其禮樂，以俟君子。」「赤，爾何如？」對曰：「非曰能之，願學焉。宗廟之事，如會同，端章甫，願為小相焉。」「點，爾何如？」鼓瑟希，鏗爾，舍瑟而作。對曰：「異乎三子者之撰。」子曰：「何傷乎？亦各言其志也。」曰：「莫春者，春服既成，冠者五六人，童子六七人，浴乎沂，風乎舞雩，詠而歸。」夫子喟然歎曰：「吾與點也！」三子者出，曾皙後。曾皙曰：「夫三子者之言何如？」子曰：「亦各言其志也已矣！」曰：「夫子何哂由也？」曰：「為國以禮，其言不讓，是故哂之。」「唯求則非邦也與？」「安見方六七十，如五六十，而非邦也者？」「唯赤則非邦也與？」「宗廟會同，非諸侯而何？赤也為之小，孰能為之大？」

孔子乘間，子路、曾皙、冉有、公西華四弟子侍坐，因使各言其志，以觀其器能也。子路性剛直勇決，故率爾先三子而對。謂千乘公侯之國，迫於大國之間，

又加之以師旅侵伐於外，復因之以饑饉民困於內。而由
也治之，比及三年之後，可使其民有勇以禦外，且內教
之使知合宜之道也，孔子聞而哂笑之。諸弟子退，曾皙
後而問孔子，三弟子所言為政之事，無甚不同，夫子何
獨哂笑子路耶？孔子謂治國貴謙讓之禮，子路不達為國
此禮，率爾搶先而對，故哂笑之也。**20**

〈公冶長〉

> 顏淵、季路侍。子曰：「盍各言爾志？」子路曰：
> 「願車馬衣輕裘，與朋友共，敝之而無憾。」顏淵
> 曰：「願無伐善，無施勞。」子路曰：「願聞子之
> 志？」子曰：「老者安之，朋友信之，少者懷之。」

孔子乘間，顏淵、季路二弟子侍坐。謂何不各言爾
心中之所志也？子路性剛直勇決，乃先顏淵而對。謂一
己重義輕財，願車馬、衣裘，與朋友共乘服，雖敝敗壞
毀，亦無憾恨也。言後乃反問夫子之志如何？孔子以老

---

20 《說苑·指武》：「孔子北遊東土農山，子路、子貢、顏淵從
　焉。孔子喟然歎曰：登高望下，使人心悲，二三子者各言爾
　志，丘將聽之。子路曰：願得白羽若月，赤羽若日，鐘鼓之
　音，上聞乎天；旌旗翩翻，下蟠於地，由且舉兵而擊之，必也
　攘地千里，獨由能耳。使夫二子，為我從焉。」頁124。《荀
　子·宥坐》：「子路曰：敢問持滿有道乎？孔子曰：聰明聖
　知，守之以愚；功被天下，守之以讓；勇力撫世，守之以怯；
　富有四海，守之以謙。」頁389。此皆言子路於孔子之問，多
　不謙讓，而率先發言並矜其勇猛之個性也。

人養之以安，朋友與之以信，少年懷之以恩，一己之所
志告之，以誘掖子路亦能至于斯境也。[21]

3. 子路問而孔子答之者

〈先進〉

> 子路問：「聞斯行諸？」子曰：「有父兄在，如之
> 何其聞斯行之？」冉有問：「聞斯行諸？」子曰：
> 「聞斯行之！」公西華曰：「由也問：『聞斯行
> 諸？』子曰：『有父兄在。』求也問：『聞斯行
> 諸？』子曰：『聞斯行之。』赤也惑，敢問。」子
> 曰：「求也退，故進之；由也兼人，故退之。」

　　子路、冉有同問若聞人有窮困當賑貧救乏之事於
斯，即得行之乎？二人問同，但孔子答之異，故公西華
疑而惑之，問其所以然也。孔子以子路性行行、喭、
野，凡事務在勝尚人，見義勇為，有聞即行。故有「有
聞，未之能行，唯恐又聞」之言。於所當為，不患其不
為，而特患其率爾急遽考量少，行之或過。故以有父兄
在者，人子無私假予，有事必先白告父兄，而勿自專，
以抑退之也。[22]

21　《論語隨筆・五》：「看與、共二字，正是無分彼我，纔見聖
　　賢本色。較之千金贈友，駿馬與客者，胸懷更自廓大。蓋渠猶
　　看得我與友為二事也。」頁16（二冊，二十一函）。又參見前
　　德行篇顏淵附注22。
22　參見本政事篇冉有注16。

又

> 季路問事鬼神。子曰：「未能事人，焉能事鬼？」
> 曰：「敢問死。」曰：「未知生，焉知死。」

　　子路問事鬼神，其理如何？孔子以生人尚未能事，
況死者鬼神乎？又問人死後，其事如何？孔子以尚未知
生時之事，則安知死後者乎？蓋鬼神及死事難明，孔子
不道無益之語，故皆不答，以抑子路之多問也。或以為
鬼神及死事雖難明，但「祭神如神在」，「事死如事
生」，子路當知之。今竟此問，知子路於往昔談論此等問
題時，或未加注意，而以不答暗示其不甚讀書也。[23]

23　《論語經正錄·十一》：「《朱子語類》（答方賓王）：盡乎事
　　人之理，則鬼神之理不外是；知其所以生，則死之理可見。」
　　頁9（七冊，十函）。《論語贅解·卷二》：「事神事人，有幽
　　明顯晦之別。然幽明之間，一誠可格；顯晦之際，一敬可通。
　　但課其所能，必先致力於明且顯者耳。生與死，有聚散存亡之
　　別。然氣有聚散，理無聚散；形有存亡，性無存亡。但啟其所
　　知，必先探本於聚而存者耳。」頁2。《論語點睛補註·十
　　一》：「《補註》：知本性無生無死，然後知生知死。知本性
　　非人非鬼，然後能事人事鬼。一切眾生，皆有佛性，一切人
　　鬼，皆當願其成佛，此事人事鬼之大道也。」頁84（八函）。
　　《論語隨筆·十一》：「問事鬼神、問死，皆切問也。聖人就
　　所問者翻進一層，似直拒之，卻是深答之。說未能事人，焉能
　　事鬼，可知事人即所以事鬼。說未知生，焉知死，可知知生即
　　所以知死，此聖人善於答問處。……此正夫子提耳而誨子路，
　　無非真實話。子路亦解此旨，故不更問也。」頁4-5（四冊，

〈子路〉

> 子路問曰：「何如斯可謂之士矣？」子曰：「切切
> 偲偲，怡怡如也，可謂士矣！朋友切切偲偲，兄弟
> 怡怡。」

　　子路問如何行之，始可謂士？孔子答以士之行也，當懇到、勉勵、和悅也。又恐其混於所施，乃分別謂朋友以義合，當懇到、勉勵，相互切磋責善；兄弟以恩合，當謙順、和樂，相互友恭以盡天倫也。蓋子路性剛直，於此恐有所不足，故告之如此。24

〈憲問〉

> 子路問君子。子曰：「修己以敬。」曰：「如斯而
> 已乎？」曰：「修己以安人。」曰：「如斯而已
> 乎？」曰：「修己以安百姓；修己以安百姓，堯、
> 舜其猶病諸！」

　　二十一函）。《二十一世紀的當家思想・論語・先進》：「人究竟該怎麼死才好呢？」頁641。如此解敢問死，極欠妥，絕不可從。

24　《論語今注・十三》：「切切偲偲，切磋責善的樣子。怡怡、和順的樣子。孔子之意，以為人能互相切磋，批評規勸，並且和睦相處，就可以稱之為士了。」又「朋友之間，以道義相尚，故須互相切磋，批評責善，兄弟之間，以恩情為主，故須謙順欣悅，和睦相處。」頁290。

　　子路問如何行之，始可謂君子？孔子初告以修己以敬，乃敬修己身，使不失禮怠忽也。此恐子路所短，初告之如此。子路意有未足，又問而告以修己以安人，乃加惠於九族朋友，使之順適康泰也。子路仍感不足，再問而終告以修己以安百姓。乃推恩於天下眾人，使之安居樂業也。孔子知子路兼人，恐其未已，故以修己以安百姓之事，雖堯、舜之聖，其猶難之以抑子路，使反求諸近也。 25

又

　　子路問成人。子曰：「若臧武仲之知，公綽之不欲，卞莊子之勇，冉求之藝；文之以禮樂，亦可以為成人矣！」曰：「今之成人者何必然！見利思

25　《四書味根錄・論語・憲問》：「此見敬脩之功難盡，通重脩己以敬一句，安人安百姓，俱包在內。末二句不重堯、舜，重脩己不能復加意。」頁31。《讀論語札記》：「靈峰按：此修己以安百姓，修己以安百姓，二語重疊，無義。疑原文當作：曰：修己以安百姓。曰：如斯而已乎？曰：修己以安百姓，堯、舜其猶病諸！」頁32（二十六函）。嚴氏如此整理，極是。又（楊伯峻）《論語譯注・憲問》：「這個人字顯然是狹義的人，（學而節用而愛人注：古代人字有廣狹兩義；廣義的人指一切人群，狹義的人只指士大夫以上各階層的人。這裏和使民以時之民對言。用的是狹義。）沒有把百姓包括在內。」頁159。《論語贅言・下》：「修己以敬，通上下而言之也。安人、或齊其家，或化其鄉，亦無待勢位。若安百姓，定是君相之事。孔子不得位，則春秋之百姓，固無由安矣。」頁7。所分析皆是。

義，見危授命，久要不忘平生之言，亦可以為成人
矣。」

　　子路問如何行之，始可謂成人？孔子先言古之成人
為：智能避齊禍如臧武仲，廉能不營財利如孟公綽，勇
能獨格虎如卞莊子，藝能才藝出眾如冉求。既有智、
廉、勇、藝，復節之以禮，和之以樂而文成之，雖未足
多，亦可謂成人矣。至今之成人也，則不必四者盡備，
若見財利，則思義之合宜否，然後取之；見君危難，則
當盡忠以致命，二者所謂「臨財毋苟得，臨難毋苟免」
是也。又與人有舊約之言，或經久雖富貴顯達，亦不忘
而實踐之，所謂「不遺故舊」是也。能行此三事，亦可
以為成人矣。古之成人，子路或不能及；今之成人，子
路當能之，故孔子語此以誘掖而勉成之也。**26**

26　《說苑・辨物》：「顏淵問於仲尼曰：成人之行何者？子曰：
　　成人之行，達乎情性之理，通乎物類之變，知幽明之故，睹遊
　　氣之源，若此而可謂成人。既知天道，行躬以仁義，飭身以禮
　　樂。」頁154。可與此相互發明。《四書味根錄・論語・憲
　　問》：「此言成人要具眾善而造於純粹，不可以今自限也。上
　　亦可對聖人言，下亦可對今人言，上節重，下節乃子路所已能
　　者。」頁9。《集注》：「言亦此四子之長，則知足以窮理，
　　廉足以養心，勇足以力行，藝足以泛應。而又節之以禮，和之
　　以樂，使德成於內，而文見乎外，則材全德備，渾然不見一善
　　成名之迹；中正和樂，粹然無偏倚駁雜之蔽，而其為人也亦成
　　矣。」頁212-213。《論語集釋・憲問・上》：「《黃氏後
　　案》：知、廉、勇、藝，四人分得之，則為偏材，一之（人）
　　合得之，幾於全德。故四人之品不及子路，而子路不能及四子

〈陽貨〉

> 子路曰：「君子尚勇乎？」子曰：「君子義以為
> 上。君子有勇而無義為亂，小人有勇而無義為
> 盜。」

　　子路有勇，意謂勇可崇尚，而問孔子君子亦崇尚勇
乎？孔子以君子之所行，以義為準。蓋義者宜也，無適
無莫，義之為比。在上之君子，如僅有勇而無義，則必
凌人暴物，而為亂逆；在下之小人，如僅有勇而無義，

之儔長，且不能兼有之，夫子因以是勉之也。」頁843。《論
語講義‧十四》：「註於上節亦可句，謂非其至者，就子路之
可及而語之。則次節之為子路所己及可知，曰今之成人者何必
然。自是薄之之詞。要之，聖人何故又作此每況愈下語？此中
便有抑折子路得意處，有激奮子路進取處。」頁7（四冊，二
十函）。《論語商‧憲問》：「子路兼人，故夫子開口便連舉
四子，言人而兼此數人，尚未可語成人，須是文之以禮樂，蓋
破其兼人種子，而引之中和。末節又提出今人，正是不足之
意，始終要把他歸到禮樂也。」頁32（總207-487）。《論語隨
筆‧十四》：「文之以禮樂，文字特深妙。粗疏者細密之，疵
類者消融之，樸素者潤色之，徑直者涵柔之。既非假飾於外，
亦非枯守於內，情深而文明，體節而用和，此之謂文。」頁8
（五冊，二十一函）。此全就禮樂起而化之之效言，極是。《石
鼓論語答問‧下》：「下面曰字是子路說，非夫子再言也。蓋
子路平日於聖人之前，多是任意自說。所謂見利思義，見危授
命，久要不忘平生之言，此皆子路所長，平生見處在此，故以
為僅足耳。」頁22-23。（江希張《論語新編》踵其說。）戴
氏此論，就全文語氣觀之，不如舊解。

則必逞兇觸法，而為盜賊，以救子路或恃勇，而未能配
義，以理制氣之失，故孔子語此以抑之也。27

〈憲問〉

> 子路曰：「桓公殺公子糾，召忽死之，管仲不死。
> 曰：未仁乎？」子曰：「桓公九合諸侯，不以兵
> 車，管仲之力也，如其仁，如其仁。」

　　子路謂桓公殺公子糾，召公死其事；管仲不僅未能
死之，且忘君事仇，忍心害理，未得謂為仁以問孔子。
孔子以九合諸侯，不以兵車，乃不假威力以致霸，存亡

27　《論語·公冶長》：「孔子謂：由也！好勇過我，無所取材。」
　　亦即子路有勇，而不知所以裁度事之可否之義也。可與此相互
　　發明。《石鼓論語答問·下》：「知、仁、勇三者，天下之達
　　德也。聖人以勇配仁、知，蓋勇即義也。子路見勇而不見義，
　　故聖人不言勇而言義。夫大而為亂，小而為盜，皆勇之為禍
　　也，君子豈可以尚勇乎？此聖人教子路切至如此也。」頁64。
　　《論語經正錄·十七》：「輔漢卿曰：尚義而勇，義理之勇
　　也。勇而無義，血氣之勇也。為血氣所使，而不以義理制之，
　　則其為害隨所居而為大小。」頁28（十冊，十二函）。《論語
　　隨筆·十七》：「子路問勇，妙在不答他勇字，卻將義字換他
　　勇字。下分列有勇無義之害，正見勇從義出，便自無弊也。抬
　　高義字，亦不痛貶勇字，如此說，纔得四面圓活。」又「義有
　　是非可否之介，有微彰剛柔之用，此所謂任理而不任氣，尚德
　　而不上力也。」頁19（六冊，二十一函）。《論語蒙引·十
　　七》：「三個君子當分別，君子尚勇與君子義以為上，此三個
　　君子皆以德言。君子有勇而無義對下小人說，則君子小人，皆
　　以位言也。」頁64（四冊，十八函）。

繼絕，諸夏相安。濟人民於衽席，挽被髮而左衽，此一
匡天下偉業，仁之大者也。管仲不為匹夫匹婦之為諒，
自經於溝瀆，硜硜然死節，沒世不見聞，此仁之小者
也。舍小而就大，乃大聖大賢，大英雄豪傑，成大事業
之所當為，故重其言曰仁矣乎。此略其效死個人小節，
取其救天下大功，恐子路或未之知，故孔子告之如此。**28**

---

28 管仲未死糾相小白事，《論語》中除此外，次章子貢亦問及。
而《管子》、《孟子》、《左傳》、《史記》等亦有詳略不同記
載。事之原委，以蔣伯潛綜合之說較簡約，於《論語廣解》
云：「齊僖公生諸兒、糾、小白。僖公卒，諸兒立，是為襄
公。襄公無道，鮑叔牙知亂將作，奉小白奔莒，及襄公從弟無
知弒公自立，召忽、管仲奉糾奔魯，齊人殺無知，小白自莒先
入，立為桓公。魯以師納糾，齊師敗之乾時。齊使魯殺糾，執
管、召送之齊，召忽自殺，管仲囚而至齊，桓公釋而相之。詳
見《左傳》及《史記》。」頁216。又《說苑‧善說》：「子路
問於孔子曰：管仲何如人也？子曰：大人也。子路曰：昔者管
子說襄公，襄公不說，是不辨也。欲立公子糾而不能，是無能
也。家殘於齊，而無憂色，是不慈也。桎梏而居檻車中無慚
色，是無愧也。事所射之君，是不貞也。召忽死之，管仲不
死，是無仁也。夫子何以大之？子曰：管仲說襄公，襄公不
說，管子非不辨也，襄公不知說也。欲立公子糾而不能，非無
能也，不遇時也。家殘於齊而無憂色，非不慈也，知命也。桎
梏居檻車而無慚色，非無愧也，自裁也。事所射之君，非不貞
也，知權也。召忽死之，管仲不死，非無仁也，召忽者，人臣
之材也；不死，則三軍之虜也；死之，則名聞天下，夫何為不
死哉！管仲者，天子之佐，諸侯之相也，死之，則不免為溝中
之瘠；不死，則功復用於天下，夫何為死之哉？由！汝不知
也。」頁97。又〈論語孟子中仁字之研究〉：「孔子聞子路言

〈子路〉

> 子路問政。子曰：「先之，勞之。」「請益。」
> 曰：「無倦。」

　　子路問為政之道如何？孔子初告以君子以道教民，
欲政速行，在凡民之行，必身先之，則不令而行矣。欲
民速服，在凡民之事，必身勞之，則雖勤不怨矣。子路
積極兼人，以為為政之道，當不止如此，而請益之。孔
子告以不可急遽狂進，無懈於先之勞之則可矣。蓋子路

管仲未仁，故就仁之大用，言管仲行仁之事，許其為仁也。夫
齊桓公九會諸侯，不以兵車，存亡繼絕，功齊天下，諸侯久
安，此仁之大節，皆管仲之力也。足得為仁，餘更有誰如管仲
之仁？至召忽之於糾也，雖殺身以為仁矣，然死節，仁之小者
也，未如管仲佐桓公，九合諸侯，不以兵車，而匡天下，仁被
萬物也。夫以一人之不死，而全億萬生靈之不死，此仁之大者
也。夫子就其事功，以示仁之大用，宜矣。」頁68。皆可與此
相互參考發明。《論語隨筆・十四》：「子路疑管仲未仁，是
論其心術。夫子稱其仁，是許其事功，此二說正自並行不
悖。」又「論心術，則不死又相之罪重，而九合一匡之功輕。
論事功，則九合一匡之功大，而不死又相之罪小。夫子妙在將
管仲不死之是非，置而不論，反說小節小諒之無足重輕。正見
論人當識其大體，論仁當取其大功，不必區區責備也。」頁
11、頁13（五冊，二十一函）。《論語集釋・憲問・中》：
「《日知錄》：君臣之分，所關者在一身，華夷之防，所繫者在
天下。故夫子之於管仲略其不死子糾之罪，而取其一匡天下之
功，蓋權衡於大小之間而以天下為心也。」頁861。參見上言
語・子貢曰：管仲非仁者與云云。

喜於有為，而恐其不能持久，故孔子語此以使之深思
也。29

〈憲問〉

　　子路問事君。子曰：「勿欺也，而犯之。」

29　《論語意原‧三》：「先之，則民知所從，勞之，則民知所
　　勸。子路勇於有為，其退必速，故以無倦告之。」頁17（二
　　冊，十六函）。《論語經正錄‧十三》：「孫夏峰曰：上下文
　　祇一意，聖人非因子路所長，迪以先勞，是萬古治亂盛衰之所
　　繫。非因子路所短，益以無倦，是萬古自治而亂，自盛而衰之
　　所繫。」頁1（八冊，十二函）。《論語隨筆‧十三》：「主政
　　之人，在群臣百姓之上，如何不先。先之，如《孝經》先之以
　　敬謹之先，又如身先士卒之先。勞非勞百姓，乃以身勞百姓，
　　對逸字說，所謂勞一人以逸天下也。宵衣旰食，零雨稅駕，以
　　及一切循行勸課之事，皆是勞之。須說得天地鬼神，山川風
　　雨，皆有震動鼓舞之神，才得無倦，乃不益之益。」頁1（四
　　冊，二十一函）。《論語集釋‧子路‧上》：「《朱子語錄》：
　　欲民之親其親，我必先之以孝；欲民之事其長，我必先之以
　　弟。又曰：凡以勞苦之事役使人，己須一面與之做，方可率
　　之，如勸課農桑等事，須是己不憚勤勞，親履畎畝，與其句
　　當，方得。」頁766。《論語贅解‧卷二》：「心為一身之
　　主，敦倫飭紀，以身先之，必實有先之之心。勸農課桑，以身
　　勞之，必實有勞之之心。無倦者，心誠於先，自無時而不先，
　　心誠於勞，自無時而不勞。所謂以實心行實政也。子路疑兩言
　　為少，不知先勞中之所包者，正自無盡也。」頁12。《論語蒙
　　引‧十三》：「子路之請益，意在先之勞之之外。夫子答以無
　　倦，意不出於先之勞之之內。」頁63（三冊，十八函）。《四
　　書味根錄‧論語‧子路》：「（說統）無倦已包在先勞內，因
　　子路請益，故又抽出言之。」頁1。諸說皆是。

　　子路問事君之道如何？孔子以君臣以義合，事之之道，理當不欺罔；若君有過，必犯顏諫爭，所謂「事君有犯而無隱」是也。而子路、冉求之事季氏也，季氏有伐顓臾，謀動干戈於邦內大過，不僅未犯顏諫爭，竟反而為之辭，故孔子告之如此。[30]

〈子路〉

　　子路曰：「衛君待子而為政，子將奚先？」子曰：「必也正名乎？」子路曰：「有是哉！子之迂也。奚其正？」子曰：「野哉！由也，君子於其所不知，蓋闕如也。名不正則言不順，言不順則事不成，事不成則禮樂不興，禮樂不興則刑罰不中，刑罰不中則民無所措手足。故君子名之必可言也，言之必可行也，君子於其言，無所苟而已矣。」

　　子路問孔子，衛君若待夫子為政，將何所先行？孔

30　《四書味根錄・論語・憲問》：「此章以誠直二字為骨。勿欺誠也，犯根勿欺說，所謂本誠以行直也。」頁18。《論語注・十四》：「君尊而威，故事君者皆外為容悅，而內懷欺詐。勿欺則盡忠，犯顏則直諫。」頁10（四冊，十三函）。《論語傳注・十四》：「忠以事君，而遇君有過，則犯顏以爭，臣道也。」頁30（二冊，九函）。《論語說遺・下》：「此章當以論犯為主，犯有欺不欺之分，因忠君愛國而犯者，不欺而犯者也；因營私沽名而犯者，欺而犯者也，此說較親切。」頁9（二十六函）。《集注》：「范氏曰：犯非子路之所難也，而以不欺為難，故夫子教以先勿欺而後犯也。」頁220。

子告以必先正百物萬事是非善惡之名，失此則不可為政矣！子路不達是理，故言豈有若是哉？夫子之言遠於事也，何其名之正乎？孔子聞此，乃斥子路鄙俗不達事理，率爾妄對。除詳言事由順成名，由言舉名。若名不正，則言不順序；言不順序，則政事不成；政事不成，則君不安於上，風不移於下，是禮樂不興行也；禮樂不興行，則有淫刑濫罰，故不中於道理也；刑罰枉濫，民則畏懼不自安，而無所措其手足矣。名不正之嚴重後果如是，豈遠於事耶？且君子所名之事，必可得而明言；所言之事，必可得而遵行外，並以二事教之。首言君子於其所不知，則當闕而勿據以為言；次則君子於其所言，無所苟且輕忽，蓋一苟且輕忽，則其餘皆如是矣。此恐子路所缺，故孔子語此重責之也。**31**

31　《四書味根錄‧論語‧子路》：「此見明倫為為政之本，正名二字是通章主腦，末句無所苟三字亦重，與必也二字相呼應。」頁3。孔子於衛政云必先正名者，錢地之有綜合說明，於《論語漢宋集解》云：「衛國之政亂，由靈公無道啟之。己既無道，而有淫亂之夫人南子。其世子蒯聵之不孝，先是欲殺其母，以去國醜也。事未遂而逃出衛，流亡國外，乃如晉公子重耳然。其父靈公卒，欲返衛，其子輒出兵拒之。輒拒之，實其母南子之所為也。其衛國之亂，由於（先有）父不父，而後有子不子。先有君不君，而後有臣不臣。蓋孔子以君君、臣臣、父父、子子，為立教之大本。本正，百物正矣，本失，百物失矣。所謂百物之名者，即百物萬事，善惡之名也。正名者，正百物萬事是非之名也。」頁664，可說明必須先正名之理。《論語會箋‧十三》：「野是粗心浮氣，思慮欠沈潛，識見欠精密，而談吐欠從容。」頁6。此解野字頗允當。《論語

二

就子路之勇於行，飾於過，於孔子至情關切，惑而質疑，或不滿意其行事等諸方面言之。

1.勇於行者

〈公冶長〉

> 子路有聞，未之能行，唯恐又聞。

子路稟性果決，又好勇兼人，必行無宿諾。前所有聞於夫子者，尚未及行之，則恐又別有所聞，不得並行，此記子路之勇於力行。[32]

淺疏·先進》：「關於子路其人，《論語》對他的評價，總是貶勝於褒。孔子是不喜歡這個學生的，說他魯莽，說他勇而無謀，說他不謙遜等等。」頁136。確有此類批評語，但未可據以言不喜歡子路，觀覆醢一事則知之矣。

[32] 《論語今讀·公冶長》：「生動表述了子路的急切正直，勇於實踐的性格。」頁133。《論語哲學的詮釋·為政·注釋十六》：「孔子非常欣賞子路的忠誠和直率。——子路從來不推卸自己的責任。」頁74。《公是先生七經小傳·論語》：「子路周人之急，常若不迨，此孔子所以戒其兼人也。」頁24。《論語講義·五》：「都是記者空中設撰形容，非子路實事也。子路實不曾有未能行時，即在有聞中事勢次第處，便覺得未能行。正見他一聞即行，一種火忙、火急之象，如在目前。」頁7-8（二冊，二十函）。《四書味根錄·論語·公冶

又

子曰：「道不行，乘桴浮于海，從我者，其由與？」
子路聞之喜。子曰：「由也！好勇過我，無所取
材。」

孔子以中國不能行己治國善道，欲乘小舟浮渡於海
而居九夷，因子路果敢有勇，欲令從己俱往。子路聞夫
子云此，能隨以護衛而喜之。孔子以子路質直勇於行，
信以為真，乃謂子路之勇也勝過我，惟不能裁度事理，
知己所以云此，在歎世無道，感慨而發，實無浮海他去

___

長》：「此狀子路急行之心，僅謂他無不行，未足寫其勇也。
惟方聞即行，未行恐聞，正於俄頃不稍停處摹寫之，一種火忙
火急之象，如在目前。」頁11。《論語會箋·五》：「張彥陵
曰：此即狀子路之急於行，三句減下一字不得，蓋畫出子路一
個心事也。龔應身曰：推其心，直欲盡天下之善而聞之，尤欲
盡所聞之善而行之，然後己是何等勇果力量。」頁16-17。
《論語注·五·公冶長》：「子路聞善即行。若未及行，則皇
皇唯恐有聞。蓋力行之至，神勇雷霆，精銳冰雪，聖明之
甚。」頁8（二冊，十六函）。《四書中的常理·八·子路以改
過為急》：「子路勇於改過，當人家指出他的過錯時，他馬上
改正。他最怕在他還沒有把前過改正的行為表現出來時，又聽
到人家指出他另一項過錯。」頁23《四書裡的常理及故事·第
三輯》。所聞者廣，善、過自在其中，似不必專就此發揮，而
失之狹。又《論語新解·四·子路》：「子路這個人，做事情
往往虎頭蛇尾，半途而廢。」頁68。不知編者楊曉婷何所據而
如此言之！

意，故語此以教子路也。此亦記子路之勇於力行。³³

33　《論語稗疏・乘桴浮海》：「夫子此歎，傷中國之無賢君，欲
　　自日照通安東贛榆適吳越耳。俗傳夫子章甫鳴琴而見越王句
　　踐，雖無其事，然亦自浮海之言起之。程子《春秋傳》言恆心
　　盟戎而書至以討賊望戎，蓋居夷浮海之志，明其以行道望之海
　　外，故子路喜而為好勇之過，謂其急於行道，而不憂其難行
　　也。」頁5（十九函）。《批點四書讀本・論語・公冶長》：
　　「子路平日于見南子，見公山皆不悅，今日之與，合了他意，
　　故喜。」頁3。《論語講義・五》：「子路原不是大呆子，欲
　　因聖人神化莫測，信之過篤耳，然好勇無取裁處便在此。」頁
　　2（二冊，二十函）。材，世亦多解為桴材，毛奇齡力主此說。
　　《論語稽求篇・二》：「乘桴之嘆，原屬寓言，忽復作莊語，
　　譏其不裁度事理，則于夫子諷歎本旨，全然不合。況材、裁不
　　通，《周易》財成天地，《漢書》財察、財擇，並非材字。即
　　欲強通而裁處之，處並不是取，凡事可受裁則曰取裁，今譏其
　　不裁，而加以取字，材裁可強通，處取難溷見矣。鄭康成曰：
　　材、桴材也。夫子乘桴是微言，而子路不解，故後以微言諷
　　之。若曰：由也乘桴之急過于我，但大海蕩蕩，桴材極難，第
　　欲覓取一佳材而無所耳。《爾雅》，桴、柎也。《國語》，齊桓
　　公西征，乘桴濟河。大抵皆編竹為之，可涉小水，不可涉大
　　水。況大曰筏，小曰桴，小物大用，材更難得。此與屈原《九
　　章》、乘氾柎以下流兮，無舟檝之自備同意。」頁13-14（一
　　冊，二十函）。毛氏之說，亦未必是。《論語札記・上・無所
　　取材》：「按：《禮記大記》，材猶冒也。《鄭注》，材猶制
　　也，字或為材。則材可通裁，朱子非無本矣。又韋昭注《國語》
　　云：材讀若裁，則材與裁通也。」頁10（二十一函）。《讀論
　　語札記》：「靈峰按：乘小桴入於巨海，終無濟理。子路不明
　　孔子慨歎之語，信以為真，喜而欲往；故孔子謂其勇過我。以
　　其事理不通，不加考慮，即欲乘桴浮海；故謂其無所取材。無
　　所取材，材借為裁；猶云不知所以裁之也。」頁30（二十六

2. 飾於過者

〈季氏〉

季氏將伐顓臾，冉有、季路見於孔子。曰：「季氏
將有事於顓臾。」孔子曰：「求！無乃爾是過與？
夫顓臾，昔者先王以為東蒙主，且在邦域之中矣。
是社稷之臣也！何以伐為？」冉有曰：「夫子欲
之，吾二臣者，皆不欲也。」孔子曰：「求！周任
有言曰：『陳力就列，不能者止。』危而不持，顛
而不扶，則將焉用彼相矣？且爾言過矣！虎兕出於
柙，龜玉毀於櫝中，是誰之過與？」冉有曰：「今
夫顓臾，固而近於費，今不取，後世必為子孫
憂。」孔子曰：「求！君子疾夫，舍曰欲之，而必
為之辭。丘也，聞有國有家者，不患寡而患不均，
不患貧而患不安；蓋均無貧，和無寡，安無傾。夫
如是，故遠人不服，則修文德以來之！既來之，則
安之！今由與求也，相夫子，遠人不服，而不能來
也，邦分崩離析，而不能守也。而謀動干戈於邦
內，吾恐季孫之憂，不在顓臾，而在蕭牆之內
也。」

函）。《（鄭國慶）論語評註》：「仲由好勇超過了我，其他沒
有什麼可取的才能。」「指出子路的不足乃在於僅有勇而已。」
頁77。將材解為才能，且謂子路不足，沒什麼可取，非是，不
可從。

季氏欲伐顓臾，冉有、季路為季氏臣以告孔子。雖未有何發問，但孔子以二子失持危扶顛，虎兕出柙，龜玉毀櫝為相典守之責。因冉求之飾辭以辯，故孔子詳加分析君有大過，而不能犯顏諫爭也。此斥冉有、季路之飾於過。[34]

〈先進〉

> 子路使子羔為費宰。子曰：「賊夫人之子！」子路曰：「有民人焉，有社稷焉，何必讀書，然後為學？」子曰：「是故惡夫佞者。」

子路臣季氏，舉習學未成熟之子羔為費邑宰。雖未有何發問，但孔子知之，以賊害學未優而使之仕，必累其身斥之。子路辯之，言費邑有民可治，有社稷神可事，治民事神亦學也，何必讀典籍書，始謂之學乎？孔子知子路之辯，並非本意，僅理屈辭窮，而逞口舌便給，文過飾非以禦人耳。謂古者學而後為政，未聞以政而學，何以不讀書乎？故孔子既斥其非，亦惡其佞，恐其有過惡而不知，陷於罪咎也。此亦斥子路之飾於過。[35]

34　參見本章冉有二正文解說及附注19。

35　《論語講義·十一》：「理屈詞窮而禦人口給，其病又比看道理不明深一層，故夫子特斥其佞，而不辨其說之非。二罪並發從重論，非援輕例以曲出之也。」頁9（三冊，二十函）。《論語精解·先進》：「不為學無以為人，不為學更無以為政。治民祀神，固為學者之事，然指學已有成者而言，非可即以為學習之事也。」頁92。《論語集解·十一》：「包曰：子羔學未

3.至情關切者

〈述而〉

> 子疾病，子路請禱。子曰：「有諸？」子路對曰：
> 「有之，誄曰：『禱爾于上下神祇。』」子曰：「丘
> 之禱久矣。」

孔子疾病，子路請禱於鬼神，冀其賜福癒疾。孔子
以死生有命，不欲禱祈而反問有此禱祈於神鬼之事乎？
子路引古舊禱誄辭以對。孔子以子路質直好善，見己病
甚，失所主而請禱祈，不欲直拒其關切而非之。謂一己
素行合於神明，無所忤逆，若此，則丘之禱也已久矣，
而教子路也。 **36**

熟習，而使為政，所以為賊害。」頁5（二冊，二函）。而《論
語古注・論語張氏疏注》：「季氏不臣，由不能正，而使子羔
為其邑宰。直道而事人，焉往不致弊；枉道而事人，不亦賊夫
人之子乎。」頁2（七冊，三十函）。如此解賊夫人之子，亦
是。

36 《二論詳解・卷二》：「此章是子路有愛師之心，而聖人有立
命之學，無俟於禱也。」頁18。《讀論語札記》：「靈峰按：
〈述而〉篇：『子不語，怪力亂神。』〈雍也〉篇：『敬鬼神而
遠之。』〈八佾〉篇：『獲罪於天，無所禱也。』〈顏淵〉篇：
『死生有命，富貴在天。』足見孔子不欲禱鬼神以祈求福也。」
頁27（二十八函）。

〈子罕〉

> 子疾病，子路使門人為臣。病閒曰：「久矣哉！由
> 之行詐也。無臣而為有臣，吾誰欺？欺天乎？且予
> 與其死於臣之手也，無寧死於二三子之手乎！且予
> 縱不得大葬，予死於道路乎？」

　　孔子疾病，子路以孔子曾為魯大夫，恐其一病不
起，欲使門弟子，習行家臣之禮而治其喪。孔子病小差
後知之，以時既久，故謂子路有欺詐之心久矣。現已既
去大夫，是無臣也；無臣而為有臣，如此詐行，吾將誰
欺？人乎天乎！且即使有臣，吾與其死於與己分疏臣之
手，毋寧死於與己情親門弟子之手也。又吾死後，縱不
得以君臣禮葬，有門弟子在，吾豈復憂其被棄於道路
乎？言必得禮葬也。蓋孔子以子路質直愛己切，欲尊己
而不知所以為尊，將陷己欺天，故詳陳所以然，以告子
路也。[37]

37　《四書味根錄・論語・子罕》：「此見夫子素位而行，不踰禮
　　以違天也。首節子路尊師之過，次節言家臣不當有，責之也，
　　末節言家臣不必有，曉之也，大旨在次節。」頁10。《論語通
　　解・五・子罕》：「為臣、相當於今天組織治喪委員會。」頁
　　173。《論語今注》：「臣、辦理喪事的家臣。死者正衣衾，
　　啟手足，剪鬚髮等事，都由家臣安排，故曰：死於臣之手。」
　　頁184。《論語會箋・九》：「夫子謂師弟之情，比諸君臣，
　　更深且親。縱令實有臣，而死於其手也，猶不如死於門人之手
　　之為安。」頁17。《我與論語・弟子為夫子素描》：「子路事

4.惑而質疑者

〈述而〉

> 子謂顏淵曰：「用之則行，舍之則藏。唯我與爾有
> 是夫。」子路曰：「子行三軍則誰與？」子曰：
> 「暴虎馮河，死而無悔者，吾不與也。必也臨事而
> 懼，好謀而成者也。」

孔子語顏淵，可行則行，可止則止，用舍隨時，行
藏不忤於物，惟吾二人能同之也。子路質直，見夫子獨
美顏淵，自負其勇，意夫子若行三軍為主帥，當誰與
同？以為非己莫屬而質問之也。孔子以若不能智勇兼
備，謀慮周詳，而徒空手搏虎，無舟渡河，雖死而不悔
者，吾不與之同也。子路衒勇，故孔子語此，抑而戒之

夫子如父，情深意切，要以從前孔子曾任魯國下大夫之禮為夫
子辦理喪事，是赤子至情，師生至義，但卻不合禮。由此可以
看到子路的率直、質樸、情篤溢於言行。」頁401。《東方聖
經・禮》：「自己大病一場，子路竟膽大妄為，為自己安排家
臣，進行治喪。」頁41。膽大妄為，落筆太重，似完全否定子
路之情深意切，尊師意也。又《論語正義》：「此當是魯以幣
召孔子，孔子將反魯，適於道中得疾也。」頁184。《論語新
譯評述・子罕》：「顯然孔子患重病是在周游列國的道路上。」
頁176。死於道路，乃孔子謂縱不得大葬，有群弟子在，當不
致棄屍道路也，重在不必有門人為官治喪之舉；而劉氏《正
義》、王氏《評述》落實為周游列國道途中得疾患重病，恐太
泥。

也。必也臨事而能小心周密，戒慎恐懼，好權謀方略，而能克敵制勝成功者，吾則與之同行三軍之事矣。語此又所以誘掖子路慎其勇也。 38

〈衛靈公〉

> 在陳絕糧，從者病，莫能興，子路慍見。曰：「君子亦有窮乎？」子曰：「君子固窮，小人窮斯濫矣。」

子路以孔子在陳絕糧，從行弟子皆乏食困病，餓不能起。見此情形，或以身剛強獨能起，乃慍怒而見，質

38　《論語點睛補註・七》：「臨事而懼，從戒慎恐懼心法中來；好謀而成，從好問好察，用中於民而來。不但可與行軍，即便可與用行舍藏。」頁52（八函）。《論語蒙引・七》：「臨事懼，好謀成，便是能用其勇。此以素行言，非謂行三軍時也，必如此者，乃可與行三軍。」頁25（二冊，十八函）。《論語贅解・卷一》：「《集說》云：臨事而懼，則無喜功輕事之心；好謀而成，則無粗疏潰裂之患。懼字對成字，不對謀字。懼存機先，成周事後，闕一不可。按：二語固是行軍要法，其實聖賢行藏本領，亦不外是。」頁33。《論語講義・七》：「臨事而懼，則無喜功輕事之心，好謀而成，則無粗疏潰裂之患，兩句本平說，都是子路對藥之劑。」頁5（二冊，二十函）。《論語經正錄・七》：「汪雙池曰：臨事二句，有相對意，有相濟意，有相成意；而俱重下一字。一主於慎，一主於斷，此相對也。慎者或寡斷，斷者或不慎，故二句相濟也。能懼則成非躁率，謀成則懼非畏葸，此相成也。臨事易忽故要懼，懼即懼其事。多謀難決故貴成。成即成其謀，是俱重下一字。」頁19（四冊，十一函）。解二句甚精。

疑於孔子。謂君子人也，學則祿在其中，亦有窮困而至此者乎？孔子以子路性剛猛，或心不平，而逞血氣之勇。乃言君子人也，能固守其窮，行道不渝，而無怨悔。若夫小人，窮則濫溢為非，而有敗德之行矣，所以慰子路也。[39]

5.不滿意其行事者

〈陽貨〉

公山弗擾以費畔，召，子欲往，子路不說。曰：「末之也已！何必公山氏之之也！」子曰：「夫召

---

[39] 《荀子‧宥坐》：「孔子南遊楚，厄於陳、蔡之間，七日不火食，藜羹不糝，弟子皆有飢色。子路進問之曰：為善者天報之以福，為不善者天報之以禍，今夫子累德、積善、懷美。行之日久矣，奚居之隱也。」頁395。又《說苑‧雜言》略同。皆言累德、積善之君子，何窮厄也至此，故慍見也。《論語經正錄‧十五》：「薛方山（應旂）曰：子路衣敝不恥，浮海喜從，豈以絕糧而慍見哉！蓋疑君子之道，四達不悖，而窮塞若此，豈亦在我者有未盡乎？正與不說南子之見，公山佛肸之往相類。」頁1（九冊，十二函）。所言亦是。又《論語新解》：「子路之慍，蓋慍於君子而竟有道窮之時，更慍於如孔子之道而竟亦有窮時也。此天意之不可測，子路尚未能進於孔子知命之學，故慍也。」頁524。《石鼓論語答問‧下》：「子路平生有力，能不恥於衣敝縕袍，而不能不慍見於絕糧之際，學問不足也。」頁53。學問不足語，最能道出子路言行之所以屢遭夫子叱責糾正之所在也。又固守其窮乃程子語，但世亦多宗何氏固有窮時為說也。

我者，而豈徒哉？如有用我者，吾其為東周乎！」

　　弗擾為季氏費邑宰，與陽虎共執季桓子，據邑以叛，而召孔子，孔子欲往之。子路以君子當去亂就治，不從叛逆，今何欲往而不喜悅。謂時不我用，道既不行，無可適往，則當止之，何必公山氏之適乎？欲諫止之。孔子以夫召我者，豈容無事而空為之，必將用我道也。如有用我道者，則我將興周道於東方，使魯為周也。蓋孔子栖栖遑遑，懷周道，遊列國，以圖匡世濟民，故不擇地擇人，力求王道實踐，而蘇民困，故欲往之。此恐子路不知，故道其所以然以曉之也。[40]

又

　　佛肸召，子欲往。子路曰：「昔者由也，聞諸夫子曰：『親於其身為不善者，君子不入也。』佛肸以中牟畔，子之往也，如之何？」子曰：「然！有是言也。不曰堅乎，磨而不磷？不曰白乎，涅而不緇？吾豈匏瓜也哉？焉能繫而不食？」

40　《論語新解》：「徒、空義，言既來召我，決非空召，應有意於用我。」「東周、指平王東遷以後，孔子謂：如有用我者，我不敢如東周之無作為，言必興西周之盛也。」頁594。案：孔子欲往公山弗擾之召，崔述、趙翼皆以為必無之事，亦未必如是。《論語易讀‧陽貨》：「孔子欲往，據前人研究可能有幾種考慮，一者公山弗擾叛迹未彰，二者其為人與陽貨尚有不同，三者既召孔子，則其意不在為惡。孔子知其不可尚且為之，況有上述三者哉？故孔子之欲往，未足深疑。」頁313。

　　佛肸為趙簡子中牟宰，據邑以叛，而召孔子，孔子
亦欲往之。子路以昔者聞夫子有言，君子不入不善之
國，身為不善之行，今何往以中牟叛之佛肸，而違前言
何？欲以諫止之。孔子以誠有是言也。雖如此，但君子
見機而作，亦有可往之理。蓋至堅者，磨於磪而不薄；
至白者，染於涅而不黑，雖居濁亂，不能污之也。孔子
又以非繫而不可食之匏瓜，無益於世。且天下無不可變
之人，亦無不可變之事，應見機而權行，故不擇地擇
人，亦求道之行而蘇民困也。且子路聞乘桴於海而喜，
聞往公山氏而不悅，見形不見道，故孔子亦詳其所以然
以曉之也。[41]

〈雍也〉

　　子見南子，子路不說。夫子矢之曰：「予所否者，
　　天厭之！天厭之！」

　　孔子至衛，見靈公夫人南子。子路性剛直，以君子
之行，當義之與比，何以見此淫亂婦人以自辱也？故不
喜樂。夫子誓之，謂吾之見南子，欲因以使說靈公行治

41　《石鼓論語答問・下》：「親於身為不善，君子不入，此只是
　　初學自守者便能及此，子路可謂不識聖人。吾豈匏瓜也哉，焉
　　能繫而不食，言其不為人所食，無用於世也。人亦須有用於天
　　下，方可以扶立世道乾坤，亦只是用；若安坐而無所用，是亦
　　匏瓜而已矣。」頁57。《論語新解》：「匏瓜繫然於一處，人
　　不食之，我不能如此，固周流、求行道於天下也。」頁597。
　　讀此，則知孔子席不暇煖，求為世用心切之所在矣。

道耳；如所行不由其道，不合於見小君之禮，天將棄絕
我也。再言之者，重其誓，欲使子路信己也。**42**

42　《史記・孔子世家》：「靈公夫人有南子者，使人謂孔子曰：
四方之君子不辱，欲與寡君為兄弟者，必見寡小君，寡小君願
見。孔子辭謝，不得已而見之。夫人在絺帷中，孔子入門，北
面稽首，夫人自帷中再拜，環珮玉聲璆然。孔子曰：吾鄉為弗
見，見之，禮答焉。子路不說，孔子矢之曰：予所不者，天厭
之！天厭之！居衛月餘，靈公與夫人同車，宦者雍渠參乘，
出，使孔子為次乘，招搖市過之。孔子曰：吾未見好德如好色
者也，於是醜之，去衛。」頁765。可與此相互發明。《論語
札記・上・夫子矢之曰》：「矢之為言指也，謂指天而誓也。」
頁17（二十一函）。《論語隨筆・六》：「聖人之見南子，深
情委曲，難以明言，子路剛而過激，亦不暇與深言，故直言以
誓之。矢，誓也，予所否云云，正誓詞。諸儒辨說不一，總要
避一誓字，何必如此。」頁17（三冊，二十一函）。《論語蒙
引・六》：「子路不悅，其心是，決然以夫子此舉為非，其疑
未易遽釋，故夫子誓之。」頁16（二冊，十八函）。此推出夫
子所以誓之之原因，甚是。又案：此章趙紀彬有專文，詳陳孔
子所見者非衛靈公夫人南子，而為衛公子郢子南。謂不是孔子
與子路的情感衝突，而是政治路線方面的一次理論之爭。且子
路不說，為子路不解孔子見子南之故而彊與之爭。不說猶言不
解，非不快、不高興、不喜悅。並推言「公山弗擾以費畔，
召，子欲往，子路不說。……」，「冉有曰：非不說子之道。
……」，「回也，非助我者也，於吾言無所不說。」諸不說，
皆同。詳見趙氏《古代儒家哲學批判・說知探源》，將說釋為
理解，亦頗有見地，可參閱。

三

**就他人問子路於孔子，於孔子前
評論子路；或問孔子於子路，於
子路前嘲諷孔子等諸方面言之。**

1. 問子路於孔子者

〈公冶長〉

> 孟武伯問「子路仁乎？」子曰：「不知也。」又
> 問。子曰：「由也，千乘之國，可使治其賦也；不
> 知其仁也。」「求也，何如？」子曰：「求也，千
> 室之邑，百乘之家，可使為之宰也；不知其仁
> 也。」「赤也，何如？」子曰：「赤也，束帶立於
> 朝，可使與賓客言也；不知其仁也。」

　　孟武伯以子路有仁德否乎問於孔子。孔子以仁道至
大、至高、至宏遠，一己尚未敢居，顏淵僅三月不違，
況子路等日月至焉者乎？又不願直言無仁，非獎誘之
教，故以不知也答之。武伯意子路有仁，又復問之。孔
子除肯定子路可治千乘大國兵賦之所長外，仍以不知其
仁也答之。[43]

43　《批點四書讀本・論語・公冶長》：「此章以仁為主，玩三問
　　三答，俱主仁邊，不知須細參三可字有力，是武伯職分所當

〈雍也〉

　　季康子問：「仲由，可使從政也與？」子曰：「由
也果，於從政乎何有？」曰：「賜也，可使從政也
與？」曰：「賜也達，於從政乎何有？」曰：「求
也，可使從政也與？」曰：「求也藝，於從政乎何
有？」

　　季康子問於孔子，仲由之才，可使為大夫從事於政
也與？孔子以子路剛勇猛進，意志堅強，果敢決斷能任
事，其於從政，何難之有？謂其才可使從政也。**44**

〈先進〉

　　季子然問：「仲由、冉求，可謂大臣與？」子曰：
「吾以為異之問；曾由與求之問！所謂大臣者，以
道事君，不可則止。今由與求也，可謂具臣矣！」
曰：「然則從之也與？」子曰：「弒父與君，亦不
從也。」

　　季子然係季氏子弟，自多季氏得冉有、仲由二賢
臣，以是否為大臣問於孔子。孔子除抑季子然之自多

為。武伯有用人之職，而魯又當需才之時。」頁3。《論語今
讀》：「孟武伯問這幾位孔子的著名學生，大概是想挑選他們
去做官。」頁127。此推想頗有可取，或孔子已知其意，故各
以其能答之也。
44　參見前言語篇貳子貢附註44。

外，並陳以正道事君，君有過惡則諫，三諫不從，則止而去位不仕大臣之義。今冉求、仲由，二人臣於季氏，季氏有過惡，如謀動干戈伐顓臾，舞八佾僭天子，旅泰山以雍徹，竟不諫爭匡救，使恣其行。又不止而去位不仕，不可謂大臣，僅備臣數之具臣而已。季子然聞此，又問既如是，則君有過惡，皆縱其慾而從之者乎？孔子以雖不諫不止；但如有弒父與君忤逆之事，則亦不從也。語此除陰折季氏僭竊不臣之心外，並深許二子必不黨惡也。[45]

2.於孔子前評論子路者

〈憲問〉

> 公伯寮愬子路於季孫，子服景伯以告。曰：「夫子固有惑志於公伯寮，吾力猶能肆諸市朝。」子曰：「道之將行也與？命也；道之將廢也與？命也。公伯寮其如命何？」

子服景伯以季孫信讒，因公伯寮之誣譖子路以罪，信而恚怒之。而謂一己猶能辨子路無罪，且使季氏誅寮，陳其尸於市朝以告孔子。孔子以道之行廢，皆係本然不可知之天命。雖季氏信公伯寮之誣讒；但能違天命

---

45 《四書味根錄·論語·先進》：「（唐伯虎）前抑二子者，剪季氏之羽翼，所以抑季氏也。後揚之者，杜季氏之奸萌，亦所以抑季氏也，言在此而意在彼。」頁15。

乎？不許其請，而拒其將辨子路無罪之行也。

3. 問孔子於子路者

〈述而〉

> 葉公問孔子於子路，子路不對。子曰：「女奚不
> 曰：『其為人也，發憤忘食，樂以忘憂，不知老之
> 將至云爾。』」

　　楚大夫葉公問孔子之志行如何於子路，子路未知所
以答，恐答之不得體，故不對。孔子聞子路不對答，乃
謂汝何不如是言之乎？吾之為人也，發憤嗜學而忘食，
樂道自適而忘憂，孜孜不息而忘身之老將至焉耳。孔子
之所以如此言之者，蓋三者聖賢大德，子路或未能盡
知，故孔子教而使對葉公之問也。[46]

46　《論語注評・述而》：「《集解》孔曰：『不對者，未知所以
　　答。』子路不對者，因子路祇升堂而未入室，對孔子之德尚不
　　能完全明瞭，誠如《孔注》所說，不知所以對也。」頁113。
　　《論語今注》：「修學未得之時，則發憤忘食；已得、則樂之
　　而忘憂；不知老之將至，言好學之篤，自強不息，不知身之將
　　老。」頁139-140。《論語易讀・述而》：「若言孔子不知老
　　境快到，則既已稱老之將至，焉得不知。蓋憤樂未有窮時，非
　　老而能自限也。簡本作不知老之至云爾，是己老而不知其
　　老。」又「不知道甚麼叫老。」頁123、頁122。吳氏「非老而
　　能自限」，「己老而不知其老」，「不知甚麼叫老」，是真真能
　　「忘老」矣。《論語注・七》：「忘食則不知貧賤，忘憂則不
　　知苦感，忘老則不知死生，非至人，安能至此。」頁9（二

4.於子路前嘲諷孔子者

〈憲問〉

> 子路宿於石門，晨門曰：「奚自？」子路曰：「自
> 孔氏。」曰：「是知其不可而為之者與？」

子路宿於石門，守門隱者問而知自孔子處來。是舊
知孔子之行者，故反問是知天下無道，世不可教，而周
游東西，強為其不可為之孔子與？此蓋於子路面前，譏
孔子不能隱遯避世也。[47]

〈微子〉

> 長沮、桀溺耦而耕，孔子過之，使子路問津焉。長
> 沮曰：「夫執輿者為誰？」子路曰：「為孔丘。」
> 曰：「是魯孔丘與？」曰：「是也。」曰：「是知
> 津矣！」問於桀溺。桀溺曰：「子為誰？」曰：
> 「為仲由。」曰：「是魯孔丘之徒與？」對曰：
> 「然。」曰：「滔滔者，天下皆是也；而誰以易
> 之？且而與其從辟人之士也，豈若從辟世之士
> 哉？」，耰而不輟。子路行以告，夫子憮然曰：

冊，十三函）。康氏所言甚是，如將貧賤易為飢飽，苦戚易為
苦樂，使與生死相類，則得修辭之美矣。

[47] 《四書味根錄‧論語‧憲問》：「此晨門見己而不見聖人，其
言聖人則非，而自處其身則是。（輔氏）賢者有不可為之時，
才力有限也；聖人無不可為之時，其道無所不可也。」頁29。

「鳥獸不可與同群！吾非斯人之徒與而誰與？天下
有道，丘不與易也。」

　　孔子道經長沮、桀溺二偶耕隱者旁，使子路問津渡
之所在。長沮得知使問者為魯之孔丘後，譏孔子數周游
天下，無所不至，當知津渡之所在，拒而不答。桀溺得
知子路為孔子生徒後，亦譏孔子不識時務。謂天下皆
亂，滔滔然似水之橫流汎溢，誰與能變易之乎？並陰招
子路與其從孔子之周游，不如從己之遯隱為得也。覆種
不止，亦不以津渡告。子路以二人所言告孔子後，孔子
乃悵然謂：吾自當與此天下人同群，栖栖遑遑，思以救
之，而不逃世同群於鳥獸，以遯隱山林而自潔也。且天
下若已平治，則吾無用變易之，正以天下濁亂，故欲以
善道而救世。孔子以此語子路，謂長沮、桀溺二人，不
達己志也。

又

子路從而後，遇丈人，以杖荷蓧。子路問曰：「子
見夫子乎？」丈人曰：「四體不勤，五穀不分，孰
為夫子？」植其杖而芸。子路拱而立，止子路宿。
殺雞為黍而食之，見其二子焉。明日，子路行以
告。子曰：「隱者也。」使子路反見之，至，則行
矣。子路曰：「不仕無義，長幼之節，不可廢也；
君臣之義，如之何其廢之？欲潔其身，而亂大倫！
君子之仕也，行其義也。道之不行，已知之矣。」

子路以譏孔子為不勤勞四體，不分辨五穀，何為夫子，植杖而芸拒答；但留宿為食，現其二子於子路以杖荷蓧丈人之言，而告孔子。孔子謂為隱者，使子路再返見之，至則人行而他去，留言二子謂：知父子之恩，長幼之節不可廢；何可廢君臣之義而不仕乎？君子之仕亂世也，非苟為榮華富貴利祿而已，在行拯萬民於衽席君臣大義耳。現今世亂，已知己之道不見用，其所以栖栖遑遑者，在為其不可為而為，冀行其道耳。三月無君，遑遑如也在此。孔子使子路語此以告隱者荷蓧丈人，使其明己志也。

四

就孔子與子路於山梁雌雉危舉翔集之所感言之。

〈鄉黨〉

　　色斯舉矣，翔而後集。曰：「山梁雌雉，時哉！時哉！」子路共之，三嗅而作。

　　群鳥之止棲飛翔，必詳察客觀環境安危而行之。見人有捕捉危機，則驚視起飛他去；迴翔審視，俟危機已除，而後下止也。孔子與子路行於野，見山梁雌雉，贊其危舉翔集之識幾得時。子路聞而拱之示敬，雌雉誤以為有捕捉意，心以為危，而數驚顧，展翅起飛他去也。此言子路聞夫子言，而有所行動也。48

小　結

　　經上粗略陳述，於《論語》四十一則有關子路記載中，除極少數無涉子路之行誼外，綜合言之，可大體發現，在稟賦個性上：則豪爽憨直、剛強勇猛；但有時不免近於伐善粗野。在學養修持上：則尚誠信，重然諾，尊師篤友，有疑必問或反詰。雖有時表面似頂撞師長，不讓同門，但多出自憨直個性，而少惡意。在行事理念上：則果決明快，奮勇先人，為求達成己志，多所堅持，而無反顧，甚或死而無怨。在政績功業上：則可片言折獄，明其爭訟之是非；長於兵賦，而教民有勇知方也。雖如此，但亦多有可議處：喭、野、行行，率爾輕慢，此出於個性，尚不足少之。惟「何必讀書，然後為學，」或強不知以為知，甚而逞巧佞而禦人口給，則外於孔門禮教重學理念矣。故孔子多明白呼而教之、誨之。有時表面似申斥訓誡，實多愛之深、責之切，而意在誘掖期勉也。至同門之或有不敬，是不真知雖未入室，但已升堂之子路也。識乎此，則知喜言幼時所聞類

48　色、危之形訛，嗅、當作奊，從目從犬，本犬視。此借為驚視、驚顧。〈色斯舉矣考〉：「師徒二人郊遊，偶見山梁有雌雄，夫子稱此鳥之德，以為見危即飛，勇於退也；欲棲見翔，審於進也，因贊之曰：可謂識進退之時義矣。是即時哉時哉之意。子路聞夫子之言，亦喻此鳥足以取法，故向之拱手示敬。而鳥不知何意，心以為危，乃驚顧數次而即飛去。」頁2。

今泰山、飛俠、超人云云，及後人所謂勇同夏育，敢於
維持治安，打擊犯法等，雖係過度想像渲染，實亦非為
無因也。 **49**

49　《漢書・地理志》：「周末有子路、夏育，民人慕之，故其剛
　　武，上氣力。」頁1665。《二十一世紀的當家思想・論語・為
　　政》：「相傳子路，有勇力，後人以之為勇士的代稱。楊溫
　　《攔路虎傳》：『半斤（即五百）子路，五百金剛，人人有舉
　　鼎威風，個個負拔山氣概。』」頁176。《論語札記・子路
　　贊》：「余讀南朝宋劉敬叔《異苑・卷三》：『熊無穴，或居
　　大樹孔中。東土呼熊為子路，以物擊樹云：子路可起，于是便
　　下。』深以為不平。又《芥子園畫譜》第四集，臨宋孝公麟所
　　作之孔子弟子畫像，七十子盡力各使或眉清目秀，或敦厚恭
　　敬，或氣宇軒昂，然差別不顯。顯者或尚稚無須，或有髭無
　　須，或有髭有須無髯，或須髯飄然，又其一致者，皆朝向下。
　　唯子路，須髯迸爆，放射型，悉垂直於耳部以下面膚而生。此
　　像遂定型不易矣。余近偶見香港孔教學院助山東濰坊造孔子及
　　七十二賢彩塑之影集，依芥子園而毫無二致。其子路像，唯面
　　不黑，不著盔甲而異於張飛；唯面不黑，未背板斧而異於李
　　逵。」頁302。《論語隱義》：「衛蒯瞶亂，子路興師往，有
　　孤黶者當師曰：『子欲入耶？』曰：『然。』黶從城上下麻
　　繩，釣子路半城問曰：『為師耶？為君耶？』曰：『在君為
　　君，在師為師。』黶因投之，折其左股，不死。黶開城欲殺
　　之，子路目如明星之光耀，黶不能前。謂曰：『畏子之目，請
　　覆之。』子路以衣袂覆目，黶遂殺之。（《御覽》引《隱義》）」
　　頁1（二十九函）。又《孔門弟子研究・子路》：「《漢書・東
　　方朔傳》記載了這位滑稽大王和漢武帝的一段談話，說的是聖
　　君用人一定能把各方面最賢能的人，安排在最恰當的位置上。
　　例如：請周公為丞相，孔子為御史大夫，姜太公為將軍，……
　　子路為執金吾（維持治安之官職）等等。這裡他把子路當成了

勇於打擊犯法行為，敢於維持社會秩序的典型人物。」頁62。
又幼年讀私塾時，曾見一「孔門七十二弟子侍坐圖」，眾弟子
皆坐姿，惟子路為立姿，此圖究係複印古畫或時人新作、為好
事者戲為之，抑或作者別有所據，源出於《芥子園畫譜》者，
皆不知。又聞有甚多傳說，謂子路勇猛過人，類今泰山、飛
俠、超人等。因之，在已逾一甲子歲月中，每與友人談話，或
授課涉及子路時，無不樂道此等事，以為獨得鄉先賢秘辛而自
豪。今深思之，雖覺荒誕，但就所引「有舉鼎威風，負拔山氣
概。」「呼熊為子路」、「畏子之目……」等語，則知子路確剛
猛神武，有儼然不可侵犯者在也。又「子路像，唯面不黑，不
著盔甲而異於張飛；唯面不黑，未背板斧而異於李逵。」復與
勇士夏育並舉，且維持治安，勇於打擊犯法云云，而謂類今泰
山、飛俠，亦非無因也。

叁、結論

《論語》中所謂政事，既如前所言，在胸懷濟世救民，有治國安邦長才，可從事政教工作。冉有、子路二子之所以列入，必有其因素在，特再簡要綜合整理如下：

冉有：冉有於《論語》中之於從政乎何有，可以為季氏宰，可使治賦，可使足民，可與孔子詳言既庶且富又教之，三者兼備為政之道。再如《孔子家語》之以政事著名。《鹽鐵論》之云政事者冉有、季路。《孟子》之求也為季氏宰。《國語》之欲助季氏推行田賦制。《三國志》之侃侃庶政，冉（有）、季（路）之治也。甚而《左傳》之用矛於齊師，而勝之之有武功等，皆為列入政事之所在也。

子路：子路於《論語》中之片言折獄，無宿諾，治千乘國，可使有勇知方，於從政乎何有？可使為之宰，為季氏宰，可使治其賦，且多問政，問事君。再如《鹽鐵論》之云政事者，冉有、季路。《論衡》之子路卒能政事。《韓非子》之子路為郈令。《韓詩外傳》之子路治蒲三年，孔子過而三稱善。《荀子》之晉人欲伐衛，畏子路，不敢過蒲。其政績之卓著竟如是。而《說苑》又有舉兵擊之，攘地千里之武功。《左傳》有仕衛不去，終死於難之忠烈等，皆為列入政事之所在也。

　　綜上所述，則可知二子之於政事也，不僅能足民，
無匱於衣食；且能富而教之，使民有勇知方。甚而戰可
勝敵，使鄰國不敢窺境。此真能濟世救民，治國安邦
矣。政事至此，孰曰不善。

戊

文 學

壹、子游

子游生平事蹟

　　子游，姓言，名偃，字子游，春秋末戰國初吳人
也。[1]生於魯定公四年（周敬王14年，西元前506年），少

1　《史記・仲尼弟子列傳》：「言偃，吳人，字子游。」《索
　　隱》：「《家語》云：『魯人。』按：偃仕魯為武城宰耳。今
　　吳郡有言偃冢，蓋吳郡人為是。」頁882。《孔門弟子研究・
　　子游（言偃）》：「《吳郡志・古迹》記載，在常熟縣還保留有
　　『言偃宅』的古迹。並說：『宅有井，井邊有洗衣石，周四
　　尺，皆其故物。』目前，人們對吳人說，沒有甚麼異議。」頁
　　101。然《洙泗考信餘錄・三》云：「吳之去魯遠矣，若涉數
　　千里而北學於中國，此不可多得之事；傳記所記子游言行多
　　矣。何以皆無一言及之？且孔子沒後，有子、曾子、子夏、子
　　張，與子游相問答之言甚多；悼公之弔有若也，子游擯；武叔
　　之母之死也，子游在魯，而魯之縣子、公孫戍亦皆與子游游，
　　子游之非吳人明矣。……子游之子言思，亦仍居魯，固世為魯

孔子四十五歲。[2]家庭情況，當不似顏淵、子路之家貧。[3]
師事孔子，是其施教理念，惟仕僅邑宰，亦不無惋惜意
在也。[4]卒年不詳。[5]配享，唐尊為「吳侯」，宋追贈為
「丹陽公」，旋又尊為「吳公」。[6]子游之為人也，性簡約

人矣……安得為吳人也哉！」頁31。崔述北學於中國，傳記少
言之之說。子游未顯達名世前，少年求學事，何以傳記必載及
之？又孔子沒後云云，亦恐言偃仕魯為武城宰後事，皆不足推
翻吳人說。故《論語孔門言行錄·九》云：「愚謂崔說未允，
陳良楚產也。尚北學於中國，而謂子游不能之乎？子游學於洙
泗，故嘗居魯，豈必以所居在魯，遂定其為魯國人？如崔氏
說，則吳人不能常居魯國乎？」頁23。又二○○○年三月，齊
魯書社出版宮衍興、王莉合著之《曾子故里研究·是家臣還是
國臣——子游為宰之武城試析》，詳加考證後，確定《史記》吳
人說為是。

2　分見《史記·仲尼弟子列傳》及《闕里誌·年譜》。

3　其家庭情況，雖無任何可信記載或傳聞資料；但子游吳人，能
遠涉數千里，北學於中原魯國，當非絕無財資所可達成者。

4　《論語·陽貨》：「子之武城，聞弦歌之聲，夫子莞爾而笑
曰：『割雞焉用牛刀！』」頁263。此除孔子深喜言偃能以仁政
德化禮、樂之教治武城，有此宏效外；但子游具可治千乘大國
長才，今竟屈而小試於百里侯邑，似亦有惋惜未能盡其所學之
憾也。

5　文獻皆無卒於何年記載，故《孔門弟子研究·子游》：「死於
何年不詳。」頁101。

6　《孔門弟子研究·子游》：「因為它維護封建秩序有好處，所
以也引起歷代官府的重視和尊崇。據《後漢書·明帝紀》載，
東漢明帝十五年東巡狩，『三月，……幸孔子宅，祠仲尼及七
十二弟子。』從這以後，孔子弟子——包括子游在內，就不斷
受到歷代官府的祭祀。與此同時，對子游也不斷追加諡號。唐

疏闊，勿事繁瑣；不拘小節，滯於形器，而失大本。[7]行己，則重夫子教言，在使動而不妄；勉友，則不僅貴其難能，並期其至乎仁也。[8]至其功業也，則為宰武城，弦歌聲洋溢境內，且能識拔人才以備用也。[9]有聖人一體，列四科文學，而長於禮。[10]且「天下為公」云云，又為古

　　開元二十七年尊為『吳侯』，宋大中祥符二年又追贈為『丹陽公』，不久，又改尊為『吳公』。由歷代帝王對他的推崇，可以看出他對後世是有影響的。」頁106。《聖門十六子書·言子書·祠墓古蹟》：「先賢言子偃墓在常熟縣虞山。」頁1028。

[7]　《論語·里仁》：「事君數，斯辱矣！朋友數，斯疏矣。」頁53。又〈子張〉：「子游曰：『子夏之門人小子，當洒掃應對進退則可矣，抑末也。本之則無，如之何？』」頁292。時人多謂子游反對嘮嘮叨叨，為人行事不拘小節，或大而化之。《荀子·非十二子》竟以「偷儒憚事，無廉恥而耆飲食，必曰：君子固不用力，是子游氏之賤儒也。」頁66。子游派何以至此好吃懶做，不肯出力，不知廉恥賤儒地步？其著眼點，恐落在不拘小節大而化之上。

[8]　《論語·陽貨》：「昔者，偃也聞諸夫子曰：『君子學道則愛人，小人學道則易使也。』」頁263。《孔子家語·弟子行》：「先成其慮，及事而用之，故動而不妄，是言偃之行也。」頁28。《論語·子張》：「吾友張也，為難能也，然而未仁。」頁243。

[9]　弦歌聲洋溢武城，已見注4。又《論語·雍也》：「子游為武城宰，子曰：『女得人焉耳乎？』曰：『有澹臺滅明者，行不由徑，非公事，未嘗至於偃之室也。』」頁78。

[10]　《孟子·公孫丑》：「子夏、子游、子張，皆有聖人之一體。」頁71。《論語·先進》：「文學，子游、子夏。」頁154。《史記·仲尼弟子列傳》：「孔子以為子游習於文學。」頁882。《孔子家語·七十二弟子解》：「子游以文學著名。」

今中外治世最高理念所在，而永垂不朽也。[11]

一

就孔子於子游嘉許，垂問得賢能之人
否乎，或子游問而答之諸方面言之。

頁 87。時所謂文學，涵意甚廣。曉詩書，知典則，識禮樂，精
藝文而博學，甚而今所謂學術皆在內。世稱子游知禮，子夏傳
經者在此。子游知禮，故當時公卿士大夫，凡議禮弗決者，必
得子游一言以為重輕，此指一般禮。但《禮記‧檀弓》：「曾
子指子游而示人曰：『夫夫也（夫夫，猶言此人。），為習於
禮者。』」頁 134。此所謂禮，則偏重在喪禮。除〈檀弓〉外，
試觀〈曲禮〉、〈曾子問〉、〈玉藻〉、〈雜記〉等所記載，此義
尤明。又或疑子游多偏於喪禮之繁文縟節儀式方面，但《論
語‧陽貨》：「喪致乎哀而止」一語。則可知子游不僅注重禮
之為禮，本在進退升降揖讓儀式，亦可知深得基本精神所在
也。

11 《禮記‧禮運》篇所載：仲尼與乎蜡賓之歎魯，在側言偃「君
子何歎」一語，觸發孔子於感歎之餘，乃與子游論及天下為
公，大同小康之義也。《孔門弟子研究‧子游》：「《禮記‧
禮運》篇，雖是孔子對子游的一篇談話，但是它是子游的後學
記錄下來的。正如郭沫若所説『〈禮運〉篇毫無疑問，是子游
氏之儒的主要經典。』」頁 106。《論語孔門言行錄‧九》：
「得聞大同之道，能傳孔子之微言，非餘子可及也」頁 19。所
言極是。

1. 嘉許者

〈陽貨〉

> 子之武城，聞弦歌之聲，夫子莞爾而笑曰：「割雞
> 焉用牛刀？」子游對曰：「昔者偃也，聞諸夫子
> 曰：『君子學道則愛人，小人學道則易使也。』」
> 子曰：「二三子！偃之言是也；前言戲之耳。」

　　孔子至武城，聞有弦歌之聲，乃莞爾微笑謂：殺雞
何以用牛刀。子游聞而對曰：我昔曾聞夫子教言，在上
君子學道，則能愛人；在下小人學道，則易使令。孔子
聞而嘉之謂：諸弟子誌之，子游之說是，吾所語者乃戲
言耳。子游之治武城也，以禮、樂化導為教，故邑中弦
歌聲洋溢。孔子以割雞焉用牛刀為喻，借言治天下，移
風易俗，而用禮、樂；今治小邑，足其衣食則可以，何
必大其事而如此？子游以邑雖有大小，而治之之道則
一，此道乃夫子仁政德化教之所在也。鳴琴歌詩，君子
學之，則得其中正之音，以養其心而撫乎下，必善其教
而愛人；小人學之，則得其溫柔敦厚之教，以感其情而
順乎上，必承其命而易於使令也。師生對話之所以如此
者，蓋孔子表面謂為戲言，實則除深喜子游能以禮、樂
教化之道治武城外，亦恐惋惜其可治千乘大國長才，竟
屈而小試於百里侯邑，未能盡其所學也。**12**

12　《聖門十六子書・言子書・先賢言子傳》：「（朱子曰）武城

2. 垂問得賢能人才否乎者

〈雍也〉

　　子游為武城宰。子曰：「女得人焉耳乎？」曰：
「有澹臺滅明者，行不由徑，非公事，未嘗至於偃
之室也。」

　　子游為武城宰時，孔子問之謂：汝於此得賢能之人
才否乎？子游答有一澹臺滅明者。其行路，不循蹊道捷
徑，非公事，不入吾邑宰言偃居室。為政以人才為先，
故孔子以得人為問。子游以澹臺滅明答之者，以行不由
徑，乃不見小欲速，此動必方正也。非公事不至偃室，
乃不阿諛私謁，此操持謹嚴也。因小以見大，由此二
端，則知其為守正道，不苟圖私便，而盡心公事，堪為

之政，聖師為之莞爾而笑，則其與之之意非淺也。」頁1011。
《四書味根錄・論語・陽貨》：「此見聖門能以道化民也，上
半因其行而喜之，下半因其能信而嘉之，前後只一意。」頁
3。《論語雜解・卷一》：「子夏以灑掃應對進退教人，子游
以弦歌為學，知此，人後知古為學之方，惟賢者得其大者，不
賢者得其小者，故有愛人易使之異。」頁30。《論語解・
九》：「君子學道，則有以養其仁心，故愛人。小人學道，則
亦和順以服事其上，故易使。」頁2（總20017）。《論語注・
十七》：「道謂樂之道也，樂之為道，流而不息，合同而化，
欣喜惟愛，中正無邪，敦和無怨，合愛尚同，百物皆化。故君
子學之，則同而愛人，小人學之，則合而易使。孔子禮樂並
制，而歸本於樂。」頁3（五冊，十三函）。所言皆是。

夾輔之職賢能之人矣。師生問答之所以如此者，蓋孔子
關心為政在得人，子游能識拔人才也。**13**

13　《史記‧仲尼弟子列傳》：「澹臺滅明，武城人，字子羽，少
孔子三十九歲。狀貌甚惡，欲事孔子，孔子以為材薄，既已受
業，而退脩行。行不由徑，非公事，不見卿大夫。南游至楚，
從弟子三百人，設取予去就，名施乎諸侯。孔子聞之曰：吾以
言取人，失之宰予；予以貌取人，失之子羽。」《索隱》：
「《家語》：子羽有君子之容，而行不勝其貌；宰我有文雅之
辭，而智不充其辯。孔子曰：以容取人，則失之子羽；以言取
人，則失之宰予。今云滅明貌狀甚惡，則以子羽行陋也，正與
家語相反。」頁883。《韓非子‧顯學》：「澹臺子羽，君子
之容也，仲尼幾而取之，與處久，而行不稱其貌。宰予之辭，
雅而文也，仲尼幾而取之，與處（久），而智不充其辯。故孔
子曰：以容取人乎，失之子羽；以言取人乎，失之宰予。」頁
353。《家語》及《韓非子》所言，適與《史記》相反。惟衡
以子游此言，且子羽後亦入〈弟子列傳〉，而太史公又具體言
其幾為一代宗師，則《家語》：「行不勝其貌，」《韓非
子》：「行不稱其貌」之言恐非是。故《論語解‧三》：「行
不由徑，則所趨無欲速，見利之意。非公事未嘗至於偃之室，
則不苟徇於私情。然則斯人之存心，可謂正矣，子游亦善觀人
哉。」頁14（總13353）。《（趙杏根）論語新解‧雍也》：
「行不由徑，則其行事必以正道，不投機取巧，不圖僥倖成
功，不求速成，不為小利所蔽，而專于守正務實。非公事不見
邑宰，則務公益而不枉道謀私利。如此，則滅明之器，正大無
私可知。」頁105。《論語隨筆‧六》：「行不由徑，是武城
人傳聞共知者，非公不至，則其微察而得之者，只淡淡舉此二
事，不極言其賢，而賢可知。即此落落不群，便是獨行君
子。」又「由徑沒甚不好，不由徑卻自方正，不諧流俗。不至
偃室，卻沒甚奇處，非公不至，正自高雅，界限分明。」頁9

3.子游問而答之者

〈為政〉

　　子游問孝。子曰：「今之孝者，是謂能養。至於犬馬，皆能有養，不敬，何以別乎？」

　　子游問孝事父母之道如何？孔子以今之所謂孝者，僅在飲食供養而已。至於犬馬，待人而食，亦需供其飲食而畜養之。若無敬愛之心，則與犬馬何異？以示非孝也。孝子之事親也，以敬為上，先養其志；次致甘美，而養其體。如怠忽輕慢，失其愛敬，乃犬馬相養。豕交

（三冊，二十一函）。《論語贅解・卷一》：「有形之徑為徑，無形之徑亦為徑，凡不宜由之事皆徑也。一邑之室為室，天下之室亦為室，凡不宜至之地皆偃室也。」頁28。《論語新生命・六》：「行不由徑，暗喻作事守法守紀，不鑽營奔走，投機取巧，是標準的公務員。」頁98。《四書味根錄・論語・雍也》：「此見聖門取人之正，為宰以表勵風俗為首務。子游獨取寧方毋員，寧樸毋華之士，所以杜功利之門，而塞奔競之路也，以子游得人為主。」頁11。《批點四書讀本・論語・雍也》：「此章重子游得士，人非流俗之人，得非耳目之得。」頁15。《論語經正錄・六》：「真西山曰：子游以行不由徑，非公事不至其室，而知澹臺之賢。蓋二者雖若細行，因而推之，行且不由徑，其行己也，肯枉道而欲速乎？非公事且不至其室，其事上也，肯阿意以求說乎？子游以一邑之宰，其取人猶若是，等而上之，宰相為天子擇百僚，人主為天下擇宰相，必以是觀焉可也。」頁26（四冊，十一函）。善哉此論，是真知偃也有可治千乘大國之長才也。

之，獸畜之，如此，則不可謂孝矣。必當又敬不違，無苟於禮，除冬溫、夏凊，昏定、晨省，愛其親外；尤應恭順敬謹，體其心而成其志，無忝所生，尊其親也。孔子之所以云此者，蓋以世俗之事親，以能養足矣。狎恩恃愛，不知其漸流於不敬也。子游聖門高第，未必至此，但恐其愛踰於敬，或能養而失之於敬，故孔子如此告而深警之也。[14]

二

就子游論居喪主哀，事君交友之道，或批評同門等諸方面言之。

1.居喪主哀者

〈子張〉

子游曰：「喪致乎哀而止。」

14　《論語孔門言行錄・九》：「子游脫略，為其脫略，故少悆慎之儀，其事親也，恐或近於弗敬。」頁1。《論語隨筆・二》：「說人子該敬，理極平常；說不敬便同養犬馬，令人通身汗下，雖鐵石人聞之，亦為膽落。」頁7（一冊，二十一函）。世亦多犬馬喻人子，意有未足，故《論語漢宋集解》云：「《包注》：『犬以守禦，馬以代勞，皆養人者。』犬守門，馬耕田，稱為代勞，所謂盡犬馬之勞，豈可謂之養人者乎！」頁55。

　　子游謂：居喪時，能極盡本心之哀痛則可止矣。子
游以喪思哀，喪主盡哀，而不在文飾。所謂喪與其易也
甯戚，與其哀不足而禮有餘，不若禮不足而哀有餘也。
然禮不備，則不盡哀，難紓其情，故死喪之以禮。哀有
餘，則悲慟不已，如過毀滅性，故不以死傷生。是以聖
人制禮，勿使賢者過，不肖者弗及，準乎人情，以盡其
哀而止也。子游深於禮，非簡略儀文者。或時有毀傷過
度而滅性，如子夏喪子喪明是。此蓋救時弊而發，故言
之如是也。**15**

2.事君交友者

〈里仁〉

　　子游曰：「事君數，斯辱矣！朋友數，斯疏矣！」

　　子游謂：事君若諫諍頻繁，則易致屈辱；交友若規
勸頻繁，則易致疏遠。子游以君臣朋友，皆以義合，規
過勸善，當以禮漸進，不可急切繁瑣，漫無節制；尤不
可堅持己見，強人必從。否之，則言者失規勸之意，而

15　《四書味根錄‧論語‧子張》：「此為不及情而過於文飾者
　　發，臨喪以哀為主，亦是探本之論。」頁11。又《論語‧子
　　張》：「曾子曰：吾聞諸夫子：『人未有自致者也，必也親喪
　　乎？』」頁294。《孟子‧滕文公》：「親喪，固所自盡也。」
　　頁110。《孝經‧紀孝行》：「喪則致其哀。」頁42。皆此所
　　謂喪致乎哀。

聽者生厭惡之心，而遭致屈辱疏遠矣。子游之所以云此者，蓋本君有過則諫，以道事君，不可則止；友忠告而善道之，不可則止，毋自辱焉原則，而如是言之也。**16**

16　《東方聖經·交友1.事君交友之道》：「保持一定距離，吸引力將會更大；頻頻接觸碰頭，不快將會由此產生。」頁124。《集注》：「胡氏曰：事君諫不行，則當去；導友善不納，則當止。至於煩瀆，則言者輕，聽者厭矣，是以求榮而反辱，求親而反疏也。」頁53。《論語集釋·里仁·下》：「數者煩瑣之謂，五倫之中，父子兄弟以天合，君臣朋友以人合，夫婦之合，人而兼天者也，雖煩瑣而不覺，若君與友，則生厭矣。」頁246。《論語注·四》：「君臣朋友，皆以義合，故其事同；然亦為交淺者言之。若託孤寄命之君，或當大事，投分同志之朋友，或臨大節，則牽裾斷鞅，切切偲偲，又不得以此論矣。」頁9（一冊，十三函）。《論語後案·四》：「事君句，朋友句，數略逗，連下讀。數注訓速數，即迫促之意。言事以和緩為貴，撥亂而反之正，相觀而摩宜善，皆非可以驟期。」頁29（三冊，十函）。《論語隨筆·四》：「斯辱斯疏，要見辱與疏，皆所自取。忠臣固不怕辱，良友固不憚疏；但辱則回天無策，疏則責善無功。子游正為忠臣良友者深危之。」頁16（二冊，二十一函）。所言皆是。《論語注參·上·事君數章》：「人臣挾功而要其君，朋友恃勞而干其友，無厭之求，至不可忍，而辱與疏隨之，史冊詳矣。此語自可備一義也。」頁18（二十二函）。此一別說，可參考。又《論語平議·三十》：「此數字，即〈儒行〉所謂：其過失可微辨而不可面數之數。數者，面數其過也。《漢書·高帝紀》：漢主數羽。《師古注》曰：數責其罪也，是此數字之義也。」頁13（二十五函）。此說亦有可取。

3. 批評同門者

〈子張〉

子游曰：「吾友張也，為難能也！然而未仁！」

子游謂：吾友子張，才識為人所難及，惟尚未至乎
仁耳。子游以子張才識宏遠，他人難以企及；惟堂堂盛
乎威儀，習於容止，務外自飾，而內少誠懇惻怛之心。
病其德業未純，難與並為仁，故如此言之，以相規勉
也。[17]

又

子游曰：「子夏之門人小子，當洒掃、應對、進
退，則可矣。抑末也！本之則無，如之何？」子夏
聞之曰：「噫！言游過矣！君子之道，孰先傳焉？
孰後倦焉？譬諸草木，區以別矣。君子之道，焉可
誣也？有始有卒者，其惟聖人乎？」

17　此多就《集注》為說，惟仁道至大、至高、至宏遠，孔子猶未
　　敢自居。《論語》中僅言殷有三仁，管仲唯其仁，顏淵三月不
　　違仁而已。故甚多有關問仁者，孔子多以不知，焉得仁答之。
　　子游此處所言，然而未仁，下章曾子言，難與並為仁。恐非微
　　辭以病之，不盡如《集注》所言者也。詳趙龍文《論語今
　　釋》。又程樹德略謂：友，動詞，與子張為友也。所以友子張
　　之故，因其才難能可貴，己雖有其才，然未及其仁也。未仁，
　　指子游說。詳程氏《論語集釋》，皆可取閱參考。

子游謂子夏之門弟子，於灑掃庭除，接待賓客及進退禮儀等，尚可勝任。然此乃末節小事，未修習作人基本大道，如是教誨人其可乎！子夏聞而喟然責之謂：言偃之論過矣。君子教人之道，何者先傳授，何者後講述，需視其資之高下，年之少長，學之深淺而為之。以草木為喻，有其類別習性，或春花而夙茂，或秋榮而早實，長養之，當視其先後本末、次第而為之。君子教人之道亦如是也，何可誣毀之。君子之教門弟子也，能有始有終，不失本末先後，全面兼顧，一以貫之者，惟聖人始能如是也。游、夏二同門之所以有此辯難者，蓋在教人之道有歧異也。子游以子夏之教門弟子，有捨本逐末之嫌。子夏之反責子游，則在先傳以小者近者，後教以大者遠者。靡不有初，鮮克有終。先簡易而後精微，循序漸進，故能下學上達。《大學》固有「物有本末，事有終始，知所先後，則近道矣」教言。學其本而末已賅，學其末而本不廢，何有「抑末也，本之則無，如之何」之譏？故責子游此論為過言也。**18**

---

18 毛子水先生以為當作「本之無，則如之何？」，七十五年八月七日中央日報。又《四書味根錄・論語・子張》：「此見教則不容躐等也，以子夏之言為主。子游見本末不可偏廢，子夏則明施教不可或混。」頁7。《論語隨筆・十九》：「此章以子夏之言為主，須以門人小子為眼目。蓋門人小子、便是初服下學之事，本與聖人不同。」又「惟其聖人乎，妙在唱歎作結，不重贊聖人，只重惟字，見小子不能。」頁8（六冊，二十一函）。《論語存疑・十九》：「夫君子之道，何嘗以其末為先而傳之，以其本為後而倦教；但學者所至有深淺，有可告以本

小 結

　　經以上粗略陳述，於《論語》僅九則有關子游記載
中，則可大體發現，在修身操持上：則事君交友，勿數
數繁瑣，而遭致屈辱疏遠。在為人行事上：則取人重方
正嚴謹有分際；教人勿徒事末節而失大本。亦不可盛乎
威儀，務外自飾，難與並為仁也。在政績功業上：則能
以仁政德化之禮、樂為教，使君子、小人皆學道，而愛
人易使致弦歌聲洋溢乎邑中也。「喪致乎哀而止」，此高
論也，然由孔子於其問孝，以僅能養，不敬何以別乎牛
馬警語作答觀之，則言偃之事其親也，恐亦同乎卜商，
不無可議處也。**19**

者，有不可告以本，而且告以末者，如草木之有大小，其類固
有別矣。若不量其所至之深淺，不問其工夫之生熟，蓋舉其本
之高且遠者而強語之，是即其不知而誣罔之也，君子之道豈可
如此。若舉始遂及終，本末一貫，一時盡舉以告之，而不待分
先後，此惟生知之聖人，義理素具於胸中，一點化，便融會者
耳，而今之小子，未必皆聖人也？安得不教以小學哉。」頁
58-59（四冊，十八函）。此解甚詳盡，可參閱。
19　詳本篇子夏注 16 及 33。

貳、子夏

子夏生平事蹟

　　子夏，姓卜，名商，字子夏，春秋末戰國初衛之溫人。[1]生於魯定公三年（周敬王13年，西元前507年），少

1　《史記·仲尼弟子列傳》：「卜商，字子夏。」頁881。《春
　　秋繁露·俞序》：「衛子夏。」頁129。《孔子家語·七十二
　　弟子解》：「卜商，衛人。」頁87。《史記·仲尼弟子列傳·
　　集解》：「《家語》云：衛人；鄭玄曰：溫國卜商。」《索
　　隱》：「溫國，今河內溫縣，元屬衛故。」頁882。《孔門弟
　　子研究·子夏（卜商）》：「一說是晉國人，如上海人民出版
　　社的《荀子簡注》和天津人民出版的《荀子選注》，當注到
　　〈非十二子〉篇中的子夏時，都說：子夏，卜氏，名商，春秋
　　時晉國人。」頁108。《禮記·檀弓·疏》：「子夏，姓卜，
　　名商，魏人也。」頁129。按：溫本周天子所有，後周襄王以
　　晉文公有功於周，而「與之陽樊、溫、原、欑茅之田。」（《左
　　傳·僖公二十五年》）雖云晉國人，本衛之溫地也，並無不
　　妥。至魏人之說，溫既屬晉，或三家分晉時，溫屬魏氏故也。
　　惟子夏生時，尚無魏國稱號，三家滅知氏分晉時，子夏五十五
　　歲；（周貞定王16年，晉悼公15年）至魏文正式稱侯，子夏已
　　八十餘。即使子夏生時，溫邑已歸魏氏，而魏氏為晉之大夫，
　　亦不克稱魏人也，孔氏疏〈檀弓〉有瑕疵。地當今河南省黃河
　　以北一帶之河南溫縣。或主今山東荷澤縣者，以荷澤古近衛，
　　且今荷澤縣城北五里許有卜子夏祠與墓故也。然荷澤春秋前屬
　　曹，春秋時曾一度屬魯，後又為宋與齊所有，絕未有云衛地
　　者，故此說暫可擱置，以待後賢考而明之也。

孔子四十四歲。[2]幼家貧，短於財。[3]師事孔子，盡得其基本思想理念。[4]卒年不詳，但知得高壽。[5]配享，唐追封為「衛侯」，宋增謚為「東阿公」（或作河東公），後又改為「魏公」。[6]子夏之為人也，聽天由命，性似保守，

---

2 分見《史記‧仲尼弟子列傳》及《闕里誌‧年譜》。

3 《荀子‧大略》：「子夏貧，衣若縣（懸）鶉。」頁337。《說苑‧雜言》：「孔子曰：商之為人也，甚短於財。」頁141。《孔門弟子研究‧子夏》：「子夏的家庭經濟是比較清寒的，……他的家境是比較貧窮的，為弟子時是如此，直到能作官時，還是穿著破衣。」頁109。

4 就所已整理之《論語》而言，子夏於〈顏淵〉篇之「死生有命，富貴在天。」全得自孔子〈季氏〉篇之「畏天命。」而〈學而〉篇之「事父母能竭其力，事君能致其身，與朋友交，言而有信。」與孔子所論孝、忠、信，亦全一致。而〈子張〉篇：「子夏曰：可者與之，其不可者拒之」之論交友，孔子於〈學而〉篇有「毋友不如己者。」又〈子張〉篇：「君子信而後勞其民，未信，則以為厲己也」之愛民理念，孔子於〈學而〉篇固有「敬事而信，節用而愛人，使民以時」之言也。至其他典籍記載子夏所問，孔子所答者尤多，不再徵引。

5 《孔門弟子研究‧子夏》：「死於何年不詳，不過，《史記仲尼弟子列傳》記載，他曾為魏文侯師，而魏文侯是前四二四年即位，那麼他起碼活到這個年代。即最小活到八十三歲。」頁108。《先秦諸子繫年‧子夏居西河教授為魏文侯師考》：「又考魏文侯二十二年始稱侯，子夏若尚存（既為魏文侯師，必存。），年八十四。壽考及此，固可有之。」頁125。錢氏又於〈附諸子生卒年世約數〉表列「卜商，五○七—四二○（八八歲）。」頁615。康有為謂壽百餘歲，簡朝宗謂當百數十歲，李榕階定為百有三歲，恐不至此，即以錢氏說，亦云高壽矣。

6 《孔門弟子研究‧子夏》：「《後漢書‧明帝紀》載：東漢明

欠果決，有未能或不及。⁷持己：在志不可屈，不文其
過，而親賢者，無畏諸侯。⁸論學：在重人倫，崇忠信，

帝十五年東巡狩，三月，……幸孔子宅，祠仲尼及七十二弟
子。從這以後，孔門弟子（包括子夏），也不斷受到官府的祭
祀。另外，歷代也不斷追加諡號。唐開元二十七年（西元739
年），追封為『衛侯』，宋大中祥符二年（西元1009年），又增
諡為『東阿公』（或作河東公），後又改為『魏公』。由上可見，
歷代帝王對他一直是很推崇的。」頁121。《聖門十六子書．
卜子書．祠墓古蹟》：「先賢卜子子夏墓在荷澤縣西三十里名
卜堌村。」頁795。

7　《論語．顏淵》：「死生有命，富貴在天。」頁176。《史
記．禮書》：「出見紛華盛麗而說，入聞夫子之道而樂，二者
心戰，未能自決。」頁458。《韓非子．喻老》：「吾入見先
王之義則榮之，出見富貴之樂又榮之，兩者戰於胸中，未知勝
負，故臞；今先王之義勝，故肥。」頁124。《列子．黃
帝》：「刳心去智，商未之能（指和同於物，物無得傷，游金
石，蹈水火者。）」頁22。《論語．先進》：「師也過，商也
不及。」頁161。亦因此，故孔子於《論語．雍也》篇有「女
為君子儒，勿為小人儒」（頁77）誘掖之言也。

8　《荀子．大略》：「子夏曰：諸侯之驕我者，吾不為臣；大夫
之驕我者，吾不復見。」頁337。《尸子．下》：「子夏曰：
君子漸於飢寒，而志不僻，倅於五兵，而辭不懾；臨大事，不
忘昔席之言。」頁12。《論語．子張》：「小人之過也，必
文。」頁290。《說苑．雜言》：「孔子曰：丘死之後，商也
日益，賜也日損。商也好與賢己者處，賜也好說（悅）不如己
者。」頁141。《論語．子張》：「可者與之，其不可者拒
之。」頁288。《孔子家語．弟子行》：「送迎必敬，上交下
接若截焉。」頁28。《孟子．公孫丑》：「北宮黝之養勇也，
不膚撓，不目逃。思以一毫挫於人，若撻之於市朝。不受於褐
寬博，亦不受於萬乘之君；視刺萬乘之君，若刺褐夫。無嚴諸

不棄小道，專心篤志，而日知其所亡，月無忘其所能
也。⁹其處世也：在不踰越大規範，而其小節或偶可稍有
出入，權變行之也。¹⁰至其功績也：曾為莒父宰，亦或仕
於衛。¹¹而主學而優則仕，以信使其民，賢能德化仁政。¹²
有聖人一體，列四科文學，而為博學多聞大儒。¹³不僅顯

侯。惡聲至，必反之。……北宮黝似子夏。」頁 62-63。《韓
詩外傳・六》：「（君）不朝服（指趙簡子披髮杖矛見衛君之
不以禮，如不改穿朝服。），行人卜商，將以頸血濺君之服
矣。」頁 261。

9　《論語・學而》：「子夏曰：賢賢易色，事父母能竭其力，事
君能致其身，與朋友交，言而有信。雖曰未學，吾必謂之學
矣。」頁 5。又〈子張〉：「子夏曰：雖小道，必有可觀者
焉。」頁 289。同篇：「百工居肆以成其事，君子學以致其
道。」頁 290。同篇：「子夏曰：日知其所亡，月無忘其所
能，可謂好學也已矣。」頁 289。

10　《論語・子張》：「子夏曰：大德不踰閑，小德出入可也。」
頁 291，於此，可知其處世大原則。

11　《論語・子路》：「子夏為莒父宰問政。」頁 199。且由注 8
《韓詩外傳・六》叱趙簡子披髮杖矛見衛君之不以禮。可推知
曾仕於衛。

12　《論語・子張》：「子夏曰：仕而優則學，學而優則仕。」頁
293。同篇：「子夏曰：君子信而後勞其民；未信，則以為厲
己也。信而後諫；未信，則以為謗己也。」頁 291。〈顏
淵〉：「子夏曰：富哉言乎（指孔子答樊遲舉直錯諸枉，能使
枉者直。）！舜有天下，選於眾，舉皋陶，不仁者遠矣。湯有
天下，選於眾，舉伊尹，不仁者遠矣。」頁 187。

13　《孟子・公孫丑》：「子夏、子游、子張，皆有聖人之一體。」
頁 71。《論語・先進》：「文學，子游、子夏。」頁 154。子
夏之為博學大儒，可就下列諸端言之。首先，詮釋傳播儒家經

典。《論語的哲學詮釋‧導言‧孔門弟子》:「子夏頗具文學之才,傳統上認為,他對建立早期的經典文獻,作出了重大貢獻。」頁7。《後漢書‧徐防傳》:「上疏曰:臣聞《詩》、《書》、《禮》、《樂》,定自孔子,發明章句,始於子夏。」頁536。《論語孔門言行錄‧九》:「子夏不惟深於《詩》,而又深於《禮》,深於《易》,明於《春秋》,能得孔氏之微言者也。故孔門弟子,以子夏為最博學。」頁1。皮錫瑞《經學歷史》:「孔子之後,儒分為八,⋯⋯諸儒學皆不傳,無從考其家法,可考者惟卜氏子夏。洪邁《容齋隨筆》云:孔子弟子,唯子夏於諸經獨有書。雖傳記雜言,未可盡信,然要與他人不同矣。於《易》則有傳,於《詩》則有序,而《毛詩》之學,一云子夏授高行子,四傳而至小毛公。一云子夏傳曾申,五傳而至大毛公。於《禮》,則有《儀禮‧喪服》一篇,馬融、王肅諸儒多為之訓說。於《春秋》,所云不能贊一辭,蓋亦嘗從事於斯矣。公羊高實受之於子夏;穀梁赤者,《風俗通》亦云子夏門人。於《論語》,則鄭康成以為仲弓、子夏等所撰定也。⋯⋯朱彝尊《經義考》云:孔門自子夏兼通六藝。」頁15-16。《史記‧仲尼弟子列傳‧索隱》:「子夏文學,著於四科,序《詩》傳《禮》。」頁882。《漢書‧藝文志》:「(《詩》)又有毛公之學,自謂子夏所傳。」頁878。又《東方朔傳》:「誠得天下賢士公卿在位,⋯⋯子夏為太常。」頁1300。太常之職,掌宗廟祭祀,朝覲禮儀,文獻中亦多子夏問禮論禮事。於此,可知子夏之有功於聖學之詮釋及經典傳授。

其次,啟迪誘掖法家思潮。《史記‧儒林傳》:「自孔子卒後,七十子之徒,散游諸侯,大者為師傅卿相,小者友教士大夫,或隱而不見。故子路居衛,子張居陳,澹臺子羽居楚,子夏居西河,子貢終於齊。如田子方、段干木、吳起、禽滑釐之屬,皆受業於子夏之倫,為王者師。」頁1293。《漢書‧藝文志》:「《李克》七篇,《注》:子夏弟子,為魏文侯相。」頁887。此子夏弟子等,多係前期法家或社會改革者巨擘。魏

赫當時，甚而影響後世，成就之大，於孔門中，無人能
出其右也。**14**

一

就孔子於子夏主動呼而教誨之，或
子夏問而孔子答之二方面言之。

文侯師事子夏，首變法，開後之變法運動先河，子夏有所啟迪
誘導之也。又《韓非子·外儲說右上》：「子夏曰：善持勢
者，蚤絕姦之萌。」頁235。此法家言也。且於〈顯學〉篇
中，將孔子歿後，儒分為八，加以軒輊。子夏大儒，獨不與
焉。是韓非之學承自子夏，以子夏為法家宗師，故於儒家中剔
除之也。亦因此，儒至子夏，境界大開，有另一新氣象。再
次，除上述二端外，《呂氏春秋·察傳》：「子夏之晉，過
衛，有讀史記者曰：晉師三豕涉河。子夏曰：非也，是己亥
也。夫己與三相近，豕與亥相似。至於晉而問之，則曰：晉師
己亥涉河也。」頁294-295。本此，又可了悉子夏於所知之詳
核也。雖記憶之學不足多，但由此亦可佐證其博學多識也。

14 《史記·仲尼弟子列傳·魏世家》及《呂氏春秋·察賢·舉難》
言魏文侯師子夏，子夏居西河教授，為魏文侯師。而《禮記·
檀弓》又言：使西河之民，疑之為夫子。綜觀子夏於孔門之貢
獻，其成就之大，顯赫於當世，豈止比擬為孔子，實為孔子本
尊之分身也。故《孔門弟子研究·子夏》云：「他對後世的實
際思想影響，超過孔子弟子中任何人，就是顏回、子貢等人，
也要比他差一等。」頁121。此亦非溢美之言。

1. 孔子於子夏主動呼而教誨之者

〈雍也〉

子謂子夏曰:「女為君子儒,毋為小人儒!」

孔子呼子夏而告之曰:汝當為君子之儒,而勿為小人之儒也。孔子開創儒家,故凡尊奉孔子之道者為儒者,是以儒者乃學道教民為己任,君子儒胸襟廣闊,器識高遠,學先成己而明道化民,故能識其大而大受;小人儒胸襟偏執,企求近功,學為成物而矜誇自限,乃識其小而小受也。蓋子夏或以文學名,飾采章而務近卑,謹乎硜硜然必信必行小者,而昧乎恢闊廣遠大者,故孔子呼而教之以此,庶幾提撕之以自我超昇其精神境界也。[15]

---

15 《集注》:「子夏篤信謹守,而規模狹隘。」頁161。《孔門弟子志行考述》:「日人竹添氏《會箋》云:緣飾采章者,儒而偽;墨守訓詁者,儒而迂;狃近而忘遠,執小而妨大,儒而陋。孔門諸賢中,其氣象規模,終較局謹狹隘,……於四科列在文學。其學謹篤有餘,而恢弘不足,所以孔子特警而進之。」頁106-107。《論語新譯評述·雍也》:「子夏是以文學著稱,但從日后哭子喪明來看,胸襟顯然是不夠寬敞,故孔子以作一個君子儒勉之。」頁111。又子夏問政,孔子告以無欲速,無見小利。恐亦落在此所謂「務近卑,昧乎遠者大者」上。《論語補注·中》:「蓋夫子所謂小人儒者,當與硜硜然小人哉之士相類,徒拘咫尺之義,而必信必果,不達廣大變通之宜。雖為儒士,實近於小人之識量也。子夏規模狹隘,拘於

2. 子夏問而孔子答之者

〈為政〉

> 子夏問孝。子曰：「色難！有事，弟子服其勞；有
> 酒食，先生饌。曾是以為孝乎？」

子夏問孝事父母之道如何？孔子以事親之際，面容
顏色，是否自心靈中自然流露出其至誠至真之和悅為難
也。又告以若家中有役使之事，僅能代其勞苦；有酒食
盛饌，僅能先其奉養，如此，則可謂之孝乎？帶有反問
語氣，似含孝德之深度有所不足意也。孝子之事親也，
若僅任勞力，致甘美，以養其體；而不能和其顏色，又

謹守，又有見小欲速之弊，而無遠大恢闊之見，故子進以君子
儒之通達，而戒其莫流於硜硜之小人。」頁7（二十四函）。此
亦道出孔子呼而教之之所在也。又「《論語》以君子、小人對
舉，其義有三：有以位言之者，有以心術之善惡言者，有以器
識之大小言之者。以位言之者，君子有勇而無義為亂，小人有
勇而無義為盜是也。以心術言者，君子喻於義，小人喻於利是
也，此例甚多。以器識言者，君子不可小知而可大受，小人不
可大受而可小知及此章，所稱君子儒小人儒是也。不可大受而
可小知，亦言其器識之狹，豈可專以心術之不善者為小人而致
疑於此語？若是心術之非，則夫子直斥之曰小人，不稱為小人
儒矣。」頁7-8（同上）。《論語商·雍也》：「凡得學問大宗
旨，大局面者曰君子儒；修名立節，斤斤於邊幅之間者曰小人
儒。」頁38（總207-451）。如此整理分析，於君子小人之認
知，極有幫助，皆特轉錄於此，供參考。

敬不違，以養其志，則不可謂至孝也。蓋子夏恐「能直
義，而或少溫潤之色。」故孔子語此以曉喻之也。**16**

〈子路〉

> 子夏為莒父宰，問政。子曰：「無欲速；無見小
> 利。欲速，則不達；見小利，則大事不成。」

　　子夏為魯莒父宰時，問為政之道如何？孔子以毋欲
事之速成，毋見小者之近利二者告之。又引申之謂：欲
事速成，則急遽無序而不達目的；見小者之利，則所就
小而不能成大事。夫事之為也，有一定程序，足夠時
空，未可倉猝急就，求其速成；否之，則事難臻完善，

16　《靖節先生集・八・五孝傳》：「事親盡歡，其難在色。」頁
　　5。《批點四書讀本・論語・為政》：「色根於心，自然而
　　然，不容勉強，不可狡辯，所以為難。」頁11。《論語贅解・
　　卷一》：「溫氏璜《母訓》曰：性急人烈烈轟轟，凡事無不敏
　　捷，只父母前一味自張自主氣質，使父母難當。性慢人落落托
　　托，凡事討便宜，只父母前一副不痛不癢面孔，亦使父母難
　　當。其言粗淺而有味，可見人子之色，易傷父母之心，凡為人
　　子者宜猛省。」頁6。《集注》：「孝子之有深愛者，必有和
　　氣；有和氣者，必有愉色；有愉色者，必有婉容。故事親之
　　際，惟色為難耳！服勞奉養，未足為孝也。」又「程子曰：子
　　夏能直義，而或少溫潤之色。」頁18。《論語孔門言行錄・
　　九》：「子夏質直，惟其質直，易流於固執，其事親也，恆乏
　　溫和之色。」頁1。《論語解・一》：「色難，記所謂愉色婉
　　容者是已。蓋非愛敬之至和順，充積則形於外者，不能常然
　　也。意者子夏於事親之際，猶或少此與？」頁11（總19933）。

達成任務。政之施也，需大處落墨，有宏觀遠睹前瞻性，不可貪眼前微功近利；否之，則因小利而妨大政，未克獲致偉功。蓋子夏之病，或在忽遠大謀慮，而務近小速成，故孔子語此以警之也。[17]

〈八佾〉

> 子夏問曰：「『巧笑倩兮，美目盼兮，素以為絢矣。』何謂也？」子曰：「繪事後素。」曰：「禮後乎？」子曰：「起予者商也！始可與言《詩》已矣！」

子夏問於孔子曰：美人笑時，兩腮嫣然妍美，其目

17　《公是先生七經小傳・論語》：「此言王者之功，必緩且大也，欲速者不任教化，而任賞罰，諸霸者之政，刑名賞罰也。見小利者內欺其民以益財，外欺其鄰以益地，諸富國強兵之術是也。」頁28。《論語隨筆・十三》：「王道無近功，須得大體。無欲速故可久，無見小利故可大。」頁9（四冊，二十一函）。《論語或問》：「張敬夫曰：欲速則急於成，而所為者必苟，故反以不達。見小利則徇目前，而忘久遠之謀，故反以害大事。不欲速，不見小利，則平心易氣，正義明道，惟其可繼而已矣。以子夏之規模小，故夫子以此告之。」頁465。《四書味根錄・論語・子路》：「此因子夏規模狹隘，故夫子以王道悠久博原者期之。上二句是戒詞，下二句推其弊，正見當戒之故。」頁14。趙龍文不同意子夏病之所在說，略謂：孔子為魯司寇，代攝相位時，魯築城於莒父與霄以備晉。孔子派子夏出任首任縣宰，以不可求快速，不可預算過度精刻；反之，則不能達成任務，而有損大事告之。詳見《論語今釋》。

白黑分明，流盼有神。二句本狀美人麗質天生之美，何以又服縞素之衣，始益顯現其光采絢麗也？孔子遂藉繪畫為喻以告之。子夏聞而悟出禮後之義，孔子復告之曰：能啟發我旨意者，獲教學相長之教卜商也，乃可與言《詩》也矣。師生之所以有此問答者，蓋子夏於倩兮、盼兮、素以為絢兮等，初有疑意而問之，孔子以繪畫之事曉喻之。素乃畫之本質，絢係繪之采飾。先質後飾，猶先有美質，而後有倩兮巧笑，盼兮美目之飾，增其妍麗。一似禮必以德為質，而不在繁文縟節也。否則，無其美質，而徒施脂粉，思增其美，則背乎文質彬彬，禮以文成之矣。此即上諸章所言「人而不仁，如禮何？」「禮與其奢也，寧儉」義也。至孔子復稱子夏「起予者商也，始可與言《詩》已矣。」詩者所以表情達意，以展示生命之豐富內容。始可與言《詩》，蓋謂可以探討詩篇中所蘊涵之無盡寶藏，此孔子嘉許子夏能當下回應之高度慧悟心智也。[18]

18　《論語商・八佾》：「起予起字，如雷起之起，忽然而發，故曰起予。」頁17（207-447）。《論語譯注・八佾・三》：「起、友人孫子書（楷第）先生云：凡人病困而愈謂之起，義有滯礙隱蔽，通達之，亦謂之起。說見楊遇夫先生《漢書窺管・卷九》引文。」頁26。雖皆異於傳統啟發說，但頗可取。《論語集釋・八佾・上》：「《困學紀聞》，商為起予，理明辭達也：回非助我，默識心通也。《四書近指》，後之一字是子夏創語，夫子創聞，故曰起予。夫後之為言末也，後起於先，然不可離先而獨存其後；末生於本，然不可離本而獨存其末。明於先後本末之旨，方可與言詩。」頁139。

二

就子夏論立身行事原則，君子之德、小人之行，上下相得在誠信、人我相親在敬謹謙恭，或有關學之重要、內涵、如何學、學之功效等諸方面言之。

1.立身行事原則者

〈子張〉

　　子夏曰：「大德不踰閑；小德出入可也。」

　　子夏謂：為人之道，不可踰越大規範。至其小者，或偶有出入，亦可也。子夏之所以如此言之者，蓋人之立身行事，應堅持行為儀準大原則，不可踰越，至其無關輕重之細微瑣屑末節，雖未全合禮法常理，亦人之常情。如無甚重大缺失損害，或可稍事權變行之。古人之「體常順變」，所以隨俗以成事也。似未可硜硜然拘小節而壞大防，謹細行而累大德也，故子夏如此言之。[19]

19　《論語會箋·十九》：「物茂卿曰：蓋古者以德為教，事父曰孝，事兄曰弟之類，大德也。如色容屬肅，視容清明，是小德也。皆以在己者為教，是所謂德也。」頁6。此解亦可備參考。

又

> 子夏曰：「雖小道，必有可觀者焉；致遠恐泥，是
> 以君子不為也。」

　　子夏謂：雖百家諸子之說（小道或解為異端、才
藝、農圃醫卜之術等，其範圍似不止此。[20]），必有可資
觀覽處；但如長期專注於此，則恐有所陷溺執著，而不
能通其宏遠大道，故君子不習而為之也。子夏之所以如
此言之者，蓋以君子人志在立身治國，濟世救人，所期
者大，故不可侷限於察察以自好之小者也。此夫子「女
為君子儒，毋為小人儒。」有所誘掖，而發為如是之言

20　《四書辯疑‧八》：「君子不為也之一語，此其有疾惡小道之
　　意，必是有害聖人正道，故正人君子絕之而不為也。農圃醫
　　卜，皆古今天下之所常用不可無者，君子未嘗疾惡也。況農又
　　人人賴以為生，其尤不容惡之也。注文為見夫子嘗鄙樊遲學稼
　　之問，故以農家為小道，此正未嘗以意逆志也。蓋與樊遲在夫
　　子之門，不問其所當問，而以農圃之事問於夫子，夫子以是責
　　之耳。非以農為不當為也。古人之於農也，或在下而以身自
　　為，或居上而率民為之。舜耕於歷山，伊尹耕於莘野，后稷播
　　時百穀，公劉教民耕稼，未聞君子不為也。又農圃醫卜，亦未
　　嘗見其致遠則泥也。蓋小道者如今之所傳諸子百家功利之說，
　　皆其類也。取其近效，故亦有可觀者，期欲致遠，則泥而不
　　通，雖有暫成，不久而壞，是故君子惡而不為也；農圃醫卜，
　　不在此數。」頁14-15（總22485-22486）。所言極是，文雖冗
　　長，但注言農圃醫卜為小道，宗之者眾，故皆轉錄於此以明之
　　也。

歟！[21]

2.君子之德，小人之行者

〈子張〉

子夏曰：「君子有三變：望之儼然，即之也溫，聽其言也厲。」

子夏謂：君子德容之自然變化有三，所給予人之觀感：遠望之，則莊重可畏；即近之，則和藹可親；至聽其言語，則又義正辭嚴也。子夏之所以如此言之者，蓋常人或儼而不溫，或溫而不厲，惟君子人能併行不悖而全之，如良玉之溫潤而栗然也。是以君子人溫而厲，威而不猛，恭而安也。然此惟有盛德成乎中者，始能藹然見於面，申申其正，望之儼然；夭夭其和，即之也溫；且恭而有禮，不可狎而褻之，以其言辭嚴正無佞邪，聽其言也厲也。夫君子之德容，能自自然然，隨機而見如是，真真高矣遠矣，故子夏如此言之。[22]

21　《四書味根錄・論語・子張》：「此見君子經世遠大之學，玩本章語氣，不是力闢小道，只重君子當務其遠大意。」頁2。《論語集說・十》：「百家眾技，猶耳目口鼻，皆有所明，非無可觀也；然不該不偏，以之致遠，則恐泥而不可行耳，故君子不為也。」頁2（總20175）。《論語隨筆・十九》：「致遠二字重看，內而聖功，格致誠正，以至於窮神達化。外在王道，齊治均平，以至於參贊位育。此是何等樣遠，小道不足以言之矣。」頁3-4（六冊，二十一函）。

又

子夏曰：「小人之過也必文。」

子夏謂：小人有過，必設法掩飾。子夏所以如此言之者，蓋孔子曾言「過則勿憚改。」子貢亦云：「君子

22　此多就〈學而〉：「君子不重，則不威。」頁6。〈述而〉：「子溫而厲，威而不猛，恭而安。」頁104。又「子之燕居，申申如也，夭夭如也。」頁88。〈堯曰〉：「君子正其衣冠，尊其瞻視，儼然人望而畏之，斯不亦威而不猛乎？」頁303。有關諸章經文及注疏家詮釋為說。又《論語隨筆‧十九》：「儼然者、手恭而足重，所謂如山如岳也。溫者、氣平而色和，如玉之潤，如春之藹。厲者、辭嚴而義確，是非之介堅如金石，褒貶之義威於風霜。」頁6-7（六冊，二十一函）。《論語孔門言行錄‧九》：「望之儼然者，君子非有意於儼然而貌亦莊敬也，蓋由其心無苟且。即之也溫者，君子非有意於溫也，蓋由其心無邪佞。聽其言也厲者，君子非有意於厲也，蓋由其心無偏私。三者皆誠於中，而形於外，蓋出於自然而然，非可以偽為也。」頁11。《論語存疑‧十九》：「儼然者、貌莊禮恭，如泰山喬嶽，無一毫輕浮之態也。溫者、氣溫色和，如春風遲日，無稜厲之色也。言厲者、義正辭嚴，是是非非，確乎不可易也。嚴而溫，溫而厲，君子自來如是。本無三變，三變者、他人見之爾。」頁57（四冊，十八函）。《論語新解》：「儼然、貌之莊，溫、色之和，厲、辭之確，即、接近義。君子敬以直內，義以方外，仁德渾然。望之儼然，禮之存也。即之也溫，仁之著也。聽其言厲，義之發也。人之接之，若見其有變，君子無變也。」頁650–651。諸說並善。自然而然，自來如是，君子無變等語，最能道出他人所見君子威儀棣棣本如此，而非色莊多變以取悅人也。

之過也，如日月之食焉。過之，人皆見之；更之，人皆
仰之。」故君子能改之而無過。小人則反是，不僅憚於
改過，且於人責之之時，除未能聞過則喜外，且從而為
之辭，以自說解而文飾之，似若無過者然。若此，則必
知而故犯，貳其過，重其過，多其過，終身不得「過而
能改，善莫大焉」矣，故子夏如此言之。**23**

23　嚴聖峰以《論語》全書文例，多君子小人上下相對為文，或但
　　言君子，而不及小人；然無有以小人為上文起句者。此以小人
　　起句，實為獨特之例，疑其文必有闕誤。故《讀論語札記》
　　云：「靈峰按：後章『子曰：君子之過也，如日月之蝕也；過
　　也，人皆見之；更也，人皆仰之。』亦只言君子，未及小人。
　　此兩章，上文『君子之過也，』下文『小人之過也，』正與此
　　同例。上言『君子之過』，下言『小人之過』，當係原屬一章之
　　文。由於錯簡或異本遂致複出；而夏字又與貢字形極相近。兩
　　簡並脫，校者未譜，乃別為兩章。以夏字乃貢字之形誤，以詳
　　者並前文為正，略者並後文為誤；應刪去子夏曰三字，附於
　　『人皆仰之』句後，合為一章。縱屬臆測，或兩章並為子夏之
　　言，但斷非兩人各說其一也。全文當作『子貢曰：君子之過
　　也，如日月之蝕也；過也，人皆見之；更也，人皆仰之。小人
　　之過也，必文。』」頁57-58（二十六函）。說甚詳覈，可從。
　　《四書味根錄·論語·子張》：「此為文過者儆，發其必然之
　　隱也。必文全在小人心術上看出，病根只在憚與欺。憚則不能
　　改，欺則巧於匿，故揚其病以示人知所戒。」頁5。《石鼓論
　　語答問·下》：「人患不知其過，才知便悔，才悔便改。今若
　　文過，則是已知過了；知而文之，則必不悔。既不悔，則必不
　　改。此其所以為小人也。」頁75。所論極是，可參閱。

3.上下相得在誠信，人我相親在敬謹謙恭者

〈子張〉

子夏曰：「君子信而後勞其民；未信，則以為厲己也。信而後諫；未信，則以為謗己也。」

子夏謂：君子居上位，需先取信於民，而後役使之，否之，則民以為病虐己；為臣下，需先取信於君，而後諫諍之，否之，則君以為詆毀己。子夏之所以如此言之者，蓋信之為義：在言可復，迹可履，然諾之不可爽失也。亦即長期相處，疑慮、猜忌既已消融，但見情感交流，肝膽相照。君主臣民之間，能誠信勿欺，互得信賴，豈止可役使諫諍，而無病虐詆毀之疑；且必上下交孚相得，令如水下，而效死勿去也。故孔子言修身也，有「謹而信。」言治國也，有「敬事而信。」答子貢之問政也，亦有「自古皆有死，民無信不立」也。其重要若是，故子夏如此言之。[24]

---

[24] 《四書味根錄‧論語‧子張》：「此言君子當積誠以動物也，各段重上一句，兩下句只反言以申足之。兩而後是緩詞，兩則字是急詞，總是信之不可不豫。」頁6。《論語會箋‧十九》：「君子指士大夫言，上有君，下有民。」頁5。《論語隨筆‧十九》：「信是誠意交孚，……勞、諫二字須重讀。以上勞民，以臣諫君本不易。言信則忠愛惻怛，浹洽無間。本不為勞之諫之地，而可立勞之諫之本。」頁7（六冊，二十一函）。《論語存疑‧十九》：「言勞民之事，非民所樂為，

〈顏淵〉

　　司馬牛問君子。子曰：「君子不憂不懼。」曰：
「不憂不懼，斯謂之君子已乎？」子曰：「內省不
疚，夫何憂何懼？」司馬牛憂曰：「人皆有兄弟，
我獨亡！」子夏曰：「商聞之矣，『死生有命，富
貴在天。君子敬而無失，與人恭而有禮，四海之
內，皆兄弟也。』君子何患乎無兄弟也？」

　　司馬牛聞孔子「君子不憂不懼」後而恆憂曰：他人
皆有良善兄弟，惟我獨無。子夏告之曰：商嘗聞之，人
之死生、短長有命，富貴與否在天。君子人持己敬謹無
失，待人謙恭有禮，則天下皆為一己兄弟，君子人何患
無之也。牛本有兄弟，而云無者，在其兄桓魋行惡，死
亡無日，眾手足又黨之，故以為憂也。子夏寬慰之謂：
人之死生富貴，如委諸天命，則可無憂外。其在人事
者，則需自修其身。能敬謹無失，謙恭有禮，必愛眾親

_____

必至誠惻怛之意，素服於民，而民信之。然後不得已而勞其
民，民必諒其心曰：上素愛我，今者之勞，非欲病民，不得已
也，雖勞亦不以為病矣。若未見信於民而勞之，事雖當然，民
不知其心，必以為病己也。諫君之言，非君而樂聞，必平素惻
怛之意，素孚於上，而上信之。然後不得已，從而諫其君，則
君必諒其心曰：彼素愛我，今者之諫，非欲謗我，不得已也，
雖諫不以為謗矣。若未見信於上而諫之，意雖忠誠，然主不知
其心，必以為謗己也。」頁57-58（四冊，十八函）。詳哉其言
之也。

人。如此，則天下人亦皆愛我親我，有如兄弟矣，又何
憂其無之乎？此子夏樂天知命，民胞物與之灑然胸懷，
故子夏語此以慰司馬牛也。[25]

4.有關學之重要、內涵、如何學、學之功效者

〈子張〉

　　子夏曰：「仕而優則學。學而優則仕。」

　　子夏謂：仕而力有優餘，仍需為學；學而有其專精
後，始可仕進。此子夏以學識與仕進，乃相輔相成，以
成就自我之人格價值，極言學之重要也。仕而後學，則
可以其新知，增益其運作能力；學而後仕，則可以其聞

25　《論語正義》：「哀十六年《左傳》云：宋桓魋之寵，害於
　　公。公將討之，未及，魋先謀公。公知之，召皇司馬子仲及左
　　師向巢，以命其徒攻桓氏。向、魋遂入於曹，以叛民叛之而奔
　　衛，遂奔齊，是其行惡死亡之事也。案：魋弟尚有子顏、子車
　　並黨惡，魋兄向巢伐魋不克，欲質大夫以入，不能，亦入於
　　曹，後遂來奔。故曰：我為無兄弟，明不專指一人言。」頁
　　265。楊伯峻疑《左傳》中宋之桓魋弟司馬牛（名犁），與《論
　　語》中孔子之弟子司馬牛（名耕），係二人，孔安國起混而為
　　一。詳《論語譯注》。此一別説，亦可參閱。《四書味根錄・
　　論語・顏淵》：「此見欲無憂者，在安於命而脩其己也。前
　　一層是教他安命，後一層是教他脩己，兩意又自相承。蓋恭敬
　　無缺，即立命格天之道。」頁7。《論語會箋・十一》：「伊
　　藤長胤曰：子夏之意，君子脩己以敬，與人（當增恭而）有
　　禮，則自不為人棄，四海之內，皆吾兄弟也。」頁10。

見，驗其所得，是否切合實際，學以致用也。蓋時或多仕而不學，肉食者鄙；賢者避世，懷寶迷邦，故子夏如此言之。26

〈學而〉

　　子夏曰：「賢賢易色，事父母能竭其力，事君能致其身，與朋友交言而有信；雖曰未學，吾必謂之學矣。」

　　子夏謂：對待配偶，能敬重其賢德，以更易好色之心；孝順父母，能竭盡其力；忠事君上，能委致其身；與朋友交結，能言而有信。知行此四者，即使未嘗為學，吾必謂之已學也。子夏之所以如此言之者，蓋以為學之道，固屬多端，而最重要者，在能盡人倫之道也。此上四者所重，正是人倫之行，故雖曰未學，而實已學也。又子夏本以文學名，而其言如是，則古人之所謂學之內涵，亦可知矣。27

────────────

26　《論語今解・子張》：「仕而優則學，用學理考驗政績之得失，以增益其實際智慧。學而優則仕，用行動考驗學理之價值，以正確其見解。合經驗與學理而一之，不復經驗自經驗，學理自學理，知與行截然為二，使經驗失光輝，學理失根基。」頁171。

27　《論語正義》：「宋氏翔鳳《樸學齋札記》：三代之學，皆明人倫，賢賢易色，謂夫婦之倫也。《毛詩序》云：周南、召南，正始之道，王化之基。是以〈關雎〉樂得淑女以配君子。憂在進賢，不淫其色，哀窈窕，思賢才，而無傷善之心焉，是

〈子張〉

　子夏曰：「日知其所亡，月無忘其所能，可謂好學
也已矣！」

　子夏謂：能日知其所未聞，月無忘其所已能，如
此，則可謂之好學者矣。此子夏蓋本夫子溫故知新之意
而發之，恆其心，篤其志，日日知其所未知，新未知
者，始學而知之，此知新也。月月無忘其所已能，舊已
能者，時習而弗失，此溫故也。能溫故知新，既日新其
德，又不忘舊有，則可以為好學之士矣，故子夏如此言
之。28

〈關雎〉之義也。此賢賢易色，指夫婦之切證。」頁11。《論
語新譯評述・學而》：「他把學習的目的歸結到明人倫上。」
頁9。又《論語新解》：「賢賢易色，明夫婦之倫；事父母能
竭其力，明父子之倫；事君能致其身，明君臣之倫；與朋友交
言而有信，明朋友之倫。《孟子》謂：三代之學，皆所以明人
倫。故末句云：雖曰未學，吾必謂之學矣。《中庸》云：君子
之道，造端乎夫婦。故賢賢易色，列於首句。」頁6。《論語
實習錄・卷一》：「君子之道，造端乎夫婦，誠其意者，如好
好色。好德如好色，夫子歎為未見。故賢賢易色，可敘於君父
大倫之前也。」頁11。《四書味根錄・論語・學而》：「此欲
學者在人倫上做工夫，非謂更不須學問也。」頁9。

28 《中論・治學》：「日習、則學不忘，自勉、則身不墮，亟聞
天下之大言，則智益廣。故君子之於學也，其不懈猶上天之
動，猶日月之行，終身亹亹，沒而後已。」頁9。子夏此言，
亦恆心篤志，不可懈於學也。《論語隨筆・十九》：「知能二

又

子夏曰：「百工居肆以成其事；君子學以致其道。」

子夏謂：百工需久處工作處所，專精其業，始能成其事；君子人需力學，無怠無荒，始能深造其道也。子夏之所以如此言之者，蓋以百工不居肆，則遷於異物而業不精，不能成其事。喻君子不力學，則奪於外誘而志不篤，不能深造其道也，皆學貴專心篤志義，故子夏如此言之。**29**

項，皆當求其未得，而守其已得。日知其所亡，以知新言，而所能可知。月無忘其所能，以守故言，而所知可知，此互文見義也。」又「精神全在日月二字，透出孜孜汲汲如不及，猶恐失之之情。」頁4（六冊，二十一函）。《論語新解》：「君子於學，當日進而無疆。日知所無，此孔子博聞之教也。月無忘其所能，此孔子約禮之教也。亦顏子所謂得一善則拳拳服膺而弗失之也。故日知所無則學進，月無忘所能則德立也。」頁648。《論語今解·子張》：「日知其所亡，追求新知，進步不息也。月無忘其所能，保存舊學，綿延不絕也。既能保守，又能進步，可傳播知識，又可創造文明。」頁169。《東塾讀書記·二》：「子夏曰：日知其所亡，月無忘其所能，讀之似甚淺近，然二者實學問之定法也。於稽其類，則知新者知也，溫故者無忘也；知及之者知也，仁能守之者無忘也；擇善者知也，固執者無忘也；深造者知也，自得之者無忘也；知斯二者知也，弗去者無忘也；平旦之氣者知也，操則存者無忘也，四書之理皆如此。（顧亭林著書名曰《日知錄》甚有意）」頁11-12。陳氏此言實深知學問之道也。

29　《論語今注·子張》：「肆、官府所作之處，猶今言工場。

又

　　子夏曰：「博學而篤志，切問而近思，仁在其中
矣。」

　　子夏謂：廣泛學習，增益見聞；恆毅心志，堅篤不
變；懇切專注，詳問未知；近取諸身，反躬自省，四
者，正所以煥發生命之生機，而生機固是仁之本義，故
仁自在其中矣。子夏之所以如此言之者，蓋以學不博，
則不能守約；志不篤，則不能力行；切問近思在己者發
軔乎此，俟機而行，則近乎為仁矣。《中庸》云：「博
學之，審問之，慎思之，明辨之，篤行之。」又云：
「力行近乎仁。」此博學、篤志、切問、近思四者，皆學
問思辨之事；雖未及乎力行而為仁，然能近譬誠己，從
事乎此，心不外馳，而操存自熟，則仁自在其中矣，故
子夏如此言之。**30**

事、事業，百工必須在工場中造作，方能成就他們的事業。」
頁420。《論語隨筆·十九》：「致有二義，道有不能自致
者，用勇猛精進之學以致之，所謂不可半途而廢。道有不容強
致者，用從容涵泳之學以致之，所謂不可躐等而進。」頁9
（六冊，二十一函）。《論語正義》：「趙氏佑《溫故錄》：此
學以地言，乃學校之學，對居肆省一居字，即《國語》稱士群
萃而州處；少而習焉，其心安焉，不見異物而遷者也。〈學記〉
大學之教也，退息必有居學，此說亦通。」頁403。此一別
說。

30　《論語隨筆·十九》：「多方以檢之，學問志思，分成四事，

三

就他人問孔子，問子夏，或與子夏
辯難教人及交友之道諸方面言之。

1. 問孔子者

〈先進〉

> 子貢問：「師與商也孰賢？」子曰：「師也過，商
> 也不及。」曰：「然則師愈與？」子曰：「過猶不
> 及。」

　　子貢問於孔子，顓孫師子張，卜商子夏二同門之才
性優劣孰較勝。孔子答以師也則過而不已，商也則不及

則私意無所容，即此便是克治至誠以求之。博切篤近，合成一
心，則私意無所雜，即此便是存養。」頁5（六冊，二十一
函）。《論語拾遺》：「君子無所不學，然而不可勝志也。志
必有所一而後可，志無所一，雖博猶雜學也。故曰：博學而篤
志。將有問也，必切其極，退而思之，必自其近者始，不然，
疑而不信也。君子之道，造端乎夫婦，及其至也，察乎天地。
自夫婦之所能而思之，可以知聖人之所不能也，故曰：切問而
近思。君子為此二者，雖不為仁，而仁可得也，故曰：仁在其
中矣。」頁10（十五函）。《論語說略‧下》：「近思有二
義，明道為近思在己者，此以反求諸身為近思。伊川謂以類而
推，此以思之有序為近思。一以為切近之近，一以為淺近之
近。朱子謂二義不可偏廢。」頁18（二十六函）。

而止。子貢疑師之過勝乎商之不及而復問焉。孔子以過猶不及，俱不得中告之。蓋聖門所重，在止乎至善之中，故「中庸之為德也，其至矣乎。」顏子之擇乎中庸，拳拳服膺；虞舜之執其兩端，用其中於民，皆在斯。又子張才高意廣，過而不已則近狂，子夏篤信謹守，不及而止則近狷，皆不合乎中道。雖不得中道之士，降而得狂狷亦可，故「不得中行而與之，必也狂狷乎！狂者進取，狷者有所不為也。」孔子之所以如此告子貢者，除明聖人之教，在抑其過，誘其不及，期其得乎中道而已外，亦以明師、商二子之短長也。[31]

2.問子夏者

〈顏淵〉

> 樊遲問仁。子曰：「愛人。」問知。子曰：「知人。」樊遲未達。子曰：「舉直錯諸枉，能使枉者直。」樊遲退，見子夏，曰：「鄉也吾見於夫子而問知，子曰：『舉直錯諸往，能使枉者直。』何謂也？」子夏曰：「富哉言乎！舜有天下，選於眾，舉皋陶，不仁者遠矣。湯有天下，選於眾，舉伊尹，不仁者遠矣。」

樊遲問仁、智於孔子，孔子答以愛人、知人。樊遲未能通曉其意復問之，孔子又告以舉直錯諸枉，能使枉

31　參見前言語篇子貢附注33、34。

者直。樊遲仍未通曉，退而轉問於子夏。子夏告之謂：富盛哉此言乎！舜君臨天下，於群眾中選擇賢者皋陶任用之；湯君臨天下，於群眾中選擇賢者伊尹任用之，則不仁者皆遠而去之也。子夏之所以如此告樊遲者，蓋舜與湯之舉賢者皋陶、伊尹，置諸枉者之上任用之。此舉直錯諸枉，乃知人之智者也。不仁者遠去之，此能使枉者直，乃愛人之仁者也。方以類聚，物以群分，賢者至而任用，故不仁者廢而遠去，甚而德化，使枉者直而無不仁者也。所舉二歷史實例，深可顯示子夏之智悟，而間接回應夫子之教言，以曉喻樊遲，故子夏如此言之。[32]

3.與子夏辯難教人及交友之道者

〈子張〉

> 子游曰：「子夏之門人小子，當灑掃、應對、進退，則可矣。抑末也，本之則無，如之何？」子夏聞之曰：「噫！言游過矣！君子之道，孰先傳焉？孰後倦焉？譬諸草木，區以別矣。君子之道，焉可誣也？有始有卒者，其惟聖人乎！」

32　《集注》：「尹氏曰：學者之問也，不特欲聞其説，又必欲知其方；不特欲知其方，又必欲為其事。如樊遲之問仁、智也，夫子告之盡矣，樊遲未達，故又問焉。而猶未知其何以為之也，及退而問諸子夏，然後有以知之。使其未喻，則必將復問矣。既問於師，又辨諸友，當時學者之務實也如是。」頁188。

　　子游謂子夏之門弟子，於灑掃庭除，接待賓客及進退禮儀等，尚可勝任。然此乃末節小事，未修習作人基本大道，如是教誨人其可乎！子夏聞而喟然責之謂：言偃之論過矣。君子教人之道，何者先傳授，何者後講述，需視其資之高下，年之少長，學之深淺而為之。以草木為喻，有其類別習性，長養之，當視其先後本末、次第而為之。君子教人之道亦如是也，何可誣毀之。君子之教門弟子也，能有始有終，不失本末先後，全面兼顧，一以貫之者，惟聖人始能如是也。游、夏二同門之所以有此辯難者，蓋在教人之道有歧異也。子游以子夏之教門弟子，有捨本逐末之嫌。子夏之反責子游，則在先傳以小者近者，後教以大者遠者。靡不有初，鮮克有終。先簡易而後精微，循序漸進，故能下學上達。《大學》固有「物有本末，事有始終，知所先後，則近道矣」教言。學其本而末已賅，學其末而本不廢，何有「抑末也，本之則無，如之何」之譏？故責子游此論為過言也。[33]

又

　　子夏之門人問交於子張。子張曰：「子夏云何？」對曰：「子夏曰：『可者與之，其不可者拒之。』」子張曰：「異乎吾所聞，君子尊賢而容眾，嘉善而矜不能。我之大賢與，於人何所不容？我之不賢與，人將拒我，如之何其拒人也？」

---

[33] 詳本篇前子游注18。

　　子夏之門弟子，問子張交友之道如何？子張反問之曰：汝師子夏如何言之？對曰：可者則與之友，否之，則拒而不交。子張聞而復告之曰：異乎吾所聞諸夫子者。君子人敬重賢哲而包容眾庶；推崇智能而體卹愚劣。若我為大賢，德能兼備卓絕，於人何所不容？否之，則人將拒我，又何暇而拒人乎！子張蓋以子夏本乎夫子毋友不如己者，此係為初學者所言，恐結交損友而累己也。但如墨守此一原則，恐將失夫子汎愛眾，而親仁，為成德者所言之旨矣，故子夏如此告之。**34**

---

34 所謂異乎吾所聞者，《論語正義》：「蔡邕《正交論》：子夏之門人，問交於子張，而二子各有所聞乎夫子，然則其以交誨也。商也寬，故告之以距人；師也褊，故告之以容眾，各從其行而矯之。若夫仲尼之正道，則汎愛眾而親仁。故非善不喜，非仁不親，交游以方，會友以仁，可無貶也。蔡邕所言，以二子所聞，各得一偏，其正道則汎愛眾，即汎交，親仁即友交。」頁401-402。《四書味根錄‧論語‧子張》：「此見兩賢論交，相反而實相濟也。子夏之嚴，可以救子張之失；子張之寬，可以矯子夏之弊。作此題者，不必騎驢覓驢，別尋主見。」頁2。《論語隨筆‧十九》：「君子尊德二語，此即泛愛、親仁之論，聖人之言，自然中正無弊。可者與之二語，此子夏之言，近似吾友不如己者之論。我之大賢五句，近似親者無失其為親，故者無失其為故之說。總因聖人之言，而成獨特之見，未嘗無偏無損。真是所謂皆有聖人之一體也。」又「子夏之言，為門人言之，子張之言，自是君子之事。如此者二說，都為無弊。程明道云：知識與成德，事有不同。」頁3（六冊，二十一函）。《論語今解‧子張》：「交友有兩個類型，一是偏重做人，一是偏重做己。偏重做人，則尊賢而容眾，嘉善而矜不能可也。偏重做己，則可者與之，其不可者拒

小　結

　　經以上粗略陳述，於《論語》十九則有關子夏記載中，除少數無涉子夏之行誼外，綜合觀之，可大體發現。在秉賦個性上：則有宿命論，而死生有命，富貴在天；性似保守，而商也不及。惟悟性特強，能啟發孔子，與之言《詩》。在學習觀念上：則雖小道，必有可觀，學以致其道而在盡人倫；至其方術，則博學、篤志、切問、近思，日知其所亡，月無忘其所能。在為人處世上：則本大德不踰閑，小德可有所出入，而重君子之德容，非小人之文過。在政績功業上，則雖為莒父宰時曾問政，但未見具體績效。惟於詳釋舉直錯諸枉，能使枉者直中，知特重儒家賢能德化政治也。至與孔子師

　　之可也。」頁168。《論語體認・道德規範》：「這是兩個不同的擇友態度，子夏是謹守孔子的無友不如己者教導來教誨弟子，子張則遵順泛愛眾而親仁的誨意來育人。前者易得益，不會出差錯，適宜於見聞少，認識淺，閱歷不深的年輕人。後者說來容易，作起來難。如尊賢易，容眾難，嘉善易，矜不能難。如果不是智慧高，才識廣，閱歷深，思想堅定的人，是很難達到這要求的。」頁618。《集注》：「子夏之言近狹，子張譏之是也。但其所言，亦有過高之弊。蓋大賢雖無所不容，然大故亦所當絕。不賢固不可以拒人，然損友亦所當遠，學者不可不察。」頁228-229。《批點四書讀本・論語・子張》：「子夏病在有所拒，子張病在無所拒。」頁1。又《說苑・雜言》：「商也，好與賢己者處；賜也，好說不如己者。」頁141。此與門人所言亦合。

生間關係也：或因相處時間較短，而少孔子呼而教誨告
誡或相互問答詰難語，且散見其他典籍記載，亦多不存
在於《論語》中。³⁵但由所謂使西河民比於孔子，有功於
聖學，則知得於孔子之教者多，成就之大也。惟曾子三
罪子夏，荀子譏為賤儒，³⁶雖後人有不同認知；然深思
之，卜商之事其親也，似亦不無可議處。³⁷

35　子夏少孔子四十四歲，孔子卒時，年尚未至而立。以相處日
　　短，故師生少對語，而其他典籍所載，亦少存《論語》中也。

36　《禮記・檀弓》：「子夏喪其子而喪其明，曾子弔之曰：吾聞
　　之也，朋友喪明則哭之。曾子哭，子夏亦哭，曰：天乎！予之
　　無罪也。曾子怒曰：商！女何無罪也？吾與女事夫子於洙、泗
　　之間，退而老於西河之上，使西河之民，疑女於夫子，爾罪一
　　也。喪爾親，使民未有聞焉，爾罪二也。喪爾子，喪爾明，爾
　　罪三也。而曰：女何無罪與？子夏投其杖而拜，曰：吾過矣！
　　吾離群而索居，亦已久矣。」頁124-125。《荀子・非十二
　　子》：「正其衣冠，齊其顏色，嗛然而終日不言，是子夏氏之
　　賤儒也。」頁66。

37　賤儒之說，或荀卿個人評譏。惟曾子之罪子夏，雖《論衡・禍
　　虛》詳言非其過行，而《洙泗考信餘錄・二》又為之辯云：
　　「聞喪而弔，朋友之情也，方當慰藉，而忽數其罪而責之，豈
　　人情乎！且以喪親喪子相較，而以喪明為罪，語亦非是。人苟
　　少有知識，未有愛其子反勝於親者，況子夏尤聖門之高第乎！
　　但人少年血氣盛，力能勝哀，及老血氣衰，力不能勝哀。故
　　《禮》：居親喪，五十以上飲酒食肉，七十惟衰麻在身。縱使
　　子夏果因喪子喪明，亦老不勝哀之故，過則有之，然必不至
　　喪子之哀反過於喪親，不得取喪親時相較，而遽以為罪也。」
　　頁22。然《論語・學而》：「子夏問孝。子曰：色難。有事弟
　　子服其勞，有酒食先生饌，曾是以為孝乎！」頁17。及此「喪
　　爾親，使民未有聞焉。喪爾子，喪爾明。」恩損於親而愛增於
　　子，則子夏之事其親也，亦確有可議處。

叁、結論

　　《論語》中所謂文學，既如前言，在曉《詩》《書》，知典則，識《禮》《樂》，精藝文而博學，即今所謂學術。子游、子夏二子之所以列入，必有其因素在。特再簡要綜合整理如下：

　　子游：子游於《論語》記載中，僅能知以禮樂化導為教，弦歌聲洋溢邑中。事君交友，以禮漸進，不可漫無節制。喪致乎哀，而不失禮，及有關仁道德化之教等。於所以列入文學皆有涉。而《史記》之孔子以子游習於文學。《孔子家語》之子游以文學著名。且《尸子》所謂仲尼禮不習，子游侍。《禮記》所載子游又深於禮，凡所謂以禮樂為教，以禮漸進，不失禮，深於禮等，皆為列入文學之所在也。

　　子夏：子夏於《論語》記載中，僅能知禮後乎之起予，孔子與之言《詩》。論學之重要、內涵，如何學，學之功效等。此皆與列入文學有關。故《史記·索隱》有子夏文學，著於四科之言。深以為子夏之所以列入四科文學，乃在詮釋、傳播儒家經典之兼通六藝、發揚光大。啟迪誘掖法家思潮之儒至子夏，境界大開，有一新氣象（詳注13）。且居西河教授，為魏文侯師，幾成孔子本尊之分身，而為孔門學術大家故也。

　　綜上所述，則可知二子之於文學也，全與前所言曉

《詩》《書》等今所謂學術云云合。而世稱子游知禮，子夏傳經，故子游、子夏，為孔門學術大師者亦在此也。至孔子之於《春秋》，筆則筆，削則削，游、夏不能贊一辭者，則又落在今所謂文學寫作之表達技巧方法上矣。

總 結

　　經多年探索《論語》中之四科十子，獲其孰為孔子「具體而微」，孰得「聖人之一體」。而其所呈現出孔子所代表儒家文化之基本精神，實仍為一靈敏易感誠摯惻怛之愛心仁字。而仁字在《論語》中共出現五十八次，經詳加研析，其涵義舉凡孝、悌、忠、敬、恕、禮、義、智、勇等，無不包蘊，各為仁之隨在異名，而為仁所統攝。[1]故云：「愛（仁之愛心）之流露，又以對象，以所當不同，而名亦異。發之於奉親則為孝，發之於從兄則為悌，發之於事君則為忠，發之於交友則為信，發之於順長則為敬；而推己及人，恕也；接人有度，禮也；明察乎人之危失，而無讓無避，急往救助拯濟之，義也，智也，勇也。名雖多端，其實則一。」「是以仁為大德，仁為全德之名。孔子終生所追求者以此為中心，教門弟

1　詳見朱守亮著〈論語孟子中仁字之研究〉，該文係國科會五十七年度甲種補助研究報告，後於六十二年九月一日《中華學苑》第十二期刊出。

子者以此為中心，七十子之所以日夜講究涵泳者亦以此為中心。」[2]試以此觀察《論語》中四科十子整理畢之孔門師生間，時主君臣間，同窗友好間所有互動等基本精神，無一不契合。

由上述，深以為吾國儒家所代表之固有文化，其所以能修己安人，治國化民，柔遠人一匡天下，懷諸侯世界大同，而使人間世充滿祥和、光明，同情與夫溫暖者，厥在厚養並善推此靈敏易感誠摯惻怛仁愛之心使然也。耶穌基督言博愛，言拯救世人；釋迦牟尼言慈航，言普渡眾生。途雖有殊，實則同歸無別也，此即東西方聖人之所同然者歟。當此力征相向，暴亂滋多之今日，有識之士，皆思有所拯救之。如仍惟科技是視，仍堅其甲，利其兵，多其殘殺工具。而忽乎此愛心善端涵養化育之功，以收風行草偃之效；不僅不能救時弊，恐益以暴易暴，以亂去亂，而增禍害災難也。書此以誌所感，並終茲篇。[3]

---

2 〈論語孟子中仁字之研究〉頁40。

3 亦曾有人如此相詰，空言善政德治，不足以救急世。舉例言之，如今之惡少弓已上弦，刀已出鞘矣，無裝備精良之鎮暴組織遏阻，則難以制止；強敵機槍已架妥，子彈已上膛矣，無甲堅利兵之精銳部隊抵禦，則難以致勝。此勢屬必然，所言固是。但惡少、強敵何以如此，斯又有基因在。言善政德治之化育薰陶，即由此基因入手，思如何絕其奸邪之始萌，危亂之初發，而一歸之於致中和大本達道也。

庚

四科十子外最主要弟子

壹、曾參

曾參生平事蹟

　　曾參，姓曾，名參，字子輿，亦稱曾子，春秋末戰國初魯之南武城人。[1]生於魯定公五年（即周敬王15年，

1　《史記・仲尼弟子列傳》：「曾參，南武城人，字子輿。」頁
　　883。《論語類考・六・人物考》：「《博物志》云：曾參字敬
　　伯。」頁6（二冊，十九函）。南武城有二，一在魯南境費縣
　　（今屬平邑縣），人多主此。一在兗州（今屬濟寧市轄之嘉祥
　　縣），惟曾子後裔列四氏學襲博士者，皆居嘉祥，祠廟墳墓亦
　　在嘉祥。嘉祥因距老家故居二十華里左右，幼時曾至之，總以
　　今濟寧市所轄之嘉祥縣為準。惟此文初成後，未發表前，為確
　　定其究屬何地，乃於八十八年春返鄉探親時，特再先後至濟南
　　山東大學古籍研究所，曲阜師範大學孔子研究院，濟寧市、嘉
　　祥縣二文史資料委員會，拜訪甚多教授及研究員，並驅車至嘉
　　祥縣曾子府廟、墳墓及南武城故址勘察，各得到甚多不同意見
　　及資料。返台後，山東學術單位曾開曾子故里學術研討會，雖

西元前505年），少孔子四十六歲。²幼家貧，母織身耕，
生活較困窮。³師事孔子，頌其德高明著，皜皜不可復
加。⁴卒魯元公元年（即周考王5年，西元前436年），享
年七十歲。⁵配享，唐贈為「太子少保」、「郕伯」，宋改

本人未參與該會，但得其為今濟寧所轄之嘉祥縣南武城為是定
案結論。又今（九十）年四月間，獲齊魯書社，於2000年6月
出版宮衍興、王莉合著之《曾子故里研究》贈書，經多方面詳
考，仍確定為今濟寧市所轄之嘉祥縣也。

2　〈曾子學案〉：「呂元善《聖門志·曾氏姓譜》：點生參於周
　　敬王十五年丙申冬，即魯定公五年也。」頁2。《史記·仲尼
　　弟子列傳》：「少孔子四十六歲。」頁883。

3　由《國策·秦策》謂曾母親織，《説苑·立本》謂曾子衣弊衣
　　以耕，《孔子家語·六本》謂曾子耘瓜，誤斬其根，受杖，
　　《論衡·感虛》謂出薪於野等諸記載，知幼家貧。但《説苑·
　　立節》：「曾子布衣緼袍未得完，糟糠之食，藜藿之羹未嘗
　　飽。」頁31。又《莊子·讓王》云：「曾子居衛，緼袍無表，
　　顏色腫噲，手足胼胝，三日不舉火，十年不製衣。」頁420。
　　恐窮困不致此。蓋以《論語·先進》則謂其父曾點，亦受業孔
　　子，且鼓瑟。思莫春與弟子浴乎沂，風乎舞雩，詠而歸。且
　　「春服既成」，意謂新裝作好，似非赤貧生活也。

4　《孟子·滕文公》：「他日，子夏、子張、子游，以有若似聖
　　人，欲以所事孔子事之，彊曾子。曾子曰：『不可，江漢以濯
　　之，秋陽以暴之，皜皜乎不可尚已。』」頁129。《四書廣解·
　　孟子新解》：「《朱注》云：『皜皜、潔白貌，尚、加也。』
　　朱意蓋謂濯以江漢，曝以秋陽，故潔白無以復加。焦氏《正義》
　　則謂皜皜通顥。言孔子之德，如天之元氣顥顥也。尚、上也。
　　不可上、即子貢所謂如天之不可階而升。江漢非池沼可擬，秋
　　陽非燔燎之倫；蓋以江漢秋陽及天比孔子云。」頁130。

5　卒年，史籍失載。李啓謙《孔門弟子研究·曾子（曾參）》：

「郕侯」，又改「武城侯」，贈「郕國公」，元為「郕國宗
聖公」，明為「宗聖」，以迄於今。⁶曾參之為人也：孝親
慈子，⁷尊師篤友。⁸質樸謹嚴，內省自反，而貴誠慎

「死於公元前 432 年。」頁 134。但無說明。錢穆《先秦諸子繫
年・魯繆公禮賢攷》：「按：《闕里文獻攷》：曾子年七十而
卒。若其說可信，則曾子卒年，應為魯元公之元年。」頁
157。魯元公元年，為西元前四三六年。但《論語孔門弟子言
行錄・弟子氏族年歲表》云：「曾子享壽九十餘歲，孔子弟子
年歲最高者子夏，次則曾子矣。」頁 1。其所以如此言之者，
在據康有為「老壽九十，惟有曾子」語。但不知康氏何以如是
言之也，後賢能定斯說之然否歟？

6 《孔門弟子研究・曾子》：「《後漢書・明帝紀》載，東漢明
帝十五年東巡狩，三月，……幸孔子宅，祠仲尼及七十二弟
子。從這以後，包括曾子在內的孔門弟子，就不斷受到官府的
祭祀。唐高宗總章元年（西元 666 年），贈曾參為『太子少
保』。唐開元二十七年（西元 739 年），贈曾參為『郕伯』。宋代
大中祥符二年（西元 1009 年）改『郕伯』為『郕侯』。政和元
年（西元 1111 年）又改為『武城侯』，咸淳三年（西元 1265 年）
贈為『郕國公』。元代至順元年（西元 1330 年），更封為『郕國
宗聖公』，至此曾子的謚號達到了聖的高度。」頁 148。明嘉靖
九年尊為宗聖，以迄於今，而顏曾思孟同列，為四配。《論語
類考・六・人物考》：「《一統志》云：墓在兗州府嘉祥縣南
四十里。」頁 1（二冊，十九函）。

7 由《孟子・離婁》謂曾子事親，不僅養口，又能養志。《禮
記・內則》謂孝子養老也，樂其心，不違其志。父死後，《孟
子・盡心》又謂曾子不忍食羊棗，以羊棗父所嗜，恐食之思
親。《荀子・大略》謂餘魚泔之傷人，曾子嘗進之於父，泣涕
傷其聞之晚。又《說苑・說叢》、《新序・雜事》謂曾子不入
邑（里）名勝母，以勝母非孝，凡此，皆極言其至孝也。〈曾

獨。⁹弘毅堅貞，勇往直前，而不可彊奪。¹⁰謙沖遜讓，

子學案〉：「曾子喪妻，不更娶，人問其故，曾子曰：以華、
元善人也。……高宗以後妻殺孝己，尹吉甫以後妻殺伯奇，吾
上不及高宗，下不及吉甫，庸知得免於罪（《家語》作非）
乎！」頁3。此曾子慈平子，恐後妻傷之而不更娶也。

8　曾子講學論事，輒稱聞諸夫子云云，以證其說。見於書傳者，
　《論語・子張》二，《孟子・公孫丑》、《禮記・檀弓》又〈祭
　義〉、《大戴禮・天員》、《說苑・雜事》各一。又《禮記・祭
　義》、《大戴禮・曾子大孝》記樂正子春之言，亦稱吾聞之曾
　子，曾子聞諸夫子。言必稱師，尊之也。又《論語・泰伯》謂
　昔者吾友，嘗從事於斯矣，於顏子之景慕語。《論語・子張》
　謂堂堂乎張也，難與並為仁矣，於子張之貶抑言。《禮記・檀
　弓》謂子張死，曾子有母之喪，齊衰而往哭之。或曰：齊衰不
　以吊。曾子曰：我吊也與哉之哭子張。《孟子・公孫丑》謂曾
　西蹵然曰：吾先子（曾參）之所畏（子路）也，不以為然之駁
　論，皆言曾參之篤於友也。又《禮記・檀弓》謂子夏喪子喪
　明，面責其罪有三，雖未必為事實，而增飾傳之；但亦可知其
　篤於友之責善也。於此，則知《大戴禮・曾子疾病》：「與君
　子游，如長日加益，而不自知也；與小人游，如履薄冰，每履
　而下，幾何而不陷乎哉」（頁206）之慎於交游及慕顏子，責子
　張，面罪子夏之所在矣。

9　由《論語・先進》謂參也魯。知有關曾子質樸淳厚，誠篤謹
　嚴，慎獨戒懼，反身自省，甚而凡事執其要之守約等，皆出於
　此。故《孔子家語・弟子行》曾云：「其貌恭，其德敦。」頁
　29。而《大學》亦云：「十目所視，十手所指，其嚴乎！富潤
　屋，德潤身；心廣體胖，故君子必誠其意。」頁12。《論語・
　泰伯》：「《詩》云：戰戰兢兢，如臨深淵，如履薄冰，而今
　而後，吾知免夫。」頁107。又〈學而〉：「吾日三省吾身。」
　頁3。《孟子・公孫丑》：「曾子謂子襄曰：子好勇乎？吾嘗
　聞大勇於夫子矣。自反而不縮，雖褐寬博，吾不惴焉？自反而

深藏如虛，而盛教如無。¹¹至其功業也：嘗為小吏，以未得尊官高位，故少政績。¹²亦因此，故終其一生，聚徒

縮，雖千萬人，吾往矣。孟施舍之守氣，又不如曾子之守約也。」頁63。

10　由《論語・泰伯》謂士不可以不弘毅。知有關曾子仁為己任，死而後已；託孤寄命，不可奪、不可彊之大節，甚而視死如歸之大勇，皆出於此。故《論語・泰伯》：「士不可以不弘毅，任重而道遠，仁以為己任，不亦重乎？死而後已，不亦遠乎？」頁109。同篇又云：「可以託六尺之孤，可以寄百里之命，臨大節而不可奪也。君子人與？君子人也。」頁109。《說苑・立節》：「曾子衣弊衣以耕，魯君使人往致邑焉曰：請以此修衣。曾子不受，反、復往，又不受。使者曰：先生非求於人，人則獻之，奚為不受。曾子曰：臣聞之，受人者畏人，予人者驕人。縱子有賜，不我驕也；我能勿畏乎！終不受。孔子聞之曰：參之言，足以全其節也。」頁34。《孟子・滕文公》：「子夏、子張、子游，以有若似聖人，欲以所事孔子事之。彊曾子，曾子曰：不可。」頁129。又《春秋繁露・竹林》：「曾子曰：辱若可避，避之而已；及其不可避，君子視死如歸。」頁45。

11　由《論語・泰伯》謂有若無，實若虛，犯而不校。知有關謙沖遜讓，虛懷若谷等，皆出於此。故《論語・泰伯》云：「曾子曰：以能問於不能，以多問於寡；有若無，實若虛，犯而不校；昔者吾友，嘗從事於斯矣。」頁108-109。《大戴禮・制言》：「良賈深藏若虛，君子有盛德如無。」頁192。又〈曾子立事〉云：「既能行之，貴其能讓也。」頁140。又「遜而不諂。」頁148。又因此云不諂，而恥脅肩奸笑，討好他人者，故《孟子・滕文公》云：「脅肩諂笑，病於夏畦。」頁48。

12　由《莊子・寓言》謂仕三釜心樂，《韓詩外傳・一》謂仕齊為

屬，傳聖學，而從事於教育工作。¹³具體聖人，所學無所
不包，特以忠恕之道，仁孝之德光顯後世也。¹⁴

　　吏，仕莒得粟三秉，又〈卷七〉謂仕齊祿不過鍾釜等。知皆未
　　得尊官高位，而為祿薄小吏。由《論語・子張》謂上失其道，
　　知不遇時。至親沒後，傳曾任尊官，獲厚祿，皆恐不足信。故
　　〈曾子學案〉云：「傳曾子於親沒之後，齊迎以相，楚迎以令
　　尹，晉迎以上卿。方是之時，曾子重其身而輕其祿。又於楚得
　　尊官，堂高九仞，榱題三圍，轉轂百乘，考曾子生平，未必有
　　此等事也。」頁17。

13　由《孟子・離婁》謂從先生者七十人，知門徒之盛。由《論
　　語・泰伯》言門弟子，《荀子・大略》、《列女傳》言門人，
　　《大戴禮・曾子制言》言弟子。知從事於教育也。故〈曾子學
　　案〉云：「曾子之一生，多從事於教學。」頁19。

14　孔子弟子中謚號為聖者，僅顏淵之復聖與曾子之宗聖。其所以
　　如此者，蓋所學無所不包，成就之大，冠乎孔門其他弟子也。
　　曾子除以忠恕釋孔子一貫之道外，則將孔子就全體大用而言之
　　仁，轉而為曾子就實踐本務而言之孝。故《孔子家語・弟子
　　行》：「（子貢對曰）滿而不盈，實而如虛，過之如不及，…
　　…博無不學，……是曾參之行也。孔子曰：孝、德之始也，
　　悌、德之序也，信、德之厚也，忠、德之正也，參中乎四德者
　　也。」頁26-27。《大戴禮・曾子制言》：「布衣不完，疏食
　　不飽，蓬戶穴牖，日孜孜上仁。」頁203。又〈曾子立事〉：
　　「君子博學而孱守之，微言而篤行之。」頁192。《新語・道
　　基》：「曾，閔以仁成大孝。」頁30。《韓詩外傳・一》：
　　「懷其寶而迷其國者，不可與語仁；窘其身而約其親者，不可
　　與語孝。」頁1。而曾子言孝，又逾乎孔子。孔子於《論語・
　　里仁》僅言：「父母在，不遠遊。」頁51。而曾子於《國策・
　　秦策》中則有：「孝如曾參，義不離親一夕宿於外。」頁
　　101。且行孝貴躬親及時。故《新語・慎微》：「曾子孝於父

一

就孔子告曾參一己所行之道，戒人勿僭濫侵官

母，昏定晨省，調寒溫，適輕重；勉之於糜粥之間，行之於衽席之上。」頁9。《韓詩外傳·一》：「任重道遠者，不擇地而息；家貧親老者，不擇官而仕。故君子矯褐趨時，當務為急。」頁1。又〈卷七〉云：「曾子曰：往而不可還者，親也，至而不可加者，年也。是故孝子欲養而親不待也，木欲直而時不待也。是故椎牛而祭墓，不如雞豚逮親存也。故吾嘗仕齊為吏，祿不過鍾釜，尚猶欣欣而喜者，非以為多也，樂養逮親也；既沒以後，吾嘗南遊於楚，得尊官焉，堂高九仞，榱題三圍，轉轂百乘；猶北鄉而泣涕者，非為賤也。悲不逮吾親也。」頁387。遊楚得尊官云云，雖未必有此事，但以所言事親當及時，否則悲戚無及語感人，特全轉錄於此。此《論語的哲學詮釋·導言·孔門弟子》：「在孔門弟子中，曾子是孝的積極鼓吹者」（頁7）、《史記·仲尼弟子列傳》所謂：「孔子以為能通孝道，故授之業作《孝經》」（頁883）、《靖節先生集·八·五孝傳》：「至德要道，莫大於孝，是以曾參受而書之」（頁2-3）之所在也歟?!《曾子及其孝道·孔子孝論與孝經的故事》：「近代有些學者認為其（孝經）年限是在戰國末期，早不過《莊子》時代，晚不過《呂氏春秋》，其證據為：稱經之始，起於《莊子》，其〈天運〉篇說：丘治《詩》、《禮》、《樂》、《易》、《春秋》六經。可知莊子時已有六經的名稱了，以前則未知。然《孝經》中的經字與六經之經的含義不同，非經籍之意。《孝經》書名來源於『夫孝者天之經也，地之義也，民之行也』中的孝與經兩字。與六經的經重名，實屬歷史的巧合，因而《孝經》不早於《莊子》一說不成立。」頁250。此解甚是，故轉錄於此。

，或評論諸弟子時中有曾參者諸方面言之。

1.告以一己所行之道者

〈里仁〉

> 子曰：「參乎！吾道一以貫之。」曾子曰：「唯。」
> 子出，門人問曰：「何謂也？」曾子曰：「夫子之
> 道，忠恕而已矣！」

孔子呼曾參而告之曰：吾所行教化之道，雖用一道，而可貫通天下萬事之理也。曾子體道深，聞而即曉。故應之速，僅唯唯應諾而已，一無疑難諮問。孔子出，其他門弟子問所以然，曾參以人所易曉知之忠恕告之。其所以如此者，蓋盡己之謂忠，推己及人之謂恕，而忠恕又理本相通，忠者體，恕者用，大本達道，由本然惻怛之中而推之於外也。故能行忠恕，即所以行仁，便是仁聖。《中庸》之所以詳言忠恕，而《大學》亦專論絜矩者，皆夫子一貫之道之所在故也。[15]

---

15 《半部論語治天下・上・基本修養》：「吾道一以貫之者，即現代所謂一元論。謂之一元，哲學也可，謂之一元，倫理也亦可。在孔子心目中之所謂道，只是人道，所謂人道，不過我與他，他我一體，即是仁，故孔子之道之大本為仁。」頁16。
《論語孔門言行錄・五》：「曾子為人誠篤，且有剛強不屈之操，堅忍不拔之志，斯能有為有守者也。惟其有為，是以能任重而致遠。惟其有守，是以臨大節而不可奪。故獲聞一貫之旨，克荷道統之傳。」頁10。又參見前言語篇子貢附注15。

2.戒人勿僭濫侵官者

〈憲問〉

> 子曰：「不在其位，不謀其政。」曾子曰：「君子
> 思不出其位。」

孔子謂：若己不在此位，則不可謀議此位之政事。
曾參體道深，聞而即悟出今〈艮卦・象辭〉之「君子思
不出其位」義。而言君子思謀當不出己位，行其職責之
所當行，而不僭越。各行其所當行，止其所當止，所謂
君子素其位而行，則無往而不自得，上無怨，下無尤，
悖亂乖違事矣。**16**

3.評論諸弟子時中有曾參者

〈先進〉

> （子曰）：「柴也愚，參也魯，師也辟，由也喭。」

16　《中庸》：「君子素其位而行，不願乎其外（《鄭注》：謂思
　　不出其位。），素富貴行乎富貴，素貧賤行乎貧賤，素夷狄行
　　乎夷狄，素患難行乎患難，君子無入而不自得焉。在上位不陵
　　下，在下位不援上，正己而不求於人，則無怨。上不怨天，下
　　不尤人。」頁14。可與此相互發明。又〈曾子學案〉：「位
　　者，謂其所立也。曾子之學，重其時位，而無執一之蔽。」頁
　　41。《論語今注》：「思、思慮，位、職位。君子的人，謹身
　　自守，明辨慎思，凡所思慮，必能依其職位，而不致有越分之
　　想。」頁314。

孔子就四弟子之短長,而評其得失也。曾參性質樸誠篤,謹慎戒懼。亦因此,不躐等速進,似遲鈍而實忠厚。故於學也,真確踏實;於行也,臻乎至孝,於孔門中成就最大。魯、絕不可以愚笨或今智商不高釋之,僅為不甚便捷機敏而已。否則,何以能從孔子遊最晚,而悟一貫之道最蚤,得其大體,而為宗聖?[17]

二

就曾參言自省惕勵,士、君子之 行,仁、孝之德諸方面言之。

1.自省惕勵者

〈學而〉

曾子曰:「吾日三省吾身:為人謀而不忠乎?與朋友交而不信乎?傳不習乎?」

曾參謂:吾一日之中,所內視自省:為人謀事,有無不忠心者乎?與朋友結交,有無不誠信者乎?於師長

---

17 《論語新解》:「(程子)又曰:曾子之學,誠篤而已。聖門學者,聰明才辨,不為不多,而卒傳其道於質魯之人爾,故學以誠實為貴也。尹氏(名焞,字和靖)曰:曾子之才魯,故其學也確,所以能深造乎道也。」頁162。《四書大義·論語講義·二十二》:「此魯在性情之教裏,正是誠篤。」頁194。皆可備參考。

所授學業，有無不時習之者乎三事耳。此雖云三，但曾
參所重者多，不獨此三事也。蓋曾參性行謹嚴，醇厚懇
篤，慎獨不苟。其所以以此三者內視自省者，在言其大
者，其他亦恐行有所失，而喪其德，期其有則改之，無
則加勉，以自惕勵也。**18**

18　《說苑‧說叢》：「曾子曰：入是國也，言信乎群臣，則留可
也；忠行乎群臣，則仕可也。」頁132。《大戴禮‧曾子立
事》：「曾子曰：日旦就業，夕而自省思，以歿其身，亦可謂
守業矣。」又「君子既學之，患其不博也，既博之，患其不習
也。」頁139。前言忠、信，後言自省其業，患其不習，皆可
供參考。又《集注》：「尹氏曰：『曾子守約，故動必求諸
身。』謝氏曰：『諸子之學，皆出於聖人，其後愈遠而愈失其
真；獨曾子之學，專用心於內，故傳之無弊。』」頁4。《論語
注序‧上‧三省章》：「何岊瞻曰：三者皆要從身字認取。」
頁3（二十二函）。《論語贅解‧卷一》：「吾身二字極重，謀
雖在人，而為之謀者吾身也；朋友雖在外，而與之交者吾身
也；傳雖在師，而受其傳者吾身也。稍有不忠、不信、不習，
不獨欺人、欺友、欺師，直是自欺吾身矣。」頁2。此皆就自
省其身，以惕勵一己之言也。又或據三思、三復例，謂三省為
三次省察，而所省察者所列三事也，亦是。《論語體認‧為
人》：「我所傳授於人的，有不是我日常講習的嗎？」頁61。
傳解為傳之後人，習解為講習，雖可通，但不如舊解。《論語
新解‧卷一》：「考曾子之學主於誠身，則其操心宜無不忠，
其立行宜無不信，而處己者無憾矣。慮其所以接人者，或入於
不忠不信，而不自悟也，故曰三省其身焉。省之如此其周，則
有不善，未嘗不知，知之未嘗復行者，庶乎可以企及矣。然此
特曾子之省身者而已，若夫學者之所省，又不止此。事親有不
足於孝，事長有不足於敬歟？行或愧於心，而言或浮於行歟？
慾有所未窒，而忿有所未懲歟？惟是類而日省之，則曾子之誠

2.士、君子之行者

〈泰伯〉

曾子曰：「士不可以不弘毅，任重而道遠。仁以為
己任，不亦重乎？死而後已，不亦遠乎？」

曾參謂：士不可以不弘大剛毅，以其負重任，致遠
路也。士以行仁為己任，力肩孔道全德之仁，身體力
行，不亦重乎？行之不違終食之間，中道而廢；一息尚
存，毫無懈惰，不亦遠乎？曾子所以語此者，蓋弘則所
存者大，故能任重；毅則所守者固，故能致遠，以明士
行當如是也。**19**

身，庶乎可以跂及矣！古之人所謂夜以計過，無憾而後即安
者，亦曾子之意，曾子於正心誠意之道，宜無須臾忘也。惟以
應物之際，或恐失念而違仁，故曰所省者三事而已。」頁4-
5。以其意懇切，可以勵志養心，故全轉錄於此。

19　《論語今解·泰伯》：「志士以天下為己任，樂以天下，憂以
天下，其任甚重。一息尚存，此志不容少懈，其道甚遠。負重
任，行遠道，須當弘毅。弘是寬大，能寬容異己，與人為善。
毅是堅忍，能受艱難折磨，時間考驗。」頁70。《論語隨筆·
八》：「宏是寬廣，事事都著得任，多少道理都容受的住也。
毅是立腳處堅忍強厲，擔負得去的意思。宏而不毅，雖勝得
任，卻恐前面去倒了。宏言其量之容，猶大車之足以載重，毅
言其力之勁，猶健馬之足以致遠。」頁6（三冊，二十一函）。
以士有此行仁致遠弘毅精神，故曾子又有「雖千萬人吾往矣。
彼以其富，我以吾仁；彼以其爵，我以吾義，吾何慊乎哉」永
不退縮大勇之言。詳見《孟子·公孫丑》。又《論語點睛補

又

> 曾子曰：「可以託六尺之孤，可以寄百里之命。臨
> 大節而不可奪也。君子人與？君子人也。」

曾參謂：國君死，少主幼，未能自立行政。當此之
時，可以寄託，輔之攝理政事，一身繫國家社稷安危。
且至宗社傾覆，生死存亡之際，能安國家，存社稷，不
為利害所動，威武所屈，而奪其初志。有如此之德者，
可謂君子人也歟？可謂君子人也矣。曾子之所以語此
者，蓋深美君子人匡輔之德也。[20]

注·八》：「宏毅二字甚妙，橫廣豎深，橫豎皆不思議。但死
而後已四字，甚陋。孔子云：朝聞道，夕死可矣，便是死而不
已。又云：未知生，焉知死，便是死生一致。故知曾子只是世
間學問，不曾傳得孔子出世心法。孔子獨歎顏回好學，良不誣
也。《補註》：橫遍十方謂之弘，豎窮三際謂之毅，上求佛
道，下化眾生謂之重，死而不已謂之遠。」頁62（八函）。雖
以釋說解儒，但甚精。《論語意原·二》：「曾子之學，以魯
得之，魯、篤實也。以篤實之資，而加以三省之功，及其至
也，可以輔幼主，可以行國政，雖死生之際，不可得而奪。惟
其能任此事，是以能為此言也。弘則所存者大，故能任重，毅
則所守者固，故能致遠。弘而不毅則易變，毅而不弘則狹隘，
觀此數語，其介如金石，其重如山嶽，諸子未易企及也。」頁
17（一冊，十六函）。

20 《史記·孫子吳起列傳》：「魏置相，相田文，吳起不悅，謂
田文曰：『請與子論功，可乎？』田文曰：『可。』起曰：
『將三軍，使士卒樂死，敵國不敢謀，子孰與起？』文曰：
『不如子。』起曰：『治百官，親萬民，實府庫，子孰與起？』

又

　　曾子曰：「以能問於不能，以多問於寡。有若無，實若虛，犯而不校；昔者吾友，嘗從事於斯矣！」

　　曾參謂：未嘗以一己之才高識多，矜伐誇競，而能下問才識不如己者。處人世間，未嘗以己之才德為有為

文曰：『不如子。』起曰：『守西河，而秦兵不敢東鄉，韓、趙賓從，子孰與起？』文曰：『不如子。』起曰：『此子三者皆出吾下，而位加吾上，何也？』文曰：『主少國疑，大臣未附，百姓不信。方是之時，屬之於子乎？屬之於我乎？』起默然良久曰：『屬之子矣。』文曰：『此乃吾所以居子之上也。』吳起乃自知弗如田文。」頁869。《論語贅解・卷一》：「輔幼君難於輔長君，攝國政難於聞國政，遇事變尤難於安常處順。兩可以字有轉危為安，轉亂為治之經論；一不可字有百折不同，萬變不撓之力量。分而言之，是才是節；合而言之，皆德中之蘊蓄也。不徒曰君子，而曰君子人也，正恐有才有節而不必有德也。三代後，若陳平、周勃、霍將軍、謝太傅皆庶幾可託孤寄命，而於不可奪處，猶未免有遺議。當此而無愧者，其惟諸葛武侯乎？」頁41。《論語隨筆・八》：「上之防微杜漸，將順匡救，君位賴以固，君德賴以成。下之詰戎勸農，剔弊釐奸，國勢賴以振，國政賴以舉。內修外攘，智深勇沈，至於變故之來，事勢危急，人心搖動，死生利害，在呼吸間。臨此時，而所以輔幼君，攝國政者，卓乎其義理之精明不可惑，確乎其志氣之堅定不可撓，故曰：君子人也。」頁5-6（三冊，二十一函）。《論語精解・泰伯》：「唯獨有大勇氣，大毅力，大節操的人，方能託孤寄命。」頁60。此田文及伊尹、周公、霍光，甚而諸葛武侯等，皆此所謂託孤寄命，臨大節而不可奪之君子人也。

實，而能謙沖退抑如虛無者。且有過惡犯己之人，而能
不報無道，加以計較者，惟昔日吾友顏淵，曾從事於此
也。此文未明言顏淵，而知為顏淵者。蓋有此好學持謙
德行者，非顏淵莫之能當也。且曾參言此時，顏淵已
死，故曰「昔者」，是以《集解》馬云：「謂顏淵也。」
稱友顏淵之德如此，似己未能及之。此雖曾子謙言，但
可知於顏淵之景慕語，亦願一己之行，能臻於是也。 21

3. 仁、孝之德者

〈顏淵〉

　　曾子曰：「君子以文會友，以友輔仁。」

21　《論語解・四》：「以能問於不能，以多問於寡，樂善無厭
也。有若無，實若需，有善而不居也。犯而不校，不動於血氣
而安於我也。非心不違仁者期能之乎？此顏子由克己而至於無
我之效也。」頁15（總19964）。《四書味根錄・論語・泰
伯》：「此追思顏子之學，幾於無我也。上四句不見我之有餘
於人，下一句不見人之有間於我，末二句是慨歎其人而契慕之
也，全要得形容慨想之神。」頁5。《聖門十六子書・宗聖曾
子傳》：「西山真氏曰：以能問於不能，以多問於寡，有若
無，實若虛。雖曰屬其友，實以之自任也。」頁217。《論語
疏證・八》：「《大戴禮記・衛將軍文子》篇曰：滿而不漏，
實如虛，過之如不及，是曾參之行也。樹達曰：據此，曾子於
此章雖稱其友，而曾參亦自實踐其言也。」頁151（一冊，十
四函）。《論語訓・八》：「不欲自言己能，故託於昔友。」
頁74（一冊，十三函）。所言亦是。又參見前德行篇壹、顏淵
附注34。

曾參謂：君子人也，以《詩》《書》《禮》《樂》會合
朋友，取朋友善相勸，過相規之切磋琢磨，必可輔成一
己之身修德備仁道，而道益明，德益進也。故於顏子有
「昔者吾友，嘗從事於斯矣」景慕語，於子張有「堂堂乎
張也。難與並為仁矣」貶抑言也。22

〈子張〉

曾子曰：「堂堂乎張也，難與並為仁矣。」

曾參謂：子張容儀，堂堂然美盛，過於飾外自矜，
難與之共同為仁也。蓋子張注重冠服，善求聲譽，習於
容止威儀之講求。又因才高意廣，性稍偏激，行復疏略
簡倨，不拘小節過乎中正，而近乎狂，抑或有矜情文過
謬行。故後人或斥之為禹行舜趨賤儒，而曾子有此頗帶
貶抑之言也。23

22　《說苑·說叢》：「賢師良友在其側，《詩》《書》《禮》《樂》
陳於前，棄而為不善者鮮矣。」頁128。《論語傳注·十
二》：「此見取友之亟也。仁雖由己，規勸漸磨，必須有人，
故以友輔之。友不徒來，敬業樂群，必有其事，故以《詩》
《書》六藝之文會之。」頁15（二冊，九函）。《論語說遺·
下》：「此章提友字為主。其未得也，必以文會之，則所得無
邪僻之友。其既得也，必以之輔仁，則不與友習於非義。上句
重讀文字，下句重讀仁字。」頁6（二十六函）。所言皆是。

23　《論語正義》云：「弟子群居脩德講學，皆是為仁；但必忠信
篤敬，慮以下人，而後與人以能親，容人以可受，故可與並為
仁。若容儀過盛，則疑於矜己，或絕物矣，故難與並為仁。」

〈泰伯〉

> 曾子有疾，召門弟子曰：「啟予足！啟予手！〈詩〉
> 云：『戰戰兢兢，如臨深淵，如履薄冰。』而今而
> 後，吾知免夫。」

　　曾參疾病將終，召門弟子開其被衾，檢視其手足，
有無毀傷父母遺體，失其全而歸之之孝者乎？並引臨深
恐墜，履薄懼陷，戰慄戒慎詩，以喻一己之善保其身
也。今病將死，當可免於刑辱顛隕毀傷之事。以其所善
保之全示門人，期其聽識其言，亦能如是也。蓋曾參重
孝，以身者，親之遺體；身體髮膚，受之父母。父母全
而生己，一己亦應不敢毀傷，全而歸之，保身即所以盡
孝也。又身體髮膚，尚不敢毀傷而虧之，況虧其形、損
其德以辱其親者乎！此曾參守身慎行之大德，故能傳孔

頁406。《論語隨筆・十九》：「仁必深潛縝密，鞭辟近裏，
而後可共為之。子張之學，病在誠意不至，與曾子之省身慎獨
者正相反，故曰：難與並為仁。」頁11（六冊，二十一函）。
皆頗得此章之旨。惟曾子所言，難與並為仁，子游然而未仁，
恐非微辭以病之，不盡如《集注》所言者。詳趙龍文《論語今
釋》。又程樹德略謂：言子張仁不可及也。難與並，不能比
也。曾、張友善如兄弟，非貶其堂堂也。況曾子一生最為謹
慎，有口不論人過之風，故知從前解釋皆誤也。詳程氏《論語
集釋》。皆可取閱參考。《論語別裁》：「子張是個堂堂正正
的大丈夫。」頁883。《論語新解・十・子張》：「我的朋友
子張儀表是難能可貴的。」頁360。解為為動詞，解堂堂為堂
堂正正，解為難能為儀表難能可貴，皆未必切。

門孝道也。[24]

〈子張〉

曾子曰:「吾聞諸夫子:『人未有自致者也,必也親喪乎?』」

曾參謂:吾曾聞諸夫子,言人於他事,未有能自盡

---

[24] 《孝經·開宗明義》:「身體髮膚,受之父母,不敢毀傷,孝之始也。」頁11。又《大戴禮·曾子大孝》:「樂正子春(下堂傷足,愈而猶有憂色答門人問)曰:吾聞之曾子,曾子聞諸夫子曰:天之所生,地之所養,人為大矣。父母全而生之,子全而歸之,可謂孝矣;不虧其體,可謂全矣。」頁181。《呂氏春秋·孝行》:「曾子曰:父母生之,子弗敢殺(傷也);父母置之,子弗敢廢;父母全之,子弗敢闕(毀也)。」頁138。皆可與此相互發明。《論語會箋·八》:「本文之意,使學者深思保其形體之不易,而盡心焉。形體之不傷猶易,天性之不傷實難;形體之全可見,天性之全難見。今曾子諄諄以虧體為戒,其警失之旨,自在其中。」頁4。此進一步推想,尤能識馬遷太上不辱親孝之真諦矣。《論語後案·八》:「手足不毀傷,何待開衾?啓為啟之借字,啟者,省察之謂。」頁7(五冊,十函)。省察謂詳細觀察檢視,黃氏不以啓為開啟,亦是。《論語今讀·泰伯》:「啓,開也,以意忖之,可能是叫學生們拿開,從而擺正他的手腳。舊譯多作看我的腳,看我的手,雖強為之說,實不知所云。」頁199。李氏擺正手腳解說,頗能道出曾參臨深恐墜,履薄懼陷,謹守勿失戰戰兢兢個性。《四書蕅益解·論語發隱》:「曾子冰淵自懍,至臨終時,方知得免。若據此章,便謂儒家修己,局於一生,死後無事,亦淺之乎測純儒矣。」頁447。

其誠，必至於親喪，始能極其哀慟也。以夫子見大道雖
不能行於世，惟於其親喪之盡心，尚能出於性情之惻怛
真摯，不待勉強，自然盡其哀思，稍可小慰耳。孔子之
意如此，故曾參追述之也。**25**

〈**學而**〉

　　曾子曰：「慎終追遠，民德歸厚矣。」

　　曾參謂：親之甫終，慎而不忽，能喪盡其哀戚；為
時既遠，追而不忘，能祭盡其誠敬。在上者能行此厚於
親、不忘本二事，其化下必如風之靡草，使民俗亦歸德
乎醇厚而不澆薄矣。故「君子篤於親，則民興於仁也。」
曾參之所以言此者，蓋以其特重孝道，故化下自孝始。
除先意承志、供養不衰，順其生事之禮外，於終之慎
葬，遠之追祭，亦三致意焉。**26**

25　《四書味根錄・論語・子張》：「此指親喪以感發人之至情，
　　欲人自識其本心也。」頁11。《論語・子張》：「喪致乎哀而
　　止。」頁293。又《孟子・滕文公》：「親喪，固所自盡也。」
　　頁110。皆可與此相互發明。《論語經正錄・十九》：「蔡覺
　　菴曰：自致者，自盡其心也。凡人於他事，猶有勉彊矯飾，未
　　必能自盡。至於親喪，則真情畢見，無有不能自盡者，故《孟
　　子》曰：親喪故所自盡也。」頁21（十冊，十二函）。《論語
　　隨筆・十九》：「自致二字連讀，自乃自己之致，所謂非作而
　　致其情也。一點良心發於至性至情，此中正有不得不致者，是
　　從頂踵肺腑中出來。」又「親喪自致，一切哀痛慘怛，必誠必
　　信，都括在內。」頁11（六冊，二十一函）。
26　《論語淺解・學而》：「孔子和儒家不信鬼神，不主張人死後

有靈魂的存在，但卻很重視喪祭之禮。孔子賦予喪祭之禮以道德的意義，把喪祭之禮看作孝道的繼續和表現，要求以喪祭之禮來寄托和培養孝的情感。」頁27。《論語述注‧學而》：「曾子慨春秋之時民俗偷薄，由在上者無以倡之也，因為探本之言，蓋當時喪祭之禮絕少留意，故獨舉此而言耳。」頁3。《四書味根錄‧論語‧學而》：「此對當時君大夫忽略喪祭，無以為下之倡者發。」頁11。《孝經‧紀孝行》：「喪則致其哀，祭則致其嚴。」頁42。又〈喪親〉：「謂之棺槨衣衾而舉之，陳其簠簋而哀感之，擗踊哭泣，哀以送之，卜其宅兆而安措之，為之宗廟以鬼享之，春秋祭祀以時思之。」頁56。又《孟子‧滕文公》：「曾子曰：生、事之以禮，死、葬之以禮，祭之以禮，可謂孝矣。」頁110。又《大戴禮‧曾子大孝》：「孝之於親也，生則有義以輔之，死則哀以蒞焉，祭祀則蒞之以敬。如此而成於孝子也。」頁168。皆可作此慎終追遠注腳。《論語補解辨證‧學而》：「太宰德夫曰：慎終追遠，所謂君子之德風也；民德歸厚，所謂小人之德草也。」頁12。《集注》：「慎終者、喪盡其禮，追遠者、祭盡其誠。民德歸厚、謂下民化之，其德亦歸於厚。蓋終者、人所易忽也，而能謹之；遠者、人所易忘也，而能追之，厚之道也。」頁7。《論語解‧一》：「慎非獨不忽之謂，誠信以終之也。追非獨不忘之謂，久而篤之也。凡事如是，所以養德者厚矣。人之視效而作興，其有不趨於厚乎？厚者、德之所聚，而惡之所由消靡也。」頁4（總19929）。《論語集說‧一》：「死者、人之終也，遠者、其歲月久也，敬以持之謂慎，思以及之謂追。於其終者而謹之，於其遠者而追之，此民德之所以歸於厚也。頁3（總20039）。《論語體認‧學而》：「慎終所以盡人子最後的孝情，追遠則為緬懷祖先，永誌不忘的厚意。果人盡如此，則民情習俗、道德風尚必日趨敦厚淳樸了。」頁171。《論語古解‧一》：「熊氏曰：欣新忘舊，近情之常累，信近負遠，義士之所棄。是以慎終如始，尟有敗事，平生不忘，則

〈子張〉

曾子曰：「吾聞諸夫子：『孟莊子之孝也，其他可能也；其不改父之臣與父之政，是難能也。』」

曾參謂：吾曾聞諸夫子，言孟莊子之孝其親。其他尚可及之，惟能續用父之老臣，不改父之善政，則不可及之也。以夫子見世人，生而先意承志，事父母竭其力；歿而慎終追遠，哀戚喪祭致其誠，養生送死等，他人或可及之；惟於其有賢德之父獻子卒後，莊子能用其舊臣，守其善政，長時期無改於父之道為難及之也。夫子美莊子之孝如此，故曾參追述之也。[27]

久人敬之也。」頁4-5（二十九函）。所言皆是。《論語隨筆‧一》：「慎終存哀中之敬，追遠動敬中之哀。」又「看一終字，便有一逝不復之意，一不檢點，便成終天之恨，雖悔何及。慎字有多少競業小心，所謂附身附棺，必誠必信，勿之有毀焉耳矣。」頁11（一冊，二十一函）。又《論語話解‧一》：「至於祖先，雖比父母稍遠，但就父母的必事，層層推上去，也都是一樣。我既不得事奉祖先，只在祭祀時節，盡我的誠心追思想念。」頁7（一冊，十一函）。如此解追遠，亦是。

27 《論語‧學而》：「三年無改於父之道，可謂孝矣。」頁8-9。《大戴禮‧曾子本孝》：「孝子之使人也，不敢肆，行不敢自專也。父死三年，不敢改父之道，又能事父之朋友，又能率朋友以助敬也。」頁167。皆可與此相互發明。又《四書味根錄‧論語‧子張》：「此稱繼述之孝以示訓，全在獻子身上看出眾賢，方切莊子之孝。（條辨）此與三年無改不同，彼是

三

就曾參告孟敬子禮在重其本，勿忽大務小；答陽膚獄在溯其源，而哀矜非罪二方面言之。

1. 禮重其本，勿忽大務小者

〈泰伯〉

> 曾子有疾，孟敬子問之。曾子曰：「鳥之將死，其鳴也哀；人之將死，其言也善。君子所貴乎道者三：動容貌，斯遠暴慢矣！正顏色，斯近信矣！出辭氣，斯遠鄙倍矣！籩豆之事，則有司存。」

曾子有疾，魯大夫孟敬子問之。曾子告之曰：鳥之將死，惟吐悲悽畏死哀音；人之將死，而多自省反本善言。語此，欲使敬子信而篤守君子所重之下三事也。夫

當改不遽改，見不忍忘親；此是不當改而不改，見善於體親。」頁12。《四書辯疑·八》：「胡寅曰：『莊子之繼世也，必其先臣先政，有不利於己者，他人不能改，而莊子能之，是以稱難。』」頁15（總22486）。《論語隨筆·十九》：「父臣父政，本不可改，所謂三年無改於父之道也。況獻子歷相三君五十餘年，魯人謂之社稷之臣，其臣則賢臣，政則賢政，尤不當改。但莊子之不改，究從父上起見，不專從賢上起見。若以為賢則不改，不賢則改之矣，如何見孝子不忍忘親之心。惟不改其父，即不改其賢，所以為孝。」頁12（六冊，二十一函）。所解皆極是。

君子之所重於修身為政之道者，惟在乎禮。容貌動之以
禮，則周旋中節，而遠於暴戾輕慢矣。顏色正之以禮，
則端莊嚴肅，而近於誠信篤實矣。辭氣出之以禮，則溫
文爾雅，而不鄙陋背理矣。至祭祀所用籩豆禮器，自有
專司此事之有司在，不必過問之也。其所以如此言之
者，蓋敬子或平素多重禮之細微末節，而失其本之大
體，故戒之使勿忽大務小，將死所進善言也。28

28　《論語新注》：「鳥之將死，已無再生之力，故其鳴哀；人之
　　將死，其心已歸平靜，故其言善。」頁54。此解所以鳴哀言
　　善，甚佳。《說苑・修文》：「曾子有疾，孟儀往問之。曾子
　　曰：『鳥之將死，必有悲聲；君子集大辟，必有順辭。禮有三
　　儀，知之乎？』對曰：『不識也。』曾子曰：『來！吾語汝。
　　君子修禮以立志，則貪欲之心不來；君子思禮以修身，則怠惰
　　慢易之節不至。君子修禮以仁義，則忿爭暴慢之辭遠。若夫置
　　樽俎，列籩豆，此有司之事也，君子雖勿能可也。』」頁162。
　　與此略異，但可相互發明。又《論語或問》：「或問曾子三言
　　其為脩身之驗奈何？曰：此程伯子、尹氏之意也。夫不莊不
　　敬，則其動容貌也非暴即慢，惟恭敬有素，則動容貌斯能遠暴
　　慢矣。內無誠實，則其正顏色也色莊而已，惟誠實有素，則正
　　顏色也斯能近信矣。涵養不熟，則其出辭氣也必至鄙倍，惟涵
　　養有素，則出辭氣斯能遠鄙倍矣。曾氏亦以為君子，於是持養
　　既久而熟，晬面盎背，不待施設而自爾也，故皆以斯言之，此
　　說當矣。」頁345-346。《論語點睛補註・八》：「三個斯
　　字，皆是誠於中，形於外，不能勉強。」頁61（八函）。而
　　《孔門弟子志行考述》：「他所謂君子之道三，都是說修己的
　　工夫，而不是說修養的效驗。動容貌斯遠暴慢，是說自己的容
　　態體貌應遠於粗暴放肆，不是可遠於他人對我之暴慢。正顏色
　　斯近信，是說自己正色待人則近於信實不妄，不是可使他人待

2.獄溯其源，而哀矜非罪者

〈子張〉

> 孟氏使陽膚為士師，問於曾子。曾子曰：「上失其道，民散久矣！如得其情，則哀矜而勿喜。」

魯孟氏使陽膚為典獄之官，陽膚問其師為之之道。曾參謂：上失治民之道，民確因無知，或緣於不得已，久矣窮濫渙散，觸法犯刑。若得其罪狀情實，當哀矜憐憫，勿自喜查察有術，破案功多也。其所以如此言之者，蓋民之為非，溯其本源，多由於為政者之無道，而陷於罪戾，誤蹈刑網。此皆上失政所致，非民之過也，得毋哀矜之乎！29

我以信而不行偽詐。出辭氣斯遠鄙倍，是自己吐辭出聲應遠於鄙俗悖戾，不是可遠於他人對我之鄙倍。三者都是自己內省做工夫處。孟敬子之為人，可能舉動任情，出言鄙倍，且察察為明，而近於苛細。所以曾子特告以反身修己之方，以明為政之本在於修身。」頁27。此與《論語集釋·泰伯·上》：「敬子為人，證之〈檀弓〉，其舉動任情，出言鄙俗。曾子亦知其不可教，特因其問疾而來，尚有一線好賢之誠，故以將死之言先明己意，而後正言以告之，仁之至、義之盡也，所言必係對症下藥。蓋敬子承屢朝奢僭之後，容貌顏色辭氣之間，多不中禮；且察察為明，近於苛細，故以此教之，即《孟子》所謂不屑之教誨也。後儒乃以為修身之要，為政之本，失其旨矣」（頁453）說略同，惟為政之本在於修身，仍用《集注》說也。皆可作參考，故全轉錄於此。

29　《四書味根錄‧論語‧子張》：「此見民命甚重，為士師者不
當聽之無所聊生也。上失二句，原犯法之由，以見可矜恤；如
得二句，於矜恤中隱寓保全之法。」頁13。《集注》：「謝氏
曰：民之散也，以使之無道，教之無素故其犯法也。」頁294-
295。《論語或問》：「所謂民散，特以其生業不厚，教化不
修。內則無尊敬親上之心，外則無仰事俯育之賴，是以恩疏義
薄，不相維繫，而日有離散之心耳。」頁669。《論語精解‧
子張》：「折獄之時，如得其犯法之實情，則當念其不得已之
故，與其不自知之由，而哀憐矜恤之，慎勿喜己之明察為能。
發奸摘伏也如此，則用法平恕而士師之任無忝矣。」頁178。
《論語隨筆‧十九》：「刑官不可為，末世之刑官尤不可為。
陽膚一以士師為問，曾子便有感然惻然之意。為上引咎，為百
姓推情。哀矜勿喜四字，打動士師一點良心，真仁人長者之
言。」又「失道、養之無道。教之無術，民散、則情義不相維
繫也。迫於不得已，由養之無道也；陷於不自知，由教之無術
也。」頁12（六冊，二十一函）。《論語經正錄‧十九》：
「許白雲曰：帝王長民之道，不過養之、教之、治之而已。養
之，如分井受田，使衣帛食肉者有制。教之，如古者大學、小
學教人之道，及鄉黨州閭讀法之類。治之，則有禁令刑罰。且
上之人以德導之，以禮齊之，則民皆知趨善避惡，尊君親上之
道；而其父子、夫婦、長幼、朋友之間，亦皆有親比協和之
意，故曰民聚，上之人反此，則民散矣。周德既衰，皆失前三
者之道，民陷於罪而不知，此皆上人之過。無養、則饑寒迫
身，不教、則不知禮義。不知禮義之人，而有饑寒之迫，則無
所不為矣。故君子為政，惟當哀矜，不可以聽訟為能勿自
喜。」頁22-23（十冊，十二函）。無所不為，則觸法犯刑矣，
如原其情之所以至，能無哀矜而勿喜乎！

小　結

　　經以上粗略陳述，於《論語》十五則有關曾參記載中，除極少數無涉曾參之行誼外，綜合言之，可大體發現，在稟賦個性上：則質樸誠篤，謹慎戒懼，而三省其身，思所行不出其位。在學習成就上：則以文會友，時習師傳，而以忠恕釋夫子一貫之道。在涵養操持上：則謙沖為懷，弘毅其志，而犯而不校，任重致遠。在德業政績上：則重士、君子之行，仁、孝之德，而為人謀忠，與朋友交信，民德歸厚。惟於政績，雖未仕進，但有託孤寄命，臨大節不可奪之言，且答陽膚之問士師，告以如得其情，則哀矜而勿喜之語，使如為政，必重德化也。故於仁、孝二者，則詳乎其言。至與孔子師生間關係：或因相處時間較短，而少孔子教誨告誡或相互問答詰難；且散見其他典籍記載，多不存於《論語》中。30但由曾參之言必稱「吾聞諸夫子」語，則知得於孔子之教者多矣。此傳夫子一貫之道，於孔門中成就之大，並乎顏淵，尊為宗聖，豈偶然哉！31惟曾參或由於稟性之質

30　曾參小孔子四十六歲，孔子卒時，年尚未至而立。以相處日短，故師生少對語，而其他典籍所載，亦少存《論語》中也。

31　孔門弟子中諡聖二人，皆為得儒家正統。一為發聖人之蘊，諡復聖之顏淵；一為傳聖人之道，諡宗聖之曾參也。《闕里誌·四配列傳》：「曾子之學，隨事精察，故於聖人之道，獨得其宗。」頁606。《洙泗考信錄·一》：「聖道之顯多由子貢，聖道之傳多由曾子。子貢之功在當時，曾子之功在後世。」頁

樸篤厚，謹慎戒懼，而過於「言顧行，行顧言」之冰淵
自懍，惕勵黽勉，有時或過度凝注執著。後人於其不逃
父杖之孝，烹彘教子之信，或有微辭，而不盡以為然
也。[32]

25。又云：「羽翼聖道於當時，顏、閔、子貢、由、求之力，
而子貢為尤著。流傳聖道於後世者，游、夏、曾子、子張之
功，而曾子為尤純。」頁 41。

[32] 《孔子家語‧六本》：「曾子耘瓜，誤斬其根。曾晳怒，建
（舉也）大杖以擊其背，曾子仆地而不知人久之。有頃乃蘇，
欣然而起，進於曾晳曰：『嚮也；參得罪於大人，大人用力教
參，得無疾乎！』退而就房，援琴而歌，欲令曾晳而聞之，知
其體康也。孔子聞之而怒，告門弟子曰：『參來勿內。』曾參
自以為無罪，使人請於孔子。子曰：『汝不聞乎！昔瞽瞍有子
曰舜。舜之事瞽瞍，欲使之，未嘗不在於側；索而殺之，未嘗
可得。小棰則待過，大杖則逃走；故瞽瞍不犯不父之罪，而舜
不失烝烝之孝。今參之事父，委身以待暴怒，殪（死也）而不
避。既身死而陷父於不義，其不孝孰大焉。汝非天子之民也，
殺天子之民，其罪奚若。』曾參聞之曰：『參罪大矣。』遂造
孔子而謝過。」頁 37。曾參執著近乎愚之孝，孔子即不以為
然。惟曾子以孝聞，後言孝者多過度傅會，此杖擊不逃事，未
必為實。故《論語類考‧六‧人物考》：「洪邁氏云：傳記所
載曾晳待其子參不慈，至謂因鉏菜誤傷瓜，以大杖擊之、仆
地。此戰國時人妄為之辭耳。曾晳與子路、冉有、公西赤侍
坐，獨蒙吾與之褒，則其賢可知。有子如參，而忍擊之幾死
乎？《孟子》謂曾子養曾晳，酒食養志，無擊杖仆地語也。」
頁 6（二冊，十九函）。〈曾子學案〉亦云：「以曾晳之賢，不
應有此不慈事，是亦傳說失實者。」頁 3。又《韓非子‧外儲
說左上》：「曾子之妻之市，其子隨之而泣。其母曰：『女
還，顧反，為女殺彘。』妻適市來，曾子欲捕彘殺之。妻止之

曰：『特與嬰兒戲耳。』曾子曰：『嬰兒非與戲也。嬰兒非有
知也，待父母而學者也，聽父母之教。今子欺之，是教子欺
也。母欺子，子而不信其母，非所以成教也。』遂烹彘也。」
頁214。曾參執著近乎不可為之信，今人亦多不以為然。授課
時每云此，學生多謂：「豬可捕而殺之，故烹而為教；若其母
戲曰給以星星、月亮，此絕不可摘而與之，又當如何？」皆以
為此等不可為之信，不足法也。

貳、子張

子張生平事蹟

子張，姓顓孫，名師，字子張。春秋末陳人也。[1]生

---

1 《史記‧仲尼弟子列傳》：「顓孫師，陳人，字子張。」頁
883。陳國故址，今屬河南省淮陽縣。本無異說，惟《呂氏春
秋‧尊師》云：「子張，魯之鄙家也。」頁38。《孔門弟子志
行考述》：「《史記》說子張是陳人；但《呂氏春秋‧尊賢
（師之誤）》則說：子張，魯之鄙家也。案：《左傳‧莊公二十
二年》載：陳殺其太子御寇，陳公子完與大夫顓孫出奔於齊，
顓孫復自齊奔魯。崔述謂：子張乃顓孫之後，自莊公至哀公凡
十世，則子張之非陳人明矣。蓋因其先世出自陳，而傳之者遂
以為陳人耳。大概自顓孫奔魯，家世漸衰，至子張父祖輩，業
已成為寒微之家，所以呂氏說他是魯之鄙家。子張之子申詳，
亦仍居魯。」頁109。陳大夫顓孫之出奔，不能代表陳國所有
顓孫氏盡出奔，一無留陳者，除非顓孫氏全為陳大夫，始有此
可能。因之，崔述「則子張之非陳人明矣」，斷定顓孫氏一無
留陳者，缺少文獻證明。又「子張之子申詳，亦仍居魯。」申
詳居魯與否，此為子張身後事，與子張是否為魯人，無必然關
係。取此以證《呂覽》魯人說為是，恐有問題。且《新序‧雜
事》云：「臣聞君（魯哀公）好士，故不遠千里之外，犯霜
露，冒塵垢，百舍重趼，不敢休息以見君。七日而君不禮，君
之好士也，有似葉公子高之好龍也。」頁40。由此觀之，較
《孟子》不遠千里見梁惠王所述尤詳，則子張之非魯人一也。
該文又云：「子張見魯哀公，七日而哀公不禮，託僕夫而去。」
頁40。僅七日不見，竟拂袖而離魯，則子張之非魯人二也。何

於魯定公七年（周景王完17年，西元前503年），少孔子四十八歲。²幼家貧，出身微賤。³師事孔子，而為天下顯士。⁴卒於魯悼公二十一年（周貞定王22年，西元前447年），享年五十七歲。⁵配享，唐追封為「陳伯」，宋

以如是言之？若子張為魯人，絕不可云「不遠千里而來」。或以為魯人子張遠在他國而回魯，故其言如此。但何以回至故國老家，僅七日而不遑暇居，與親人稍敘闊別，竟一無留戀，揚長而去父母之邦，識乎此，則子張之非魯人必矣。近又讀《聖門十六子書・顓孫子書・祠墓古蹟》：「先賢子張子故里，在蕭縣南堀坊村。蕭子、宋附庸國，古紅地，春秋大蒐于紅即此。按：分野介、房、心之次，疆域東近青、徐，北達魯、衛，南通江、淮，西連梁、楚。岡陵四合，大河環流，號文物之邦。子張子、其先陳人，世居宛邱之下，從學孔子，往來鄒、魯，道經蕭子國，覽山川雲物之盛，遂卜居蕭西南二十里冒陵山之陽，築室而處。孔子沒，子張在魯，心喪三年畢，與其友閔子騫同歸於蕭。厥後閔子徙宿，子張與子申詳守蕭不變，及終、葬於堀坊村。前臨淇河，後據昇高山，西去故宅八里。三世申詳次子鼎攜子如魯（《堀防志》）。」頁1088-1089。觀此，則知奔魯、為魯人云云之非是矣。《史記》說不誤。

2　分見《史記・仲尼弟子列傳》及《闕里誌・年譜》。《聖門十六子書・顓孫子書・年表》：「周景王十七年，魯定公七年戊戌，子張生。」頁1037。

3　《呂氏春秋・尊師》：「子張，魯之鄙家也。」頁38。《孔門弟子志行考述》：「至子張父祖輩，業已成為寒微之族。」頁109。

4　《呂氏春秋・尊師》：「子張，學於孔子。」頁38。《尸子・勸學》：「顓孫師駔也，孔子教之，皆為顯士。」頁10。《孔門弟子研究・子張（顓孫師）》：「雖然出身微賤，但是經過孔子教育後，成了名顯於天下的有名之士。」頁124。

加封為「宛邱侯」，後又尊之為「陳公」。[6]子張之為人
也。性狂放，尚儀文。[7]為難能，廣交遊。[8]尊賢嘉善，

5　《孔門弟子研究・子張》：「死於何年不詳。」頁123。本文
　　據《孔子弟子志行考述・孔門師弟年表》。該表並云：「子張
　　卒，據《坊志》，子張卒年五十七歲。」頁203。西元前五〇三
　　年生，四四七年卒，相距五十六年，卒年五十七歲，相差一
　　年，恐中國虛實歲之記或不同，似不足怪。

6　《孔門弟子研究・子張》：「歷代官府，為了安定社會秩序，
　　穩固其統治地位，無不宣傳儒家學說和推崇孔子；而在這個過
　　程中，也給子張以很高的地位。據《後漢書・明帝紀》載：東
　　漢明帝十五年東巡狩，三月，……幸孔子宅，祠仲尼及七十二
　　弟子。從這以後，孔門弟子——包括子張，就不斷受到歷代官
　　府的祭祀。另外，歷代政府也不斷對子張追加諡號，唐開元二
　　十七年，追封為『陳伯』，宋大中祥（脫一符字）二年，又加
　　封為『宛邱侯』，後又尊之為『陳公』。由上可見，歷代帝王
　　對他一直是很推崇的。」頁132。《聖門十六子書・先賢顓孫
　　子傳》：「明嘉靖九年，改稱先賢顓孫子。」頁1034。《闕里
　　誌・先賢列傳》：「今直隸徐州蕭縣南三十五里堀坊村西有子
　　張墓。」頁620。

7　《論語・先進》：「（子曰）師也辟。」頁162。又「師也過，
　　商也不及。」頁161。又〈子張〉：「堂堂乎張也。」頁293。
　　《國語日報・古今文選・韓非子・顯學・注》：「子張氏之
　　儒，注重冠服，善求聲譽。氣象闊大，門下甚盛。」頁1391。
　　《列子・仲尼》：「師之莊（《注》：猶務莊。）賢於丘也。」
　　頁42。此所謂莊，恐亦指氣象闊大之堂堂言。故《孔門弟子志
　　行考述》云：「子張志高意廣，在孔門中，氣象獨稱闊大，度
　　量特顯寬弘。」頁109。《闕里誌・先賢列傳》：「才高意
　　廣，外矜莊而寡誠信。」頁620。

8　《論語・子張》：「子游曰：『吾友張也，為難能也。』」頁
　　293。子游謂其友子張，才識為人所難及也。《論語別裁》：

犯而不校，特重修身立命大節。9嗜學多問，弘德篤道，10
終化鄙家騶子，而得聖人之一體。11名列儒分為八之首，

「子張，作人的確了不起，一般人很難做到的事，他去做了；
困難的事情，他敢去負責任，敢去挑這個擔子，而達到任務。
這一點，子張做到了。」頁883。此雖捨子張才高志大、懷抱
情操濟世大方面，僅就微末事功言之，亦頗得體。至交友方
面：則子夏主張「可者與之，其不可者拒之。」而子張則主張
甚麼人都不拒絕交之廣交。詳下〈子張〉本文及《孔門弟子研
究·子張》。

9　《論語·子張》：「子張曰：……君子尊賢而容眾，嘉善而矜
不能。」頁288。《孔門弟子研究·子張》：「郭沫若同志在
其《十批判書·儒家八派的批判》中，更把子張的禹行而舜趨
的行為，引伸為是犯而不校品德的一種表現。犯而不校，就是
受到別人攻擊、欺侮，也不加以計較的意見。郭老說：『禹之
父鯀，為舜所誅殺，而禹臣服於舜；舜之弟象作惡不悛，而舜
封之有庳。這些都是犯而不校的好榜樣，所以子張氏之儒在摹
仿他們，亦步亦趨。』」頁128。而《大戴禮·衛將軍文子》：
「美功不伐，貴位不善，不侮可侮，不佚可佚，不敖無告，是
顓孫師之行也。孔子言之曰：『其不伐，則猶可能也；其不敖
百行，則仁也。』」頁228。郭氏所言，雖未必為荀卿本意，但
如就《大戴禮》所言觀之，亦不無道理，特附於此，聊備一
說。

10　《論語·子張》：「子張曰：『士見危致命，見得思義，祭思
敬，喪思哀，其可已矣。』」頁288。短短數語，幾將孔門全部
修身立命大節美德涵蓋。且《太平御覽·九一五》有「顏回為
仁，子張為武。」頁4188。如與此「士見危致命」合觀，則子
張又為捐軀為國勇武之士矣。

11　《論語》中子張所問獨多，甚或聞夫子教言後，書諸紳，以誌
不忘，思驗其行。其好學精神，當併乎顏淵。「一日克己復

七十子之徒，成就之大，恐亦少有出其右者也。**12**

禮，天下歸仁焉」之告顏淵，「言忠信，行篤敬，雖蠻貊之邦行矣」之告子張，絕非偶然。否則，何以其他同門弟子無此等訓誨。又〈子張〉：「子張曰：『執德不弘，信道不篤，焉能為有，焉能為亡。』頁288。非深於修身涵養者，不能道出此言。故《論語弟子言行錄・二》：「子張晚年造詣頗純，觀其見危致命，見得思義及執德弘信、道篤之言，則其造詣可知，其學能變化氣質也可知，故孔子稱之曰仁。」頁15。此恐《呂氏春秋・尊師》：「子張，魯之鄙家也。」頁28。《尸子・勸學》：「顓孫師駔也。」頁10。終成為達人顯士（詳前注4），而《孟子・公孫丑》又言：「子夏、子游、子張，皆有聖人之一體」（頁71）之所在也。

12　《韓非子・顯學》：「自孔子之死也，有子張之儒，有子思之儒，有顏氏之儒，有孟氏之儒，有漆雕氏之儒，有仲良氏之儒，有孫氏之儒，有樂正氏之儒。」頁350。名列儒分為八之首，孔子沒後之群弟子，何人能出其右。《孔門弟子研究・子張》：「在山東嘉祥縣武氏祠文物館，收集到的東漢的畫像石中，有孔子見老子圖。圖中跟隨孔子的弟子很多，但只注明了子張、子路、子貢等人（西元1999年3月間返鄉，為查證曾參故里問題時，有關單位曾行文該文物館，順道參觀時見之，但未加注意。），可見在東漢人的心目中，子張是孔子的（當脫一字）個重要弟子。」頁132。《古微書・論語緯》：「（孔子曰）自吾得師也，先有光，後有輝，是非先後乎！」頁476（三十函）。《論語弟子言行錄・十》：「子張晚年造詣，日進於高明；於是有見危致命、見得思義之論，執德、弘信，道篤之言，蓋幾幾乎臻於中庸矣。又安得以子游稱其未仁，曾子謂其難與並為仁而少之哉！」頁1。重要弟子之言甚是。又《三國志・吳書・諸葛恪傳》：「自孔氏門徒，大數三千，其見異者七十二人。至於子張、子路、子貢等，七十之徒，亞聖之德。」頁1152。《集解》：「世稱孟子為亞聖，錢大昕以為：

一

就孔子告子張一己所行合乎道，評論諸弟子時，中有子張，或子張問而孔子答之諸方面言之。

1.孔子告子張一己所行合乎道者

〈衛靈公〉

師冕見，及階，子曰：「階也。」及席，子曰：「席也。」皆坐，子告之曰：「某在斯，某在斯。」師冕出，子張問曰：「與師言之道與？」子曰：「然！固相師之道也。」

師冕來見孔子，近堂階時，孔子告以此有堂階，近坐席也，孔子告以此有坐席。賓主皆坐定後，孔子又歷告座中人姓氏及所在處。至師冕離席而去，子張問於孔子曰：頃與瞽者所言皆道否？孔子答謂：然，此固襄助瞽人之道也。師生之所以有如此問答者，蓋孔子襄助瞽者樂師之意周情至，期無疏失，而或導致師冕發生意外事。此本自然之流露，真誠之關切，非故意造作，出自勉強之人之常情，似不足怪；然由子張此問，知孔門弟

『蓋本於趙岐《題辭》』，不知子張、子路、子夏諸聖，當時皆有亞聖之目也。」頁1153。

子，於聖人之處己待人所有言行，無不存心省察，思步趨學習勉成之，於此亦可見孔門教學之所在矣。[13]

2.評論諸弟子時中有子張者

〈先進〉

（子曰）：「柴也愚，參也魯，師也辟，由也喭。」

孔子就四弟子之短長，而評其得失也。子張性狂放，才高志大，務廣遠，尚儀文，好為苟難，而少翕聚斂抑也。故有「師也過，商也不及。」「吾友張也，為難能也，然而未仁。」「堂堂乎張也，難與並為仁矣」等言。[14]

3.子張問而孔子答之者

〈為政〉

子張學干祿。子曰：「多聞闕疑，慎言其餘，則寡尤。多見闕殆，慎行其餘，則寡悔。言寡尤，行寡悔，祿在其中矣！」

---

13 孔門教育所重，多是今所謂道德實踐之力行身教方面。由本文揭示，知聖人之道，無微顯，無內外，由灑掃、應對、進退等而上達，夫道一而已矣等言之不虛也。

14 《孔門弟子研究·子張》：「辟、解為偏，就是說子張性格偏激。」頁125。《孔門弟子志行考述》：「辟通闢，乃張大之義，謂其務開廣而少翕聚也。」頁109。

子張學為官求祿之事於孔子，孔子告之謂：多聽聞
他人言論，於其疑惑未決者，則擱置之而勿言；其餘無
可疑者，亦謹慎言之，如此，則可少言之外來過失矣。
多見識他人行事，於其危殆未安者，則擱置之而勿行，
其餘無不安者，亦謹慎行之，如此，則可少行之心生悔
恨矣。言少過失，行少悔恨，修養至此，則官位奉祿自
在其中矣。孔子所以如此言之者，蓋干祿之人，多飾其
言行，以求苟合於時之所尚也，如此，則遠乎君子求諸
己務本精神矣。能謹言慎行修其天爵之自身道行，則人
爵之外在官祿，不待干求而自得之矣，故孔子語此以告
誡子張也。 **15**

---

15 《論語辨惑‧一》：「子張學干祿，孔子告之以慎言，東坡
曰：子張學干祿，將以自售也。孔子言祿在其中，教之以不求
而自至者也，其說甚佳。」頁6（十六函）。《論語義疏‧為
政》：「范寧曰：發言少過，履行少悔，雖不以要祿，乃致祿
之道也。」頁25（一冊，三函）。《（趙杏根）論語新解‧為
政》：「一個人言行寡尤寡悔，則當道者一定會知而任用之，
那麼，此人就有出仕求祿的機會了。如此為官，也寡尤寡悔，
方可長保富貴，故云祿在其中矣。」頁32。《集注》：「程子
曰：『修天爵，則人爵至；君子言行能謹，得祿之道也。子張
學干祿，故告之以此，使定其心，而不為利祿動，若顏、閔則
無此問矣。』」頁23。干祿之學，或後演變為徵辟、科舉。
《讀四書大全說‧四》：「干祿之學，隨世而改，於後世為徵
辟、為科舉。今不知春秋之時，其所以取士者何法，然『敷奏
以言，明試以功，』唐、虞已然，於周亦應未改。」頁218。
又云：「蓋干祿之學，當亦不外言行；而或摭拾為言，敏給為
行，以合主者之好，則古今仕學之通病，於是俗學與聖學始同

終異。其失在俗學之移人，而不在學之者之心。故夫子亦不斥其心之非，而但告以學之正：寡尤、寡悔。就言行而示以正學，使端其術而不為俗學所亂，非使定其心而不為利祿動也。」頁218-219。《論語集說·一》：「聞見之不多，則孤陋單淺而無所參驗，疑殆之不闕，則冒昧苟且而無所據依。聞見多矣，疑殆闕矣，顧於其餘遂以為己信己安，而無事於謹，則言行之間，或有所戾，而尤悔之積有不能免者矣。」頁20（總20046）。諸說皆孔子所以如此告子張也。《論語補注·上》：「余嘗疑子張學干祿之解為不可通，以為子張志務乎外，則誠不能免此。若謂專習干祿之事，恐未必然。豈子張終日所講求者，獨為得祿計耶？如此，尚何足為賢乎！必有傳寫之誤。後聞鄉先生某斷此學字當為問字，證以外注程子云：若顏、閔則無此問，是明以干祿為問也。於既信其言之有徵，又喜其理之可從。問不過一時及之，學則終日圖之，豈可共語。夫古之人未嘗不欲仕，干祿不過求仕。子張之問，不過欲知求仕之道，雖不免務外；然尚未至終日為其事也。」頁8-9（二十四函）。觀子張本多問，且程子言顏、閔無此問，朱子亦以干祿為問等，而〈顏淵〉有子張問政，〈堯曰〉有如何、斯可以從政，《大戴禮》有子張問入官於孔子，亦皆用問字，劉開此說，亦言之有理，可參考。《論語集釋·為政·下》：「考《大戴記》有子張問入官，即問干祿之意。《群經義證》云：《中庸》好學近乎知。《漢書·公孫宏傳》、《說苑·建本》篇並作好問，疑學、問古皆通用。《魯論》作學，《古論》作問。字異而義則同，問干祿者問其方也。」頁101。字異義同、謂非傳寫誤字也。此亦一別說。又陳大齊略謂干祿乃在求備、求慎，謀求個人人格的完整，詳見《論孟研究論集·論語所用祿字應作何解》，說有可取，可參閱。惟《論語新注》：「子張企圖得官爵俸祿。」頁12。解學為企圖，欠妥。

〈顏淵〉

　　子張問政。子曰：「居之無倦。行之以忠。」

　　子張問為政之道如何？孔子謂：居官無倦怠，行事忠誠不欺。蓋無倦怠，必勤奮不已，而先之勞之。忠誠不欺，必表裡如一，而克盡厥職。以此居敬慎行，以臨民使下而為政，何患事有不治，民有不化者乎？倦與不忠，或師也過，堂堂乎張也所忽，故孔子語此以儆其將失也。**16**

16　《論語義疏・六・顏淵》：「王肅曰：言為政之道，居之於身，無得懈倦，行之於民，必以忠信之也矣。」頁31（三冊，三函）。《論語隨筆・十二》：「此章論政，以心而言，正是論所存所發，未及為政之條目也。居之在心，行之在事，然說以忠，則仍屬心也，但須以心見之行事耳。無倦是不息，不肯初銳中輟，以忠是不欺，實心實政，不肯粉飾假借。」頁11（四冊，二十一函）。《論語經正錄・十二》：「黃勉齋曰：居之無倦，則心常在事而思無不周。行之以忠，則事本於心而用無不盡，二者為政之大要。」頁39（七冊，十二函）。《四書大義・論語講義・十七》：「居之無倦，則精神貫注；行之以忠，則性情滲透。以此為政，則見心靈，見生命。這才能談得上一切政治上的理想和一切政治上的實施。」頁147。《論語章句分類義釋・三・子張問政》：「居之無倦，即謂在執政之位，不可懈怠，是勤事也。行之以忠，即謂於施政之際，當盡心力為，是敬業也。」頁368。《四書味根錄・論語・顏淵》：「此見王道不外一誠，誠則不息，誠則不欺。居之句存主處，一本於誠；行之句作用處，一歸於誠。」頁16。《論語解・六》：「以子張之難能，其於為政之方，不患其不能知而

〈堯曰〉

> 子張問於孔子曰：「何如，斯可以從政矣？」子
> 曰：「尊五美，屏四惡，斯可以從政矣！」子張
> 曰：「何謂五美？」子曰：「君子惠而不費，勞而
> 不怨，欲而不貪，泰而不驕，威而不猛。」子張
> 曰：「何謂惠而不費？」子曰：「因民之所利而利
> 之，斯不亦惠而不費乎？擇可勞而勞之，又誰怨？
> 欲仁而得仁，又焉貪？君子無眾寡，無小大，無敢
> 慢，斯不亦泰而不驕乎！君子正其衣冠，尊其瞻
> 視，儼然人望而畏之，斯不亦威而不猛乎？」子張
> 曰：「何謂四惡？」子曰：「不教而殺謂之虐，不
> 戒視成謂之暴，慢令致期謂之賊，猶之與人也，出
> 納之吝，謂之有司。」

　　子張問於孔子，如何行之始可從政？孔子謂：崇尚
實施五美行，摒棄廢除四惡政，則可以從政矣。子張復
問，何謂五美？孔子謂：執政者需惠而不費，勞而不

行也，而患其誠意不篤，有時而或倦，徇於其外，有時而不實
耳。居之無倦，則誠存於己，行之以忠，則實周於事，充之，
則聖人所以為政者亦無越乎此也。」頁17-18（總19987）。
《論語意原・三》：「居之無倦，在我者誠；行之以忠，臨民
者信，子張之色莊，未足於誠信也。」頁15（二冊，十六
函）。《論語會箋・十二》：「倦與不忠，皆堂堂者之病。矜
奮于意氣，故有時倦，鋪張于文為，故行不忠。無倦以忠，二
者皆子張藥石也。」頁23。

怨，欲而不貪，泰而不驕，威而不猛。孔子又以子張復問，乃一一詳告之。民之所利，因境遇、職事、技藝不同，各有所安，以得其利。如此，雖有恩惠於民，而上無所費損，此惠而不費也。擇可勞之時，為當為之事，而又令力能可勞之民為之。如此，事必有成，人民雖勞苦，又將為誰而生怨恨之心？此勞而不怨也。貪者有欲而常感不足，心欲乎仁而得仁，則常感滿足，而又何所貪婪乎？此欲而不貪也。常人之情，見人眾則畏，遇位高則敬。如勿論人之眾寡，位之尊卑，一無輕慢怠忽意，如此，則常舒泰而不驕矜，此泰而不驕也。端正其衣冠，莊重其儀容，瞻望所及，必儼然威生而令人敬畏，此威而不猛也。孔子又以子張復問何謂四惡？再一一詳告之。不先以禮義化導教育其民，叮嚀戒飭，使知所遵循，免產生失誤。而一有違令罪過事，又即行殺戮，此謂之殘虐。不預為告戒，陳其規格要求，而突責其成功。一有瑕疵，又即施刑罰，此謂之狂暴。慢其令於先，已誤其民，又刻期於後，如事有未完成者，又絕無寬貸，而加苛責，此謂之賊害。財貨總應給與人，而於出納經辦之間，妄生慳吝刁難意，而不果決。拖拉延宕，失其體制時效，有如軍實之遲至，而戰爭潰敗，災款之緩發，而餓莩載道，此之謂不肖胥吏有司也。前問政為原則性，故答之以「居之無倦，行之以忠。」此問何如，斯可以從政，則重在治之之道。故告以尊五美，屏四惡，並一一詳釋之。或言修己治民大本，或言統御天下要道，鉅細靡遺，既詳且備也。孔門弟子問政者多

矣，孔子之所以如此告子張者，或以爾時執政者，多有
舍其所當為，而為其所不應為，以致政亂國危，民不安
其居情事，充盈宇內。乃專以帝王為治之道，獨授學干
祿之子張一人，期其能放大格局，展現新氣象，以牧其
民，而收聖教德化仁政之安和樂利宏效也。**17**

---

17 似可再取閱以下所列，以為左參，增加瞭解。尊五美：其一、
　《左傳‧襄公二十八年》之「施而不費，……」，其二、《論
　語‧公冶長》之「其使民也義」，〈子路〉之「先之，勞之，
　……」，其三、《孟子‧梁惠王》之「不違農時，……」，《荀
　子‧富國》之「古之使民……」，其四、《論語‧子路》之
　「君子泰而不驕，……」，其五、〈述而〉之「威而不猛，…
　…」，〈為政〉之「臨之以敬，……」，〈衛靈公〉之「不莊以
　涖之，……」等云云。屏四惡：其一、《孟子‧滕文公》之
　「及陷乎罪，然後從而刑之，……」，其二、《韓詩外傳‧三》
　之「不戒責成，……」，其三、《新序‧雜事》之「緩令急
　誅，……」等云云。（其實《荀子‧宥坐》亦有此等言論，而
　《韓詩外傳‧三》、《新序‧雜事》亦非專言某一項，為方便
　計，故如此舉例言之。）又其四、則可取閱有關不知通經達
　變，硜硜然斗筲之人，或酷吏、官僚陋習之行，以瞭解此所謂
　有司之所以列四惡也。又《論語孔門言行錄‧十》：「考孔門
　問政多矣。子貢問政，則告以足食、足兵、民信。子路問政，
　則告以先之、勞之，又曰無倦。子夏問政，則告以無欲速，無
　見小利。仲弓問政，則告以先有司，赦小過，舉賢才。今子張
　問政，夫子乃告以五美四惡。凡所以利民之道，仁民之制，勞
　民之方，平等之義，皆包舉之，言簡而該，治世之大法也。
　《集注》引尹氏焞曰：此記於〈堯曰〉章後者，所以繼帝王之
　治也，則夫子之為政可知矣。」頁21-22。又《論語經正錄‧
　二十》：「楊賓實曰：此章溯流窮源，見微知著，抉盡病根，
　祇在貪、驕、猛三字，而王道聖學，直昭揭日月而行。又曰：

〈憲問〉

> 子張曰：「《書》云：『高宗諒陰，三年不言。』
> 何謂也？」子曰：「何必高宗？古之人皆然。君
> 薨，百官總己，以聽於冢宰，三年。」

　　子張問於孔子，《尚書》云：殷高宗居喪，三年不
言，何意？孔子答謂：不僅殷高宗如此，古之君王皆
然。前王薨，嗣君立，三年不問政事，百官各聽命於冢
宰。子張殆以君主總領天下，日理萬機，若居喪三年不
親政，則政無人主，臣將無所稟令，而政將廢，禍亂或
由此起矣。孔子告以親喪三年內，以食旨不甘，聞樂不
樂，居處不安，心存哀思，無法理事，未可言政。但斯
時也，百官各盡其責，總理其事，以聽命於攝政之冢宰
裁處之。如此，則政令不廢，禍亂不起，無可憂者矣。
故如此言之，以告子張也。

不貪、不驕、不猛是純心，不費、不怨是純政。又曰：欲仁得
仁，祇是完性分所固有，盡職分所當為，非干譽也，非望報
也。干譽者為名，望報者近利，皆未免涉於貪也，仁者之心何
有乎？」頁7（十冊，十二函）。《論語會箋・二十》：「尊五
美，屏四惡，五美下一尊字，奉若神明著蔡，必欲出乎身。四
惡下一屏字，視如荼毒蛇蝎，必不使加乎民。（《困勉錄》云）」
頁6-7。又「仁齋曰：惠易費，勞易怨，欲易貪，泰易驕，威
易猛，而今皆不然，故以為美也。又曰：惠而不費，勞而不
怨，二者治民之要。欲而不貪，泰而不驕，威而不猛，三者修
身之要，修身即治民之本。」頁7。

〈顏淵〉

> 子張問明。子曰:「浸潤之譖,膚受之愬,不行
> 焉,可謂明也已矣!浸潤之譖,膚受之愬,不行
> 焉,可謂遠也已矣。!」

子張問如何行之,始可謂明?孔子謂:如浸潤之譖
言,似切膚痛之訴求,皆能識破而使之不行。如此,則
可謂明矣。又重其言,不僅謂明,亦且遠也。蓋譖人之
言,如水之浸潤,徐緩不驟;冤之傾訴,似肌膚受創,
切身痛苦。斯二者,漸以成之,常人多易忽略而不辨真
偽。如能明察幽微,洞曉幾兆,使譖愬二奸謀難以得
逞,如此,不僅明智足以得其是非邪正,亦識見深遠
也。此孔子戒子張如為政,必當有識別奸詐,防範險惡
知人之明,使譖愬不行,故如是言之也。**18**

---

18 《集注》:「毀人者,如水之漸漬而不驟,則聽者不覺其入,
　　而信之深矣。愬冤者,如病之創痛,急迫而切身,則聽者不及
　　致詳,而發之暴矣。二者難察而能察之,則可見其心之明,而
　　不蔽於近矣。」頁177。《論語會箋》:「惟明故遠,達識足
　　以豁褊衷,惟遠能明,宏量足以容細事。能明且遠,斯為君人
　　之度,居高位者,可不思哉!」頁170。《論語講義·十
　　二》:「子張止問明,夫子添出遠字;而詞繁不殺,正為務外
　　好高者,其求明每在遠處,不知反蔽於近。夫子舉此二端,最
　　是極近而易蔽者。於此能察便,不第為明,而為明之遠,正指
　　點子張反求於近耳。」頁10(三冊,二十函)。諸說皆是。

〈先進〉

子張問善人之道。子曰:「不踐迹,亦不入於室。」

子張問善人如何自處之道於孔子。孔子答之謂:善人不循舊迹而實踐之,亦不能登堂而入室也。蓋善人生質雖美,亦當資藉乎往昔懿行,而臻完善之境也。孔子所以如此告子張者,或以子張才高志大,好為苟能,而少闕疑殆,慎其言行實踐功夫,故語此以救其師也辟,狂放之失也。[19]

〈顏淵〉

子張問崇德、辯惑。子曰:「主忠信,徙義,崇德也。愛之欲其生,惡之欲其死,既欲其生,又欲其死,是惑也。『誠不以富,亦祇以異。』」

子張問如何始可謂崇德、辨惑。孔子謂:存心主忠

---

[19] 《東塾讀書記・上》:「瞿晴江云:『善人生質雖美,不由實踐則亦不能造乎深奧。若以答辭作如是解,庶與道字貼合。』陳厚甫先生云:『此言善人之道當踐迹,乃能入聖人之室,如不踐迹,亦不能入室,言質美未可恃也。』澧謂此章必如此解乃通。」頁22。《論語古注擇從・十四》:「此章之意,蓋勉善人以效法聖人也。不踐迹,亦不入於室,言不踐聖人之陳迹,則亦不能入聖人之奧室也,語意明白。」頁10(二十五函)。《論語意原・三》:「子張好為苟難而失之過,故以踐迹告之。迹者,循是以進也。」頁6(二冊,十六函)。

信，聞義徙就之，則可以崇德矣。愛之加諸膝而欲其
生，惡之墮諸淵而欲其死；既愛而欲其生，又惡而欲其
死，如此則惑矣。蓋主忠信則本立，徙義則日新，能本
立道生，日新其業，則德自崇矣。人之惑也，多由私心
愛惡來，愛之而欲其生，惡之而欲其死，甚而既欲其
生，又欲其死，如此愛惡失常則惑矣。能辨而摒除私心
之愛惡，則惑自解矣。孔子之所以如此告子張者，或以
堂堂乎，辟而過之之張也，有不踐迹及不能慎其疑而未
決之言行，有其所短，故語此以箴之而救其失也。**20**

〈陽貨〉

子張問仁於孔子。孔子曰：「能行五者於天下，為

20　《論語隨筆·十二》：「主忠信，則根深基固，徙義、則繼長
增高。如築臺相似，主忠信，便是大作基址，徙義、則日積月
累，一層高似一層。」頁9（四冊，二十一函）。《四書味根
錄·論語·顏淵》：「此教子張以治心之學，德本諸性，當還
其所固有；惑生於情，當究其所本無。高從卑處做起，明從暗
處撤開。」頁13。《論語精解·顏淵》：「忠信謂固本；徙義
謂致新；本立而日進，德自厚積而無己。因愛惡之欲，進而為
乖違天道之欲，是感於私情之甚者也。」頁100。「誠不以
富，亦祇以異。」《集注》：「程子曰：『此錯簡，當在下十
六篇，齊景公有馬千乘之上，因此下文，亦有齊景公字而衍
也。』」頁181。嚴義勇以程子之說，雖有可能，然無確證，於
《論語釋義》引弓英德《論語疑義轉注》後云：「孔子引用詩
篇的最後兩句，正是印證人之所以愛憎無常，也是喜新厭舊的
心理而使然，這樣解釋，則意義連貫，未必是錯簡了。」頁
907。細審之，此引《詩》似與此無必然關係，茲從程氏說。

　　仁矣！」請問之。曰：「恭、寬、信、敏、惠。恭
則不侮，寬則得眾，信則人任焉，敏則有功，惠則
足以使人。」

　　子張問如何行之，始可謂全德之仁。孔子總告以能
行五事於天下，則為仁矣。子張復問五事所指者何？孔
子乃告以恭、寬、信、敏、惠之名，繼而又一一釋其所
以然。能謙恭自處，人必禮敬我，故無侮慢。能恢宏其
度量，廣闊其心胸，故可容眾以得其心。能誠實無欺，
行踐其言，故得人信任。能應事疾敏，黽勉不懈，故多
成功。能恩施惠加，則庶民子來，感其德，忘其勞，故
可使令也。孔子所以如此告子張者，蓋子張之為人也，
堂堂乎難與並為仁，故孔子所告，多救其所失，益其所
短，補其不足，期行其所長，以成其所能也。其告學干
祿之闕其疑殆，慎其言行，問政之尊五美，屏四惡，著
意亦在斯乎！故如是言之也。21

21　《石鼓論語答問‧下》：「此五者處己甚嚴，待人甚恕。大抵
　　聖門之論仁，分而言之，則仁、義、禮、智，各為一德；合而
　　言之，則仁總萬善，而為之長。凡天下之善皆仁也，不必曰此
　　仁便是公，彼仁便是覺也。克己不必專說己，愛人不必專說
　　人。未有克己而不愛人，未有愛人而不能克己者也。」頁56。
　　《論語章句分類義釋‧一‧子張問仁於孔子》：「恭則莊敬肅
　　慎而不敢侮，寬則量宏氣舒而眾皆悅服，信則操守貞固而人樂
　　委任，敏則精勤不懈而著功績，惠則多施博濟而眾庶安和。」
　　頁58。《集注》：「行是五者，則心存而理得矣。於天下，言
　　無適而不然，所謂雖之夷狄，不可棄者。五者之目，蓋因子張

〈顏淵〉

> 子張問：「士，何如斯可謂之達矣？」子曰：「何
> 哉，爾所謂達者？」子張對曰：「在邦必聞，在家
> 必聞。」子曰：「是聞也，非達也！夫達也者，質
> 直而好義，察言而觀色，慮以下人，在邦必達，在
> 家必達。夫聞也者，色取仁而行違，居之不疑，在
> 邦必聞，在家必聞。」

　　子張問士行如何始可謂之達？孔子先反問爾所謂達
之意義何在。子張言以在諸侯之國，卿大夫之家，皆有
名聲遠聞。孔子謂：此乃名聞，而非顯達。繼而詳釋達
與聞之內涵。所謂達者，在天性質直而心志好義；又能
察人言語，觀人容色而慎其應接。且心存謙卑，思居人
下。有此美德，自必邦國私家間，無往不利，而自顯達
矣。所謂聞者，僅外飾容顏，色裝貌取乎仁，而其所行
又與仁德相違。且心安於此，自以為是，一無所疑，如
此，僅能在邦國私家間，有其虛譽名聞而已，未可謂之
顯達也。孔子所以先反詰而又如此詳釋明辨之者，乃達
在誠存乎內，而德孚於人，所謂「言忠信，行篤敬，雖
蠻貊之邦行矣」之通達無礙也。而聞乃無其實德，僅虛

　　所不足而言耳。」頁264-265。又《論語孔門言行錄·十》：
　　「子張能尊賢而容眾，嘉善而矜不能，恭矣，寬矣，敏矣，惠
　　矣，所慮者或信有不足乎？夫子固就其性所近者告之，亦以勉
　　其所未逮也。」頁14。二者所言甚是。

譽名聲動乎人之洶洶囂囂，盈乎耳者也。蓋堂堂乎，辟而過之之張也，其病仍在才高志大，務外飾，好為苟難，而不踐迹，徒義，難與並為仁，以崇其德，辨其惑，故特以質直好義，處以下人；色取仁行違，居之不疑等明告之，以思去其短，而誘掖其所能也。夫子於子張之用心，亦可於此得之矣。**22**

22　《論語體認‧士》：「聞與達是兩個不同的概念，名聞的人與顯達的人，實質是兩種不同人表現的兩種不同心態。前者虛偽、浮誇、矯飾以取虛譽，所謂聞從外而至，其實是欺世盜名而得。後者誠實、篤恭而能處處感到不如人，其實是達由中而出，是修身見之外的效應，名實相符的顯達。」頁797。《論語意原‧三》：「行而人莫不信，達也，名譽昭著於時，聞也。夫有其實者，必有其名，聞亦無害於達也。何以深非之？蓋子張之所謂聞者，以求名之心先之也。苟惟有心於名者，必至務外而忘內，違道以干譽，非所謂達也。惟能誠實而合於義，知人而守之以謙，則無往而不達。既達而聞隨之，亦無惡於聞矣，此夫子意也，文辭之所不及也。」頁17（二冊，十六函）。此論極精。《論語孔門言行錄‧十》：「聞與達即名與實之分，達則務實，聞則務名。務實不求人知，內主忠信，而所行合宜，審於接物，而卑以自牧，皆自修於內者也。聞則專求人知，善其顏色，以取悅於人，而行則背之，又自以為是，而無所忌憚，此自飾於外者也。夫有其實，必有其名，聞亦無害於達，惟有心於名，必致務外而忘內，君子小人之分以此。」頁11。以名實釋聞達而別君子小人，其言甚是。《論語經正錄‧十二》：「汪雙池曰：義是最嚴之事，質直好義，則內直外方，非以圓通為合宜也。察言觀色，慮以下人，尤好義細密處。觀於人所以反於己，不敢自足於己，自不敢多上於人也。此即禮以行之，孫以出之之意。德義人心所同，故苟有實德，則人自無不信服，在邦必達，在家必達，直方大不習，無

〈衛靈公〉

> 子張問行。子曰：「言忠信，行篤敬，雖蠻貊之邦
> 行矣！言不忠信，行不篤敬，雖州里行乎哉？立，
> 則見其參於前也。在輿，則見其倚於衡也。夫然後
> 行。」子張書諸紳。

　　子張問於孔子，如何而能所行無不通達？孔子謂：
言能忠信，行能篤敬，雖蠻貊夷狄之邦，亦行可通達。
否則，即使近在鄉鄰州里，能通達否乎？立時如見忠信
篤敬相值於前，乘車如見忠信篤敬傍乎衡側，無片刻相
離，能如此，則所行無往而不通達矣。子張聞而書之於
紳，以誌不忘也。孔子之所以如此告子張者，蓋亦以堂
堂乎辟而過之之張也，有才高志大，務外飾，好為苟難
之短，故直以反諸己身而教之。孔子於其問崇德也，答
以主忠信、徙義；學干祿也，答以慎言慎行；問善人之

不利也。」頁 43（七冊，十二函）。《論語隨筆・十二》：
「質對文言，文固可喜，質則可信。質對曲言，曲則可易，直
則可畏。此是寧方毋圓，寧拙毋巧之意。質直則中情見貌，不
第以在內言太質則過樸，太直則過激。義有是非可否，經權常
變。好義便不是一味徑情直行，質中又有文，直中又有曲也。
察言觀色，似乎揣摩人情，迎合世故；卻是必不可少的。如侍
於君子，須防三愆，時然後言，聽其言也，觀其眸子之類。此
中正見聖賢真實學問，不徒借人以驗其言行也。慮以下人，猶
言卑以自牧。凡一設想，便要下人，所謂知天下之不可上也故
下之。如此等人，便是能達之權，有必達之理。」頁 13-14
（四冊，二十一函）。亦皆詳乎其言之也。

道也，答以不踐迹：亦不入於室；問仁也，答以能行恭
寬信敏惠五者於天下，為仁矣。幾無一不落實在主忠信
之誠乎中，徙義以崇其德，而篤厚敬慎言行，期其能身
體實踐，力行近乎仁，以救其「然而未仁」，「難與並為
仁」之所短也。子張聞此鞭辟近裏之教，書諸紳而誌之
不忘，將以策驗其行。其「子張，魯之鄙家，學於孔
子。」「顓孫師，駔也，孔子教之。」終為顯士達人之所
在歟？識乎此，孰謂孔門中僅顏回一人好學，今也則
無，未聞好學者也！23

〈為政〉

> 子張問：「十世可知也？」子曰：「殷因於夏禮，
> 所損益可知也。周因於殷禮，所損益可知也。其或
> 繼周者，雖百世可知也。」

---

23 此多就〈顏淵〉、〈為政〉、〈先進〉、〈陽貨〉、《呂氏春秋·
尊師》、《尸子》及〈雍也〉等所言為說。《四書味根錄·論
語·衛靈公》：「此見所行之道，在於立誠也。次節是示以誠
不誠之分，三節教以存誠之功，末節（子）張有志於存誠。總
以誠字為主，忠信篤敬即誠也。」頁4。又《說苑·敬慎》：
「顏回將西遊，問於孔子曰：『何以為身？』孔子曰：『恭敬
忠信，可以為身。恭則免於眾，敬則人愛之，忠則人與之，信
則人恃之。人所愛，人所與，人所恃，必免於患矣，可以臨國
家，何況於身乎？故不比數而比疏，不亦遠乎。不脩中而脩
外，不亦反乎。不先慮事臨難乃謀，不亦晚乎？』」頁88。所
言與此義同。尤以「不脩中而脩外」語，似為務外飾之子張說
法。

子張問於孔子，今後十世之事，可預知乎？孔子告
之謂：殷繼夏，周繼殷，禮多沿襲前代，或有所損益，
皆可考較而知之。其或繼周而興者，亦必有其沿襲損益
軌跡可尋。準此而推之，雖百世之後，亦可知之也。孔
子之所以如此告子張者，蓋禮之可因者，倫理綱常，基
本精神也，此永世不變。至其典章制度之增益廢除，演
進變易，乃就其時宜，或去其太甚，或補其不足，而權
衡修正之者也。後之視今，亦由今之視昔。由古可推
今，察往而知來，故百世後事，亦可知之也，故孔子語
此以告之。**24**

24　《集注》：「胡氏曰：『子張之問，蓋欲知來，而聖人言其既
　　往者以明之也。夫自修身，以至於為天下，不可一日而無禮。
　　天敘天秩，人所共由，禮之本也。商不能改乎夏，周不能改乎
　　商，所謂天地之常經也。若乃制度文為，或太過則當損，或不
　　足則當益，益之損之，與時宜之，而所因者不壞，是古今之通
　　義也。因往推來，雖百世之遠，不過如是而已矣。』」頁26。
　　《論語考輯要·論語·為政》：「三代之制，大抵皆因時制
　　宜，矯偏救弊，各有所尚，其綱常大節則不改，故三代所損
　　益，朱子謂如文質三統之類。蓋文質寬嚴輕重之間，皆隨時而
　　變也。」頁32（一冊，二十函）。《論語集解·二》：「物類
　　相召，勢數相生，其變有常，故可預知。」頁8（一冊，一
　　函）。《論語經正錄·二》：「《顧亭林日記》曰：聖人南面而
　　治天下，必自人道始矣。立權度量，考文章，改正朔，易服
　　色，殊徽號，異器械，別衣服，此其所得與民變革者也。其不
　　可得變革者則有矣，親親也、尊尊也、長長也、男女有別，此
　　其不可得與民變革者也。自春秋之並為七國，七國之並為秦，
　　而大變先王之禮；然其所以辨上下，別親疏，決嫌疑，定是

〈公冶長〉

子張問曰：「令尹子文，三仕為令尹，無喜色。三
已之，無慍色。舊令尹之政，必以告新令尹，何
如？」子曰：「忠矣！」曰：「仁矣乎？」曰：
「未知。焉得仁？」「崔子弒齊君，陳文子有馬十
乘，棄而違之。至於他邦，則曰：『猶吾大夫崔子
也！』違之。之一邦，則又曰：『猶吾大夫崔子
也！』違之。何如？」子曰：「清矣！」曰：「仁
矣乎？」曰：「未知。焉得仁？」

　　子張問於孔子，令尹鬬穀於菟子文，數為新令尹，
無欣喜之色。數遭罷黜，無怨懟之色。又於新令尹初任
職時，將一己前所施行政事詳告之，其人如何？孔子

非，則固未嘗有異乎三王也。故曰：其或繼周者，雖百世可知
也。」頁44（二冊，十一函）。《四書味根錄·論語·為
政》：「此見世變道不變，即往可推來也。任翼聖所因有定；
所損益無定，然損益正以善其因，則無定者亦有定，不可知者
亦可知矣，語意全重所因上。」頁19。《論孟研究論集·論語
子張問十世章研討》：「曰因者，因此而進彼，如宮室因於穴
居，書契因於結繩，這便謂之因。凡禮制政教，自必有因有
革，有損有益，有古而後有今。損者損其失時，益者益所未
備。此百世不易之理，故曰百世可知。」頁278。《批點四書
讀本·論語·為政》：「子張欲知來以數，夫子論知來以理。
重一禮字，禮所以維世，世雖變而禮不變。首尾而可知指未
來，中間兩可知指以往，須扣定知往，推出因往知來。」頁
15。諸說皆是，可參閱。

答：可謂忠於職守者矣！復問：可謂為仁者乎？孔子
答：未知其道德涵養如何，安可謂為仁！又問齊大夫陳
須無文子，於崔杼之弒齊君莊公也，棄其所有財富十
乘，離齊而逃至他國。惟他國政情亦同齊，而謂一如吾
國崔子也。又離而去之，如是者再，其人如何？孔子
答：可謂潔身自好者矣！復問，可謂為仁者乎？孔子
答：未知其道德涵養如何，安得謂為仁！師生之所以如
此問答者，或子張專求之外，而未識仁體，悅於苟難，
而以小者信為大者，故疑令尹子文之謀國忠藎，陳文子
之潔身去亂，已難能可貴而近仁矣。孔子初答以未知，
非謂真不知，乃有所未盡也，故繼而云焉得謂為仁。在
明仁之難成，未可以忠、清仁德之一端，而以全德之仁
許之也。**25**

二

**就子張言士子當有所操持，以立修身大本，
不應執之不弘，信之不篤，
而可有可無、不足輕重於世言之。**

〈子張〉

子張曰：「士，見危致命，見得思義，祭思敬，喪
思哀，其可已矣！」

---

25 孔子不輕以仁許人云云，參閱前德行篇仲弓附注17。

子張謂：士，遇危難能效命，見有得能思義，臨祭
祀能思敬，居親喪能思哀，如此，則庶幾其可也已矣。
所謂見危致命者，恐捐軀體為國，臨危不能效命致死，
損殺身成仁，捨生取義之道也。見得思義者，恐取與授
受，忽乎可以無取而取之之苟得，傷廉也。祭思敬，喪
思哀者，恐敬鬼神祭先祖，輕慢怠忽，不能追遠祭如
在，慎終致乎哀，而失真誠惻怛之敬意與孝心也。四者
乃嚴乎死生義利之立身大節，一有不至，餘不足觀，故
言士能如此，則庶幾其可矣。子張之所以如是言之者，
或見爾時士人，重祿位利益苟得陋行，而忘忠義仁孝等
修身立命大本。故如是言之，以警其失也。 **26**

---

26 此多就《論語・衛靈公》之「殺身以成仁。」《孟子・告子》
之「舍生而取義。」《論語・季氏》之「見得思義。」〈憲問〉
之「見利思義，見危授命。」《孟子・離婁》之「可以取，可
以無取，取傷廉。」《禮・曲禮》之「臨財無苟得，臨難無苟
免。」《論語・八佾》之「為禮不敬，臨喪不哀。」〈子張〉之
「喪致乎哀而止。」〈學而〉之「慎終追遠。」〈八佾〉之「祭如
在，祭神如神在。」《孝經・紀孝行》之「喪則致其哀，祭則
致其嚴」等經文及注疏言之。《四書味根錄・論語・子張》：
「(說統)當頭一士字提起，看其可已矣，猶云：必如此方成為
士耳，乃責備之詞。」頁1。《論語贅解・卷二》：「開口說
個士，便見與流俗人不同。人之通患在避害而趨利，致命思
義，則與眾人之有避有趨者異矣。人之厚德，在追遠而慎終，
思敬思哀，則與眾人之不追不慎異矣。其可已矣，謂只有此等
人，可以為士，不然，便不成其為士。已矣是語辭，不與可字
連。」頁48。善哉其言也。《論語經正錄・十九》：「真西山
曰：義、敬、哀皆言之思，致命獨不言思者。死生之際，惟義

又

子張曰：「執德不弘，信道不篤，焉能為有？焉能為亡？」

子張謂：守德不弘大，信道不篤實，如此，則可有可無，不足輕重矣。所謂弘篤者，乃弘大剛毅，篤厚切實也。能如此，則德不狹隘而孤，心存至誠而有鄰；道不游疑而廢，身負重任而致遠也。否之，則雖存於世，

是徇，有不待思而決也。」又「陳定宇曰：見危致命者，處便而決之於一旦也。思義敬哀者，處常而思之於平時也。平時能思此三者而行之，則其人好義謹厚，己養之有素矣。一旦臨大變，故庶能於當死而必死焉；否則臨財利而苟得，臨喪祭而苟且，何望其臨變故而能死哉！」頁2（十冊，十二函）。《論語存疑·十九》：「諸說皆以致命不言思，謂不待思。愚意竊不然之，死生大事，若不思，得無傷勇也。以見危致命，思不待言也。」頁54（四冊，十八函）。《論語會箋·十九》：「（真西山云云）其言似是而非，人之一生，無時而事不容思，觀於君子有九思可見矣。夫生死固大事，然奚可不思，不思而妄行，安保無徒死。夫士既事君，便致身於君，奚待乎言；然而國勢事體，萬變不窮。其主幼國疑，不可不生存以濟危，寇賊蔓延，不可不脫免以期平殄，則有臨危而不死，方為大忠者，豈可漫無思慮，而以一死塞責耶！若乃世之庸人凡夫，不出於義理之正，而客氣用事者，一有一涉思慮，乃不能畏懦捐生者；然待士以庸人凡夫，亦幾乎不知人矣。故死生最重，故不可不最深思；但以死對思，則死為重，故不言思耳，非不可思也。」頁1。「思不待言」，「不言思耳，非不可思也。」較「不待思而決」為勝。

有之不為重，無之不為輕，又何足言之乎？子張之所以
如此言之者，蓋當時容或有所得而守之太狹，未能養而
大之，修而崇之，安於小成以為是；有所聞而信之不
篤，未能實踐力行，堅守不渝，泥於所宥不知非，故同乎
子夏發為如是共譏之之言也。[27]

27　《論語正義》：「執德不弘，即子夏所言小道不能致遠者也。」
　　頁410。《論語通釋》：「執德不弘，據守德行，不能弘大，
　　也就是安於小成，才能不中用的意思。」頁1144。《論語存
　　疑‧十九》：「執德弘，是器局之大，信道篤、是植立固。執
　　德不弘則德孤，信道不篤則道廢。斯人也，世雖有之無所補，
　　少之無所缺，故曰、焉能為有，焉能為亡。」頁54（四冊，十
　　八函）。《論語隨筆‧十九》：「執德不宏，所謂器小易盈，
　　沾沾自喜，則驕容易生也。小廉曲謹，得之而輒以自滿，則局
　　量褊狹，而容受有限。信道不篤，所謂浮慕淺嘗，二三之見，
　　若存若亡，則胸襟薄弱，而持守不堅。」又「宏則看得天下道
　　德之事，皆吾分內之事。篤則以聖人為必可學，以王道為必可
　　至。」頁2（六冊，二十一函）。《石鼓論語答問‧下》：「執
　　德不弘，則其人無所依據；信道不篤，則其心無所主張。如此
　　等人，蓋無常之人，夫子所謂罔之生也幸而免者也。子張外飾
　　之人，而為論確實如此，可謂進德矣。」頁72-73。《半部論
　　語治天下‧基本修養》：「《論語注解》，於焉能為有而語，多
　　作無足重輕解，疑係非是。蓋焉能為有語，係針對執德不弘，
　　即雖能執德，而無弘大之量，則智識事功，將不能有。」「焉
　　能為無語，係針對守道不篤，即雖能信道，而無忠貞之德，則
　　生死關頭，將不能勘破。」頁57。此解亦有理。

三

就他人問孔子及子張，同門好友論評之二方面言之。

1. 他人問孔子及子張者

〈先進〉

> 子貢問：「師與商也孰賢？」子曰：「師也過，商也不及。」曰：「然則師愈與？」子曰：「過猶不及。」

子貢問於孔子，顓孫師子張，卜商子夏二同門之才性優劣孰較勝。孔子答以師也則過而不已，商也則不及而止。子貢以師之過勝乎商之不及而復問焉。孔子以過猶不及，俱不得中告之。蓋聖門所重，在止乎至善之中，故「中庸之為德也，其至矣乎。」顏子之擇乎中庸，拳拳服膺；虞舜之執其兩端，用其中於民，皆在斯。[28] 又子張才高意廣，過而不已則近狂，子夏篤信謹守，不及而止則近狷，皆不合乎中道。雖不得中道之士，降而得狂狷亦可，故「不得中行而與之，必也狂狷乎！狂者進取，狷者有所不為也。」孔子之所以如此告子貢者，除明聖人之教，在抑其過，誘其不及，期其得

28　參見前言語篇子貢附注34。

乎中道而已外，亦以明師、商二子之短長也。 **29**

〈子張〉

> 子夏之門人問交於子張。子張曰：「子夏云何？」
> 對曰：「子夏曰：『可者與之，其不可者拒之。』」
> 子張曰：「異乎吾所聞，君子尊賢而容眾，嘉善而
> 矜不能。我之大賢與，於人何所不容？我之不賢
> 與，人將拒我，如之何其拒人也？」

子夏之門弟子，問子張交友之道如何？子張反問之
曰：「汝師子夏如何言之？」對曰：「可者則與之友，
否則拒而不交。」子張聞而復告之曰：異乎吾所聞諸夫
子者。君子人敬重賢哲而包容眾庶；推崇智能而體卹愚
劣。若我為大賢，德能兼備卓絕，於人何所不容？否
之，則人將拒我，又何暇而拒人乎！子張蓋以子夏本乎
夫子毋友不如己者，此係為初學者所言，恐結交損友而
累己也。但如墨守此一原則，恐將失夫子汎愛眾，而親
仁，為成德者所言之旨矣，故子張如此告之。 **30**

2.同門好友論評之者

> 曾子曰：「堂堂乎張也，難與並為仁矣。」

曾參謂：子張容儀，堂堂然美盛，過於飾外自矜，

---

29 參見前言語篇子貢附注35。
30 參見前文學篇子夏附注34。

難與之共同為仁也。蓋子張注重冠服，善求聲譽，習於容止威儀之講求。又因才高意廣，性稍偏激，行復不拘小節過乎中正，而近乎狂。抑或有矜情文過繆行，故後人或斥之為禹行舜趨賤儒，而曾子有此似帶貶抑，實則直言相規勉之言也。[31]

〈子張〉

> 子游曰：「吾友張也，為難能也！然而未仁！」

子游謂：吾友子張，才識為人所難及，惟尚未至乎仁耳。子游以子張才識宏遠，他人難以企及；惟堂堂盛乎威儀，習於容止，務外自飾，而內少誠懇惻怛之心，病其德業未純，難與並為仁，故如此言之，以相規勉也。[32]

31　《論語正義》：「弟子群居脩德講學，皆是為仁；但必忠信篤敬，慮以下人，而後與人以能親，容人以可受，故可與並為仁。若容儀過盛，則疑於矜己，或絕物矣，故難與並為仁。」頁406。《論語隨筆・十九》：「仁必深潛縝密，鞭辟近裏，而後可共為之。子張之學，病在誠意不至，與曾子之省身慎獨者正相反，故曰：難與並為仁。」頁11（六冊，二十一函）。皆頗得此章之旨。

32　此多就《集注》為說，惟仁道至大、至高、至宏遠，孔子猶未敢自居。《論語》中僅言殷有三仁，管仲唯其仁，顏淵三月不違仁而已。故甚多有關問仁者，孔子多以不知，焉得仁答之。子游此處所言，然而未仁，下章曾子言，難與並為仁。恐非微辭以病之，不盡如《集注》所言者也。詳趙龍文《論語今釋》。又程樹德亦略謂：子游吾友張也，友、動詞，與子張為

小 結

　　就以上粗略陳述，於《論語》二十一則有關子張記載中，除少數無涉子張之行誼外，綜合觀之，可大體發現，在稟賦個性上：則由「師也辟」，「師也過」，「堂堂乎張也」等，可知其偏激狂放，博接從容，才高志大，識量恢弘，務廣遠，尚儀文，好為苟難，而少翕聚斂抑也。在學養操持上：則因多問，而知其好學，且由「子張書諸紳」一語，知誌之不忘，思有所策驗，起而身體力行，以達孔子之所期也。在政績功業上：則子張雖有學干祿，問政，問何如斯可以從政，孔子亦多以仁政德化教之；但以少仕進，故無甚政績。但由問行、問明、問達、問善人之道、問仁等，孔子亦多以言忠信，行篤敬，踐迹等重在存誠立本，反身而行教之。問者

　　友也，所以友子張之故，因其才難能可貴，己雖有其才，然未及其仁也。未仁指子游說。曾子堂堂乎張也，亦言子張仁不可及也。雖與並，不能比也。曾、張友善如兄弟，非貶其堂堂也。詳程氏《論語集釋》，皆可取閱參考。而張鎬敏以為曾子與子游所言「堂堂乎張也」、「吾友張也」，張字僅為侈大義，其人究誰何？不知。但斷非顓孫師子張。其說甚辯，有意一探究竟者，似可取《論語說約・張也說》參讀之也。前引《大戴禮・衛將軍文子》：「美功不伐，貴位不善，不侮可侮，不佚可佚，不敖無告，是顓孫師之行也。」頁227。子張之行如此，確為人所難及者也。《論語別裁》：「子張是個堂堂正正的大丈夫。」頁883。解為為動詞，堂堂為堂堂正正，甚未必切，恐亦據〈衛將軍文子〉云云而言也。

多，得孔子直接答問教言夥，故能有子張自言「士、見危致命，見得思義，祭思敬，喪思哀」及「執德不弘，信道不篤，焉能為有，焉能為亡」之大成也。雖如此，或因其志廣遠而言涉傲忽，故同門好友有「吾友張也，為難能也，然而未仁。」「堂堂乎張也，難與並為仁矣」之言。此雖不全係貶抑輕侮語，或意在直言相規勉，然細思之，終感似有不足之微詞在也。33

33　王夫之於子張涵養操持，進德而至大成偉業之造詣，多有薄之之言，詳見《讀集注大全》有關諸章，似可取閱參考。

叁、結論

　　曾參、子張，或以年太少，未及從在陳、蔡，故不在四科十子內。其所以不得不次於此者，以其體道之深，成就之大，貢獻之多，影響後世之廣遠。於孔門中，不僅不遜於前述十子，甚而有言其所未言，行其所未行，補其不足，而達以儒家為代表我國固有文化之人文教育最完善境地者。亦「具體而微」，得「聖人之一體」者也。《闕里誌》將曾子置入四配，子張置入十哲，故本書別於四科十子外其他弟子，而次於此，似無不宜。**34**

34　《靖節先生集·七·右四科見論語集注》：「《何注》，世所謂十哲者，唐孔廟顏子配享，升曾子為十哲，及後曾子配享，升子張為十哲。」頁70。四配十哲共十四子，除子思、孟子未及門外，餘十二子盡在此。

附　記

壹、各單篇文成後，明其或在學術研討會宣讀
　　及發表刊物。

一、〈論語中之顏淵〉，民國八十八年四月，於師大、淡
　　江、臺大主辦之紀念許世瑛先生九十冥誕學術研討
　　會中宣讀，並收入該論文集中。

二、〈論語中之子貢〉，民國八十九年五月，於國立政治
　　大學中文系所校友論文發表會中宣讀。

三、〈論語中之冉有〉，民國九十二年二月，收入喬衍琯
　　教授七十五壽誕論文集中。民國九十四年五月，於
　　國立政治大學中文系所校友論文發表會中宣讀。

四、〈論語中之子路〉，民國八十七年五月，於國立政治
　　大學中文系所校友論文發表會中宣讀，並於1999年1
　　月，收入臺灣學生書局印行之《張以仁先生七秩壽
　　慶論文集》中。

五、〈論語中之子夏〉，民國九十年五月，於國立政治大
　　學中文系所校友論文發表會中宣讀。

六、〈論語中之曾參〉，民國八十八年五月，於國立政治

大學中文系所校友論文發表會中宣讀，並於2001年9月，收入北京、中華書局發行，由濟寧市地方史志主編之《曾子及其里籍》論文集中。而2004年9月，北京群言出版社發行，嘉祥曾子研究會主編之《曾子及其孝道》論文集，又轉載全文。

七、〈論語中之子張〉，民國九十二年十二月，於國立臺灣師範大學文學院及國文學系，中國經學研究會，孔孟學會主辦之第三屆中國經學國際學術研討會中宣讀，並收入該論文集中。

貳、誌謝語

本書承山東大學古籍研究所、曲阜師範大學孔子文化研究學院、山東省地方史志委員會，濟寧市、嘉祥縣、鄒縣三文史資料委員會諸學術單位，西北大學周禎祥、曲阜師大駱承烈、淡江大學王甦、中興大學曾厚成、中研院蔡哲茂諸教授，惠寄有關資料或賜予寫作意見。各單篇文成後，多蒙歐陽炯、王甦、趙制陽、曾厚成、朱維煥諸教授，削其贅疣，補其不足，繩其繆誤、正其偏頗，甚而修飾潤色其文字，以救其將失。而研究生陳伯适複印資料，黃端陽、黃東陽、鄭建忠、李旼姈、楊明、陳銀桂等同學先後電打、排版、校對。又陳銀桂同學長期襄助，堪稱責任編輯。使本書較少繆誤缺失，皆惠我良多，特一併於此致深切謝意。

民國九十一年十二月十四日於臺北木柵寄寓亦圃齋

書　後

壹、寫作過程中或偶產生之感慨

　　此書之所以成，轉折甚多。起初本為友人祝壽，紀念師長冥誕，主動發自情志，不寫不快。其後有人或學術研討會索稿，不寫不可。而數單篇文成後，竟又欲集為一書。於此情況下，問題遂產生。書名如何取？章節如何分？資料如何安排？甚而如何行文、如何附注等，皆難以解決。「修正」，談何容易，有時以甲篇為準，修正乙篇，竟又與丙篇不統一。「再修正」，最後甚或有回還原點情事。其中痛苦，難以形容。有時或無意間將此等感慨書寫在修正稿上：

　　　自找罪受，累死人了，何苦來哉？……甚麼時代
　　　了，還在舊紙堆中翻呀翻，找呀找，費這麼大牛力
　　　氣，整理這些別說別人不看，就連自己也厭惡的無
　　　用東西。……撕碎，燒燬！……

雖如此心灰、意冷、無奈、否定自己，但當老友或學生
如此言：

> 所示大作，當依例說「不單簡，讚。」此論極是，
> 有學問。……（民國四十五年，預官入伍訓練時，
> 一山東鄉長司令官，將「比較不簡單，」用家鄉土
> 調說為「較比不單簡。」同班好友，常以「到底俺
> 出聖人，孔、孟之鄉的老山東有學問，出語不
> 凡。」而相挖苦山東同學者，……亦有好友戲呼筆
> 者為「山東」綽號迄今者。）只有你老哥的文章我
> 可以改正，因為你是真心的囑託。……這樣修正，
> 似乎更好些。……而校對、整理老師的文章，學到
> 太多作學問的態度、方法與執著云云。

此等言論，勿論係真稱讚或揶揄，竟又成為激勵一己再
受罪、再累、不得不再撐到最後完成之動力。又爾來經
濟不景氣，百業蕭條，出版界除有銷售市場文字願發行
外，一般學術性文字乏人問津，更何況在舊紙堆中檢拾
出之無用廢物？因之，老友常在信中有：

> 我們這些LKK嘔心瀝血的東西，是不會有人出版
> 的。即使出版，也少有人翻閱。真的是「自找罪
> 受」、「自討苦吃」、「賤骨頭」。但話又說回來
> 了，自命是讀書人，不這樣行嗎？……好在我們現
> 在仍不放下筆，非在修學位、謀出路、升等、出鋒

頭、打知名度。更非在賺稿費、拿版稅。

又最近與分別五十五、六年，國立二十二中同學取得聯
絡，在回信中有：

> 別誇我仍在讀書，仍在寫東西，有甚麼不得了。想
> 想看，在作流亡學生時，跑警報，逃戰火，沒好好
> 讀書。在當勤務兵時，搬桌子，倒開水，沒好好讀
> 書。在讀大學、讀研究所時，該可以好好讀書了；
> 但為了自己或家人的起碼生計，而去刻鋼版，教家
> 教，或違法作地下教師，也沒好好讀書。到大學教
> 書後，又為升等，甚而為爭取國科會補助，花太多
> 時間，也並未全為自己的喜愛而好好讀書。想來確
> 有太多悔恨！現在可以好好讀自己的書了，但年齡
> 確也真的老了。要讀的書那麼多，不知道自己究竟
> 還有多少時間可以繼續讀下去，能再虛擲來日無多
> 的歲月嗎？

已髦老之年，又退休甚久。其所以如此者，似在彌補往
昔之喪失，減少日後之悔恨，而自我陶醉，思給予流亡
數十年，諸多變態心理少許補償與慰藉而已，然否?!

> 沒人出版，自己叫孩子們湊錢印；沒人翻閱，送勞
> 心傷神修正的老朋友，討一聲「有學問。」「不單
> 簡，讚。」或是「找些紕漏，與老友逗逗嘴，互罵

一陣。」不也很好嗎？

寫至此，又真忘卻所有受罪、痛苦等感慨，而自我陶醉，於飄飄欲仙中，竟由LKK，躍升至阿Q之境矣。

貳、附錄維煥兄遺墨真迹以誌念

在師大同住一寢室同班同學又同宗，而被戲稱為「一頭豬」（朱守亮、朱維煥，取諧音豬首、豬尾。）在逾半世紀交往中，能正我得失人鏡者諸諍友之一，今已作古，哀戚何可言喻。維煥兄病前，本書各單篇文成後，無不蒙其修正，此已於前誌謝語中言之。至詳其所患病情後，以欲稍減其苦痛，諸好友約定：多述往昔相處時瑣屑事，思喚其美好回憶，暫時減少病中苦痛。因之，魚雁往返頗多，而不顧，甚而有傷及其病體也。來函於出殯前皆寄返臺中，或備製作追思錄、紀念集等參考之用。惟於本書之增刪修正真迹，多已不存。特索回與厚成兄戲為聯語修正後之數則附於此，除見其深厚功力外，亦在存其遺墨真迹，以誌吾念也。

亦闻哲

但願會
會

亦不屑生，自用文章警誨也。

剛毅木訥，則順……蓄長……為敗心性劉山林。

(一)、「自有」，筆勢太過。「但願」，則盡心焉耳。

「會」，「以文會友」也。

(二)、用「通」字，愚謂賢喆。用「萬長」，所以喻之

也。用「順」輕「從」自然。用「到」，下筆太重、用「

定」，所以安於斯。

說　明

　　齋下當加「之二」。又此聯本係厚成兄戲為之之作，並非一己自撰，不僅維煥兄有「筆勢太過」、「略嫌質直」語，王甦兄見而亦電話謂：「何以有如此自誇口氣！……」經說明後始釋然。猶記回維煥兄函中似有抱屈，而厚成兄笑謂「剽竊他人作品，據為己有，活該挨罵」戲謔之言。日前聞厚成兄似亦為維煥兄之作古誌念，而將該聯有所改易也。

「清溪事之二」迎賞客

企見南針，欲改利樣，一路飛花見身。

且志

恆異東野，朗朗光華，半檐明月成嬌身。

澄鮮心

(一)、用「企」字，則覓南針見真執著。用「何」字，

有「何處」之意、「無感」之意，有「何必」之意、「示

必」之意。而「覓」之情態灑然矣。迴旋之空間大矣！

(二)、「迎賞客」、「澄身心」，此亦圍齋主人願徜徉

之順俗而脫俗。

說　明

　　「清溪亭之二」，應作「亦圃齋之一」。又八十八年陰曆年，外孫張亦儒寒假作業有抄甚麼「冬去……」、「春來……」舊有聯語相求，乃就木柵政大周遭環境，戲為聯：「冬去醉夢溪水暖，[1]春來夏木漱石新。[2]」並乘興撰一張貼居室門聯：「大門前古道飛花遊客眾，[3]陋室側小橋流水[4]雅士多。」日前老友曾子厚成至舍下，見門聯「古道飛花遊客眾」語，意謂甚多人登指南山，膜拜為禮，求神問卜，多在乞神靈能給予如何升官發財、永保權勢，或巧有邂逅驚豔之指南針或名牌。以全心營營乎此，竟於登山途中之清風淡香，渾然不知。甚而蛙鳴蟬

1　政大學生呼由木柵貓空流下經校內之無名溪分三段，曰尋夢、驚夢、碎夢，總名之為醉夢溪。又或取置身於此，渾然忘我，有「醉翁之意不在酒，榮華浮沈夢黃粱」之頓悟，而生大千物象盡虛幻，當縱情山水林鳥之樂，始得人生真諦之感，故以醉夢名之也。
2　十多年前，市府將居室右側政大附近諸小山、丘陵剷平，為臺北第二模範別墅區，有柏克萊、東坡庭、樹海、花鄉、夏木漱石等區，總名之曰夏木漱石。
3　指南山朝山進香舊石階登山古道，兩側植有桂花、杜鵑、七里香等。
4　本由木柵動物園後山流下之小溪，夏木漱石整地時起，市府即先後大加整理，闢為親水步道公園；並以原木架數橋通往來，最後完工者為清溪綠地、石拱橋及長廊，即下所謂之清溪亭云云。

唱耳不聞，蜂飛蝶舞目不見，深以為憾。惟寂靜、閒淡
如亦圃齋主人者，始能洞悉「林間松韻，石上泉聲，靜
裡聽來，識天地自然鳴珮；草際煙光，水面雲影，閒中
觀去，見乾坤最上文章」之真趣也。歸而電話：「企覓
南針，一路飛花人見少；恆昇東野，半牆明月我憐多」
以相贈。讀後，提筆於上聯南針、下聯東野下，各增
「孜孜利祿」、「朗朗光華」四字，並注明：「如此是否
為蛇足，請斟酌。」曾子電話笑謂之曰：「意在含蓄稱
美，今閣下竟露骨自命為清雅淡逸識真趣之士矣！」吾
默然久之，竟不能對。念孜孜矻矻，不可終日；勞形苦
心，至老未歇，何來清雅淡逸？且流連物象，情為之
遷；沈吟視聽，志為之奪，又何能識其真趣？曾子意在
含蓄美我，己不我知；而露骨自命云云，又罪我過深
也。若不以此自白，想必復笑我：「說老朱胖，今竟發
喘。」而真不我知矣！是為識。九十年五月二十七日。

　　此聯成後，頗有自以為不平凡，鄙視他人之嫌。因
之，除極少數友人寄贈，請其修正外，並未外流，恐遭
人譏。今維煥兄如此改易，明春則可書而張貼於大門外
矣。（趙教授制陽兄又易數字，修正為：「何覓南針，
且忘孜孜利祿，一路清風迎賓客。時臨東畝，但求默默
耕耘，半牆明月澄身心。」並存可也。九十一年十二月
二十一日。）

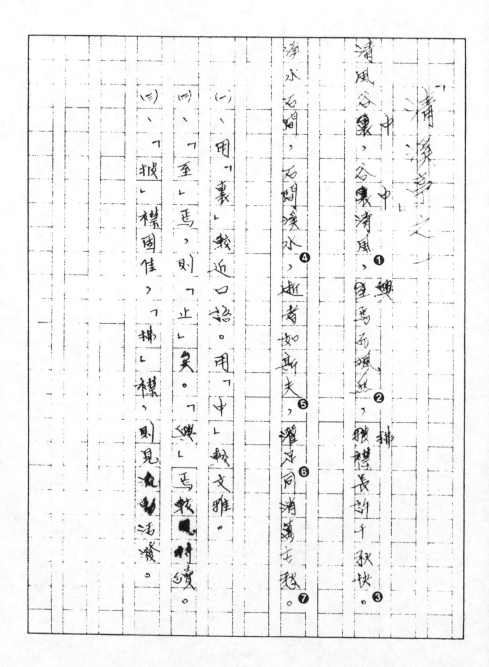

清溪亭之一

清風谷裏，谷裏清風，❶
與
飛馬所城然，❷
梯樣長新千秋快。❸

清水石磵，石磵溪水，❹
逝者如斯夫，❺
濯足同消萬古愁。❻❼

(一)、用「裏」較近口語。用「中」較文雅。

(二)、「至」「焉」，則「止」矣。「與」「馬」較風趣持續。

(三)、「披」「樣」尤佳，「梯」樣，則見汩動活潑。

說　明

「一」當作「二」，又與曾子原成此聯之注及譯意：

〈注〉

①采《詩經‧谷風》意。

②宋玉賦：「有風颯然而至。」

③用楚王之歎及〈黃州快哉亭記〉語意。

④謂溪水流經石間，兼寓王維詩「清泉石上流」意。

⑤孔子川上之歎曰：「逝者如斯夫，不捨晝夜。」

⑥濯足

　　1. 詩：「滄浪之水，……可以濯我足。」

　　2. 陶淵明詩：「山溪清且淺，遇以濯我足。」

⑦謂消除亙古以來晨起夜寐，登假跋涉時之有所感觸也；李白詩：「與爾同消萬古愁。」

〈譯意〉

清風吹進了山谷，山谷迴盪著清風。當它吹到面前時，還帶著些兒颯颯的聲音。此情此景，讓古往今來的人都會讚許一聲：「爽啊！」

溪水流過了石間，石間潺湲著溪水，那水不斷地向前奔流，象徵著人生無盡的奮鬪、永恆的不朽。且把雙足伸入溪流，讓清涼的水，洗去凝結鬱積甚久的人世間的塵囂煩擾、生命中的淒切哀愁吧！

「清溪亭」之三

橋上清溪，矯「清溪」，臺灣如許

隨溪流清自「姓」

日科政大，日誇政大，百年大學政何好。？？？

日誇政大，百年大學政何好。無常

㈠、「清自姓」，清之至也。「清如許」，對「清之

至」之數，兼淵瀠往之意。

㈡、上聯「上」「下」為方位形容詞。下聯「稱」「

㈢、似乎牽強以對。可否改為「村前」「村後」？

㈣、「政何存」，似乎貶損太過。「政無章」，則見

前、後期比較如見之無奈。「政何存」可能被刪為指百年大學。

說　明

　　「三」當作「一」，又原聯之所以成：九十年五月二十日傍晚，與好友曾子厚成、潘子扶雄，由新建清溪綠地橋側，溯流而上。遠望源頭白練高掛，溪流則在新建橋上，後復經橋下流入政大。是日適為政大校慶，乃暢言昔日黨校建國之輝煌歷史，眉飛色舞，心甚樂之。惟突觸及政黨輪替後週年，每下愈況，諸多日益式微情事，頗有「新亭對泣」，慨然係之之感。曾子就當下目所見、心所思實況，口吟「橋上清溪，橋下清溪，一道溪流清自在。日稱政大，日誇政大，百年大學政無能」為聯，蓋歎國事日非，而當前政事，雖如政大之盛，亦無能為力也。相對默然。余以任教政大逾四十載，於曾子所言，痛切尤深。乃思爾來組聯合政府說甚囂塵上，政治情勢想必有所改觀；而日後改選，其舊業重光，聲威再振，勢屬必然，亦惟政大所奠之宏基是賴。爰將「能」字易為「疆」字，謂百年老店政教今後必大有可為，澤及後世，綿延無窮也。曾子可之。次日又接電話，謂「『政無能』在今日雖屬事實，但多係人為，非在政教；且此三字恐涉輕慢，易致誤會，倘有以此相責，則失吾等本意矣！擬將『無能』易為『何存』，藉資惕勵，並祈能找回正確方向，以挽將墜、拯既倒也。」吾聞而頗以為然。惟「政何存」仍屬消極，如將「何」字易為「長」字，則可一如前所云「無疆」矣。不知曾子以為如何？書此以伺機再請其裁定之也。九十年五月二十九日。

參考書目

　　本書目所列參考書，多為所引用資料之書籍，至若注中所引單篇文章，為省篇幅，此處從略。所列諸書先以性質分類，每類再按時代先後或出版年月排列，其時代顯明在前者例外。又每一古書，多有考證、校注、詮釋、研究等論著，今僅舉原書，其他不一一列舉。

壹、有關《論語》者

一、嚴靈峰先生無求備齋，民國五十五年臺北成文出版
　　社影印之《論語集成》，自成體例，茲列之於前，以
　　存其舊

　　（一）白本文
　　《篆文論語》，二卷，吳大澂書，蘇州振新書社景印
　　　　本。
　　《唐卷子本論語》，十卷，闕名書，纂喜廬叢書本。

《論語白文》，一卷，闕名刊，宋刊八經巾箱本。

《天文本論語》，十卷，闕名刊，日本天文二年刊
　　本。

《論語古訓正文》，二卷，太宰純撰，日本嵩山房刊
　　本。

《漢熹平石經論語》，一卷，蔡邕書、馬衡撰集，漢
　　石經集成本。

《唐開成石經論語》，二卷，鄭覃檢校、艾居晦書，
　　百忍堂刊本。

《唐石經論語考正》，一卷，王朝璩撰，豫章叢書
　　本。

（二）全解本

《論語集解》，十卷，何晏撰，天祿琳瑯叢書景元盱
　　郡刊本。

《論語集解》，十卷，何晏撰，日本正平十九年刊
　　本。

《論語集解》，十卷，何晏撰，日本津藩有造館刊
　　本。

《論語義疏》，十卷，皇侃撰，日本元治元年萬蘊堂
　　刊本。

《論語義疏》，十卷，皇侃撰，日本懷德堂排印本。

《論語集解義疏》，十卷，皇侃撰，知不足齋叢書
　　本。

《論語注疏》，十卷，邢昺撰，日本澀澤榮一景印宋
　　刊本。

《論語注疏》，十卷，邢昺撰，明汲古閣刊十三經注
　　疏本。

《論語集註》，十卷，朱熹撰，吳志忠景宋刊本。

《論語全解》，十卷，陳祥道撰，明謝氏小草齋鈔本
　　排印本。

《論語集編》，十卷，真德秀撰，通志堂經解本。

《論語纂疏》，十卷，趙順孫撰，通志堂經解本。

《論語集說》，十卷，蔡節撰，通志堂經解本。

《論語集註纂箋》，十卷，詹道傳撰，通志堂經解
　　本。

《論語集註大全》，二十卷，胡廣撰，明內府刊本。

《論語直解》，二十卷，張居正撰、姚永樸刪節，志
　　正中學講義排印本。

《論語點睛補注》，二卷，釋智旭撰、江謙補注，香
　　港佛經流通處排印本。

《論語訓義》，二十卷，王夫之撰，太平洋書局船山
　　遺書排印本。

《論語傳注》，二卷，李塨撰，顏李叢書本（附「傳
　　注問」一卷）。

《論語正義》，二十四卷，劉寶楠撰，淮南書局刊
　　本。

《論語後案》，二卷，黃式三撰，浙江書局刊本。

《論語話解》，十卷，陳澧撰，清光緒二十九年湖南
　　洋務局刊本。

《論語經正錄》，二十卷，王肇晉撰，清光緒二十年

刊本。

《論語訓》，二卷，王闓運撰，湘綺樓全書本。

《論語注》，二十卷，康有為撰，萬木草堂刊本。

《論語古注集箋》，二十卷，潘維城撰，皇清經解續
　　編本。

《論語疏證》，二十卷，楊樹達撰，科學出版社排印
　　本。

《論語古義》，十卷，伊藤維楨撰，日本東洋圖書刊
　　行會排印本。

《論語古訓》，十卷，太宰純撰，日本嵩山房刊本。

《論語繹解》，十卷，皆川願撰，日本東洋圖書刊行
　　會排印本。

《論語語由》，二十卷，龜井魯撰，日本東洋圖書刊
　　行會排印本。

《論語解》，二十卷，昭井一宅撰，日本東洋圖書刊
　　行會排印本。

（三）札記本

《論語音義》，一卷，陸德明撰，士禮居叢書本。

《論語音義》，一卷，陸德明撰，通志堂經解本。

《論語筆解》，二卷，韓愈、李翱，明范氏二十一種
　　奇書本。

《論語拾遺》，一卷，蘇轍撰，指海本。

《南軒論語解》，十卷，張栻撰，通志堂經解本。

《癸巳論語解》，十卷，張栻撰，學津討原本。

《論語意原》，四卷，鄭汝諧撰，武英殿聚珍版叢書

本。

《論語解》，一卷，員興宗撰，四庫全書寫本。

《讀論語叢說》，三卷，許謙撰，元刊本。

《論語集註考證》，十卷，金履祥撰，退補齋刊本。

《論語辨惑》，四卷，王若虛撰，潯南遺老集鈔本。

《論語通》，十卷，胡炳文撰，通志堂經解本。

《論語辨疑》，七卷，陳天祥撰，通志堂經解本。

《論語通證》，二卷，張存中撰，通志堂經解本。

《論語箋義》，三卷，趙悳撰，守山閣叢書本（附「補遺」一卷）。

《論語蒙引》，四卷，蔡清撰，明崇禎八年刊本。

《論語存疑》，四卷，林希元撰，日本承應二年覆刊明崇禎本。

《論語外編》，十八卷，李杕撰，明萬曆十二年刊本。

《論語類考》，二十卷，陳士元撰，湖海樓叢書本。

《論語稗疏》，一卷，王夫之撰，皇清經解續編本。

《論語稽求篇》，七卷，毛奇齡撰，毛西河集本。

《論語講義》，二十卷，呂留良撰，清康熙二十五年天蓋樓刊本。

《讀論語劄記》，一卷，李光地撰，綠猗堂抄本。

《論語考輯要》，九卷，陳宏謀撰，清培遠堂刊本。

《論語古義》，一卷，惠棟撰，九經古義刊本。

《論語隨筆》，十七卷，牛運震撰，清嘉慶四年空山堂刊本（原缺三卷）。

《論語札記》，三卷，朱亦棟撰，十三經札記刊本。

《論語竢質》，三卷，江聲撰，琳瑯祕室叢書本。

《論語附記》，二卷，翁方綱撰，畿輔遺書本。

《論語後錄》，五卷，錢坫撰，錢氏四種本。

《論語義證》，一卷，武億撰，皇清經解續編本。

《論語餘說》，一卷，崔述撰，崔東壁遺書本。

《論語駢枝》，一卷，劉台拱撰，廣雅叢書本。

《論語古訓》，十卷，陳鱣撰，浙江書局刊本。

《論語通釋》，一卷，焦循撰，木犀軒叢書本。

《論語補疏》，二卷，焦循撰，皇清經解本。

《論語魯讀考》，一卷，徐養源撰，湖州叢書本。

《論語註參》，二卷，趙良猷撰，涇川叢書本。

《論語校勘記》，二十卷，阮元撰，清江西南昌府學
　　刊本。

《論語釋文校勘記》，一卷，阮元撰，皇清經解本。

《論語孔注辨偽》，二卷，沈濤撰，功順堂叢書本。

《論語述何》，二卷，劉逢祿撰，皇清經解本。

《論語偶記》，一卷，方觀旭撰，皇清經解本。

《論語旁證》，二十卷，梁章鉅撰，清同治十一年刊
　　本。

《論語拾遺》，二卷，林春溥撰，竹柏山房叢書本。

《論語纂言》，十卷，宋翔鳳撰，清嘉慶八年刊本。

《論語說義》，十卷，宋翔鳳撰，皇清經解續編本。

《論語異文考證》，十卷，馮登府撰，石經閣五種
　　本。

《論語補註》，三卷，劉開撰，清同治七年刊本。

《續論語駢枝》，一卷，俞樾撰，俞樓雜纂本。

《論語鄭義》，一卷，俞樾撰，俞樓雜纂本。

《論語古注擇從》，一卷，俞樾撰，俞樓雜纂本。

《論語平議》，二卷，俞樾撰，群經平議本。

《何休注訓論語述》，一卷，劉恭冕撰，鈔本排印本。

《論語正義補》，一卷，劉恭冕撰，皇清經解續編本。

《朱子論語集註訓詁考》，二卷，潘衍桐撰，浙江書局刊本。

《論語發隱》，一卷，楊文會撰，金陵刻經處刊本。

《論語皇疏考證》，十卷，桂文燦撰，庚辰叢編本。

《論語徵知錄》，一卷，陳漢章撰，綴學堂叢稿初編本。

《論語天文本校勘記》，一卷，葉德輝撰，清光緒二十八年長沙葉氏刊本。

《廣論語駢枝》，一卷，張炳麟撰，章氏叢書續編本。

《論語足徵記》，二卷，崔適撰，北京大學排印本。

《論語詭略》，二卷，張鼎撰，春暉堂叢書排印本。

《論語說遺》，二卷，張鼎撰，春暉堂叢書排印本。

《論語新證》，一卷，于省吾撰，排印本。

《論語辨》，三卷，趙貞信撰，樸社叢書排印本。

《讀論語札記》，一卷，嚴靈峰撰，打字景印本。

《論語徵》，十卷，物雙松撰，日本東洋圖書刊行會
　　排印本。

《論語考文補遺》，十卷，山井鼎、物觀，日本寬政
　　三年須原屋茂兵衛刊本。

《論語考文補遺》，十卷，山井鼎、物觀，清嘉慶二
　　年小瑯嬛僊館刊本。

《論語徵批》，一卷，岡白駒撰，日本東洋圖書刊行
　　會排印本。

《論語新註》，四卷，豐島幹撰，日本東洋圖書刊行
　　會排印本。

《論語筆解考》，二卷，伊東龜年撰，日本明和八年
　　嵩山房刊本。

《論語逢源》，四卷，中井積德撰，日本東洋圖書刊
　　行會排印本。

《論語集解考異》，十卷，吉田漢官撰，日本東洋圖
　　書刊行會排印本。

《論語駁異》，一卷，海保鶴臯撰，日本東洋圖書刊
　　行會排印本。

《論語考文》，一卷，豬飼彥博撰，日本東洋圖書刊
　　行會排印本。

《論語說抄》，一卷，豬飼彥博撰，日本東洋圖書刊
　　行會排印本。

《正平本論語札記》，一卷，市野光彥撰，日本文化
　　十年刊本。

《正平本論語札記》，一卷，市野光彥撰，日本東洋

圖書刊行會排印本。

《論語欄外書》，二卷，佐藤坦撰，日本東洋圖書刊
行會排印本。

《讀論語》，一卷，廣瀨建撰，日本東洋圖書刊行會
排印本。

《論語知言》，十卷，東條弘撰，日本東洋圖書刊行
會排印本。

《論語劄記》，一卷，剛田欽撰，日本精義塾刊本。

《論語序說私考》，一卷，伊藤馨撰，日本排印本。

《論語義疏校刊記》，一卷，武內義雄撰，日本懷德
堂排印本。

（四）輯佚本

《鄭康成論語注》，一卷，王謨輯、江帆校，漢魏遺
書鈔本（附王謨輯、鄭漣校「孔子弟子目
錄」）。

《皇侃論語義疏》，一卷，王謨輯、涂象淵校，漢魏
遺書鈔本。

《郭象論語隱義》，一卷，王謨輯，漢魏遺書鈔本。

《逸論語》，一卷，王謨輯，漢魏遺書鈔本。

《論語鉤沉》，一卷，余蕭客輯，古經解鉤沉本。

《鄭玄論語注》，十卷，袁鈞輯，鄭氏佚書本。

《論語鄭氏注》，十卷宋翔鳳輯，食舊堂叢書本（附
「師法表」一卷，「弟子目錄」一卷）。

《論語古解》，十卷，梁廷枏輯，藤花亭十七種本。

《論語緯》，二卷，孫轂輯，墨海金壺本。

《宋均注論語讖》，八卷，馬國翰輯，玉函山房叢書
　　本。

《論語古注》，七十二卷，馬國翰輯，玉函山房叢書
　　本。

《逸論語注》，一卷，黃奭輯，漢學堂叢書本。

（五）敦煌唐寫本

《唐寫本論語鄭注》，一卷，鄭玄撰，羅振玉景印敦
　　煌寫本（原闕）。

《唐寫本論語集解》，一卷，何晏撰，敦煌秘笈留真
　　新編本（原闕）。

《唐寫本論語義疏》，一卷，皇侃撰，敦煌秘笈留真
　　新編本（原闕）。

（六）索引本

《論語詞典》，一卷，楊德崇編，藝文印書館排編
　　本。

二、補列嚴靈峰無求備齋所未收或一己所採用非《論語集成》版本者

《論語集解義疏》，魏，何晏集解、梁，皇侃疏，廣
　　文書局。

《論語注疏》，魏，何晏等注、宋，邢昺疏，藝文印
　　書館十三經注疏。

《論語筆解》，唐，韓愈、李翺注，中國子學名著集
　　成編印基金會。

《論語雜解》，宋，游酢，四庫全書本游薦山集。

《公是先生七經小傳》，宋，劉敞，四部叢刊二編，
　　影印上海涵芬樓天祿琳瑯宋刊本。
《論語或問》，宋，朱熹，中文出版社近世漢集叢
　　刊。
《南軒論語解》，宋，張栻，漢京文化事業公司通志
　　堂經解。
《論語集說》，宋，蔡節，漢京文化事業公司通志堂
　　經解。
《論語學案》，明，劉宗周，文淵閣四庫全書本。
《論語商》，明，周宗建，文淵閣四庫全書本。
《論語贅言》，清，宋在詩，山西，山西省文獻委員
　　會山右叢書（乾隆）。
《二論詳解》，清，劉忠，清光緒年間狀元閣刊本
　　（乾隆）。
《論語說》，清，程廷祚，金陵叢書。乙卯病月蔣氏
　　慎脩書屋校印。
《論語說約》，清，聶鎬敏，衡山思誠室刊本，道光
　　辛巳年。
《論語實測》，清，徐天璋，東北大學藏書。
《論語稽求篇》，清，毛奇齡，藝文印書館皇清經解
　　四書類彙編。
《論語補疏》，清，焦循，藝文印書館皇清經解四書
　　類彙編。
《論語正義》，清，劉寶楠，世界書局。
《鄉黨圖考》，清，江永，臺灣商務印書館景印文淵

閣四庫全書。

《論語注》，清，戴望，南菁書院叢書。

《論語贅解》，清，秦東來，山西壽陽知縣陳守中刊
　　行（光緒丁亥）。

《論語實習錄》，清，劉光蕡，煙霞草堂遺書（刊於
　　辛酉，蘇州，僅收至公冶長一冊，下皆無）。

《論語述注》，清，王景賢，閩縣王氏家鈔本。

《論語詮解辨訂》，清，劉名譽，桂林排印本。

《論語會箋》，徐英，正中書局正中文庫第二輯，民
　　國三十七年七月。

《論語講義》，程兆熊，力行書局，民國四十八年三
　　月。

《敦煌本論語異文彙考》，陳鐵凡，臺北，臺灣師範
　　大學出版組，民國五十年。

《論語今解》，余家菊，作者自印，民國五十三年。

《論語註評》，陳昌棟，華夏科學出版社，民國五十
　　三年四月。

《論語新解》，錢穆，香港，新亞研究所，民國五十
　　三年六月。

《論語要略》，錢穆，臺灣商務印書館，民國五十四
　　年。

《論語成書及其傳授考略》，嚴靈峰，藝文印書館，
　　民國五十四年。

《論語集釋》，程樹德，藝文印書館，民國五十四年
　　三月。

《論語綜合研究》，周中，南投，月新文化出版社，
　　民國五十六年十一月。

《論語臆解》，陳大齊，臺灣商務印書館，民國五十
　　七年三月。

《論語編者子思的考證》，曾文蔚，臺南，南一書
　　局，民國五十八年。

《積微居論語疏證》，楊樹達，大通書局，民國六十
　　年七月。

《論語異解集說》，董季堂，嘉義：大冠出版社，無
　　出版年月，惟必在民國六十二年，不得遲於六
　　十三年。

《孔子與論語》，錢穆，臺北，聯經出版事業公司，
　　民國六十三年。

《論語新編》，錢穆，臺北，廣學社印書館，民國六
　　十四年。

《論語經讀全璧》，張鐵君，臺南，南一書局，民國
　　六十四年。

《半部論語治天下》，原聖原著，趙鐸編校，編校者
　　自印，民國六十四年。

《論語研究》，劉廷芳，文明出版社，民國六十四
　　年。

《論語今註今譯》，毛子水，臺北，臺灣商務印書
　　館，民國六十四年十月。

《論語略記法》，周厚壎，嘉義，振台出版社，民國
　　六十四年十二月。

《論語別裁》，南懷瑾，人文世界雜誌，民國六十五
　　年五月。

《論語精解》，張鐵魂，臺中，長春出版社，民國六
　　十五年十月。

《論語漢魏集解》，錢地，作者自印，民國六十七
　　年。

《論語研究》，齊賢，費氏鐘發行，排印本，民國六
　　十七年十月。

《論孟研究論集》，錢穆等，臺北，黎明文化事業公
　　司，民國七十年。

《論語通釋》，王熙元，臺北，臺灣學生書局，民國
　　七十年七月。

《論語章句新編》，嚴靈峰，水牛出版社，民國七十
　　年九月。

《論語十問》，倪文釗，手抄本，有七十一年青年節
　　再錄于臺北之宿舍，六月一日贈書師大圖書館
　　記載。

《論語析編》，黃吉村，高雄，復興書局出版社，民
　　國七十三年三月。

《論語今釋》，趙龍文講述、錢仲鳴筆記，臺北，正
　　中書局，民國七十四年九月。

《論語新解》，楊曉婷，臺北，絲路出版社，民國八
　　十二年十月。

《論語體認》，姚式川，臺北，東大圖書股份有限公
　　司，民國八十二年十一月。

《論語漫談》，湯化，臺北，頂淵文化事業有限公司，民國八十六年三月。

《論語今注》，潘重規，臺北，里仁書局，民國八十九年三月。

《論語新生命》，梁尚忠，臺北，北方出版社，民國九十二年七月。

《論語章句分類義釋》，周群振，鵝湖出版社，民國九十二年七月。

《古代儒家哲學批判》，趙紀彬，北京，中華書局，1948年，後改名為《論語新探》，北京，人民出版社，1958年。

《論語新譯詳述》，王滋源，黑龍江人民出版社，1987年12月。

《論語淺解》，錢遜，北京，北京古籍出版社，1988年10月。

《論語‧孟子研究》，譚承耕，長沙，湖南教育出版社，1990年3月。

《中國人的聖經：論語》，朱淑屏，石家莊，河北人民出版社，1990年6月。

《中國古代的聖書：論語》，馬欣來，北京，中國文聯出版社，1991年12月。

《論語釋義》，康義勇，高雄，麗文文化事業公司，1993年。

《論語淺疏》，韋文陸，開封，河南大學出版社，1995年12月。

《論語新注》，王沂暖，甘肅，甘肅人民出版社，
　　1996年2月。

《東方聖經》，洪丕謨，杭州，浙江人民出版社，
　　1996年6月。

《論語通解》，鄧球柏，北京，長征出版社，1996年
　　12月。

《論語通譯》，徐志剛，北京，人民文學出版社，
　　1997年。

《定州漢墓竹簡論語》，河北省文物研究所定州漢墓
　　竹簡整理小組，北京，文物出版社，1997年7
　　月。

《論語今讀》，李澤厚，合肥，安徽文藝出版社，
　　1998年10月。

《二十一世紀的當家思想：論語》，張健康，臺北
　　縣，漢康圖書出版公司，1994年。

《論語新解》，趙杏根，合肥，安徽大學出版社，
　　1999年。

《論語譯注》，楊伯峻編，香港，中華書局，1999年
　　7月。

《我與論語》，陳璋萍，重慶，重慶出版社，2000年
　　9月。

《論語之謎》，李殿元、楊梅，成都，四川教育出版
　　社，2000年10月。

《發現論語》，楊潤根，北京，華夏出版社，2003年
　　1月。

《論語說解》,幺俊洲,濟南,齊魯書社,2003年7月。

《論語易讀》,吳新成,北京,中國社會科學出版社,2003年7月。

《論語》,李申,香港,中華書局,2003年7月。

《論語評注》,鄭國慶、何宏,臺北,國家出版社,2003年9月。

《論語札記》,牛澤群,北京,燕山出版社,2003年11月。

《論語圖典》,周春才,北京,中國文聯出版社,2004年1月。

《論語新編注譯》,賈順先等,成都,四川大學出版社,無出版年月。

《唐寫本論語鄭氏注及其研究》,王素,北京,文物出版社,無出版年月。

《論語補解辯證》,日,志賀孝思,嘉永千序刊。

《論語會箋》,日,竹添光鴻會箋,廣文書局,民國50年12月。

三、含有《論語》之四書

《四書集注》,宋,朱熹撰,中國子學名著集成編印基金會。

《四書纂疏》,元,趙順孫纂錄,漢京文化事業公司通志堂經解。

《四書通》,元,胡炳文撰,漢京文化事業公司通志

堂經解。

《四書辨疑》，元，陳天祥撰，漢京文化事業公司通
　　志堂經解。

《四書反身錄》，明，李中孚撰，中央圖書館藏二曲
　　全集。

《四書蒙引》，明，蔡清撰，臺灣商務印書館景印文
　　淵閣四庫全書第二○六冊。

《四書近指》，清，孫奇逢，臺灣商務印書館四庫珍
　　本六集。

《四書訓義》，清，王夫之，藝文印書館無求備齋論
　　語集成第八函。

《讀四書大全說》，清，王夫之，力行書局船山全
　　集。

《呂晚邨先生四書講義》，清，焦袁熹，臺灣商務印
　　書館景印文淵閣四庫全書第二一○冊。

《榕村四書說》，清，李光地，臺灣商務印書館景印
　　文淵閣四庫全書第二一○冊。

《四書釋地》，清，閻若璩，藝文印書館皇清經解諸
　　經總義類彙編第三冊。

《四書考異》，清，瞿灝，藝文印書館皇清經解諸經
　　總義類彙編第三冊。

《四書賸言》，清，毛奇齡，藝文印書館皇清經解諸
　　經總義類彙編第三冊。

《四書賸言補》，清，毛奇齡，藝文印書館皇清經解
　　諸經總義類彙編第三冊。

《四書索解》，清，毛奇齡，藝文印書館百部叢書集
　　成藝海珠塵。

《四書釋地又續》，清，閻若璩，臺灣商務印書館景
　　印文淵閣四庫全書第二一○冊。

《松陽講義》，清，陸隴其，廣文書局珍籍彙編。

《四書味根錄》，清，金澄，臺灣，大聖書局。

《四書解題及其讀法》，錢基博，臺北，臺灣商務印
　　書館。

《語譯廣解四書讀本》，蔣伯潛，臺北，啟明書局，
　　民國五十一年。

《評註四書讀本》，謝冰瑩等，臺北，三民書局，民
　　國五十五年九月。

《四書新編》，江希張，臺北縣，文流出版社，民國
　　六十七年七月。

《四書通釋》，寧昌，臺北，中華倫理教育學會，民
　　國七十五年四月。

《四書中的常理與故事》，陳立夫，臺北，史藝雜誌
　　社，民國八十三年七月。

《四書集說》，日，安井衡會註，廣文書局。

《朱子四書集注典據考》，日，大槻信良著，臺北，
　　臺灣學生書局。

貳、有關經書者

《周易》，臺北，藝文印書館影印嘉慶二十二年江西
　　南昌府學院元刻本。

《詩經》，臺北，藝文印書館影印嘉慶二十二年江西
　　南昌府學院元刻本。

《尚書》，臺北，藝文印書館影印嘉慶二十二年江西
　　南昌府學院元刻本。

《禮記》，臺北，藝文印書館影印嘉慶二十二年江西
　　南昌府學院元刻本。

《大戴禮》，臺北，藝文印書館影印嘉慶二十二年江
　　西南昌府學院元刻本。

《周禮》，臺北，藝文印書館影印嘉慶二十二年江西
　　南昌府學院元刻本。

《儀禮》，臺北，藝文印書館影印嘉慶二十二年江西
　　南昌府學院元刻本。

《左傳》，臺北，藝文印書館影印嘉慶二十二年江西
　　南昌府學院元刻本。

《公羊傳》，臺北，藝文印書館影印嘉慶二十二年江
　　西南昌府學院元刻本。

《穀梁傳》，臺北，藝文印書館影印嘉慶二十二年江
　　西南昌府學院元刻本。

《孝經》，臺北，藝文印書館影印嘉慶二十二年江西

南昌府學阮元刻本。

《孟子》，周，孟軻，清焦循正義，臺北，世界書
　　局，新編諸子集成本。

（此以下五書之所以特別列出者，以本書採錄所據故
也。）

《大學新解》，蔣伯潛，臺北，啟明書局，民國五十
　　一年，語譯廣解四書讀本。

《中庸新解》，蔣伯潛，臺北，啟明書局，民國五十
　　一年，語譯廣解四書讀本。

《孟子新解》，蔣伯潛，臺北，啟明書局，民國五十
　　一年，語譯廣解四書讀本。

《韓詩外傳今註今譯》，賴炎元，臺北，臺灣商務印
　　書館，民國六十一年。

《大戴禮今註今譯》，高明，臺北，臺灣商務印書
　　館，民國六十四年。

叄、有關史書者

《國語》，周，闕名，臺北，世界書局。

《國策》，周，闕名，臺北，世界書局。

《史記》，漢，司馬遷，臺北，藝文商務印書館影印
　　清乾隆武英殿刊本。

《漢書》，漢，班固，臺北，藝文商務印書館影印清
　　乾隆武英殿刊本。

《後漢書》，晉，范曄，臺北，藝文商務印書館影印
　　清乾隆武英殿刊本。

《三國志》，晉，陳壽，臺北，藝文商務印書館影印
　　清乾隆武英殿刊本。

《晉書》，唐，房玄齡等，臺北，藝文商務印書館影
　　印清乾隆武英殿刊本。

《宋書》，梁，沈約，臺北，藝文商務印書館影印清
　　乾隆武英殿刊本。

《隋書》，唐，長孫無忌等，臺北，藝文商務印書館
　　影印清乾隆武英殿刊本。

《南史》，唐，李延壽，臺北，藝文商務印書館影印
　　清乾隆武英殿刊本。

《北史》，唐，李延壽，臺北，藝文商務印書館影印
　　清乾隆武英殿刊本。

《舊唐書》，後晉，劉昫，臺北，藝文商務印書館影
　　印清乾隆武英殿刊本。

《唐書》，宋，歐陽修等，臺北，藝文商務印書館影
　　印清乾隆武英殿刊本。

《資治通鑑》，宋，司馬光，臺北，新象書局。

《宋史》，元，脫脫，臺北，藝文商務印書館影印清
　　乾隆武英殿刊本。

《元史》，明，宋濂等，臺北，藝文商務印書館影印
　　清乾隆武英殿刊本。

《明史》，清，張廷玉等，臺北，藝文商務印書館影
　　印清乾隆武英殿刊本。

《竹書紀年》，清，朱右曾輯錄，王國維校補，臺
　北，藝文商務印書館影印清乾隆武英殿刊本。

肆、有關子書者

《管子》，周，管仲，清，戴望校正，臺北，世界書
　局，新編諸子集成本。
《晏子春秋》，周，晏嬰，清，張純一校注，臺北，
　世界書局，新編諸子集成本。
《孔子家語》，晉，王肅偽，臺北，世界書局，四部
　刊要本。
《老子》，周，李耳，晉，王弼注，唐，陸德明音
　義，臺北，世界書局，新編諸子集成本。
《列子》，周，列禦寇、晉，張湛注，臺北，世界書
　局，新編諸子集成本。
《商君書》，周，商鞅，清，嚴萬里校，臺北，世界
　書局，新編諸子集成本。
《尸子》，周，尸佼，北京，中華書局。
《孫子》，周，孫武，宋，吉天保輯，清，孫星衍，
　清，吳人驥校，敘錄，清，畢以珣撰，臺北，
　世界書局，新編諸子集成本。
《吳子》，周，吳起，清，孫星衍校，臺北，世界書
　局，新編諸子集成本。
《子華子》，周，子華子，臺北，世界書局，新編諸

子集成本。

《莊子》，周，莊周，清，王先謙集解，臺北，世界
　　書局，新編諸子集成本。

《慎子》，周，慎到，清，錢熙祚校並輯逸文，臺
　　北，世界書局，新編諸子集成本。

《尹文子》，周，尹文子，清，錢熙祚校，臺北，世
　　界書局，新編諸子集成本。

《荀子》，周，荀卿，清，王先謙集解，臺北，世界
　　書局，新編諸子集成本。

《公孫龍子》，周，公孫龍，臺北，世界書局，新編
　　諸子集成本。

《燕丹子》，周，燕太子丹，清，孫星衍校，臺北，
　　世界書局，新編諸子集成本。

《墨子》，周，墨翟，清，孫詒讓閒詁，臺北，世界
　　書局，新編諸子集成本。

《韓非子》，周，韓非，清，王先慎集解，臺北，世
　　界書局，新編諸子集成本。

《呂氏春秋》，秦，呂不韋，漢，高誘注，臺北，世
　　界書局，新編諸子集成本。

《淮南子》，漢，劉安，漢，高誘注，清，莊逵吉
　　校，臺北，世界書局，新編諸子集成本。

《揚子法言》，漢，揚雄，晉，李軌注，臺北，世界
　　書局，新編諸子集成本。

《潛夫論》，漢，王符，清，汪繼培箋，臺北，世界
　　書局，新編諸子集成本。

《新語》，漢，陸賈，臺北，世界書局，新編諸子集
　　成本。

《春秋繁露》，漢，董仲舒，臺北，世界書局，增訂
　　中國學術名著第一輯。

《新序》，漢，劉向，臺北，世界書局，四部刊要
　　本。

《說苑》，漢，劉向，臺北，世界書局，四部刊要
　　本。

《論衡》，漢，王充，臺北，世界書局，新編諸子集
　　成本。

《鹽鐵論》，漢，桓寬，臺北，世界書局，新編諸子
　　集成本。

《孔叢子》，漢，孔鮒，臺北，世界書局，新編諸子
　　集成本。

《申鑒》，漢，荀悅，臺北，世界書局，新編諸子集
　　成本。

《人物志》，魏，劉劭，臺北，世界書局，新編諸子
　　集成本。

《抱朴子》，晉，葛洪，臺北，世界書局，新編諸子
　　集成本。

《顏氏家訓》，北齊，顏之推，宋，沈揆考證，臺
　　北，世界書局，新編諸子集成本。

《世說新語》，劉宋，劉義慶，臺北，世界書局，新
　　編諸子集成本。

伍、有關文學者

《諸葛亮集》，晉，陳壽，臺灣商務印書館。

《韓昌黎集》，唐，韓愈，臺灣商務印書館。

《李文公集》，唐，李翱，臺灣商務印書館。

《古文苑》，闕名，臺灣商務印書館。

《昭明文選》，梁，蕭統，臺北，藝文印書館。

《文心雕龍》，梁，劉勰，臺北，開明書局。

《歐陽文忠公集》，宋，歐陽修，臺灣商務印書館。

《東坡集》，宋，蘇軾，臺灣商務印書館。

《朱子語錄》，宋，朱熹，臺灣商務印書館。

《郡齋讀書志》，宋，晁公武，臺灣商務印書館。

《黃氏日鈔》，宋，黃震，臺灣商務印書館。

《困學記聞》，宋，王應麟，臺灣商務印書館。

《升菴集》，宋，楊慎，臺灣商務印書館。

《筆叢》，明，胡應麟，臺灣商務印書館。

《東塾讀書記》，清，陳澧，臺灣商務印書館。

《春在堂文集》，清，俞樾，臺灣商務印書館。

《文集》，清，吳汝綸，臺灣商務印書館。

《文史通義》，清，章學誠，臺北，新陸書局。

《古文析義》，清，林雲銘，臺北，廣文書局。

《古文辭類纂》，清，姚鼐，臺北，華正書局。

《藝舟雙楫》，清，包世臣，臺北，文光圖書公司。

陸、有關孔子及其門弟子者

《東家新記》，宋，孔傳，孔子文化大全編輯部編輯，山東友誼書社出版。（史誌類）

《闕里誌》，明，陳鎬，孔子文化大全編輯部編輯，山東友誼書社出版。（史誌類）

《聖門誌》，明，呂元善，孔子文化大全編輯部編輯，山東友誼書社出版。（史誌類）

《聖賢像讚》，明，呂維琪編，孔子文化大全編輯部編輯，山東友誼書社出版。（藝文類）

《聖門人物誌》，明，郭子章，孔子文化大全編輯部編輯，山東友誼書社出版。（史誌類）

《闕里文獻考》，清，孔繼汾，孔子文化大全編輯部編輯，山東友誼書社出版。（史誌類）

《闕里述聞》，清，鄭曉如，孔子文化大全編輯部編輯，山東友誼書社出版。（述聞類）

《聖門十六子書》，清，馮雲鵷，孔子文化大全編輯部編輯，山東友誼書社出版。（述聞類）

《孔子七十二賢畫像》，陳全勝，石人繪。

《至聖先師孔子年譜》，清，楊方旻，孔子文化大全編輯部編輯，山東友誼書社出版。（史誌類）

《聖域述聞》，清，黃本驥，孔子文化大全編輯部編輯，山東友誼書社出版。（史誌類）

《論語孔門言行錄》，李容階，致知草堂叢刊本。

《孔子女弟子考》，郭振武，臺北，撰者自印，民國
　　五十九年三月。

《孔子傳略》，錢穆，臺北，廣學社印書館，民國六
　　十四年。

《孔門弟子志行考述》，蔡仁厚，臺北，臺灣商務印
　　書館，民國六十九年一月。

《復聖顏子思想研究》，黃紹祖，臺北，文史哲出版
　　社，民國七十一年。

《復聖顏子史料彙編》，黃紹祖，臺北，新文豐出版
　　公司，民國八十年。

《儒家的生命情調》，戴朝福，臺北，臺灣學生書
　　局，民國八十二年。

《顏回研究》，李啟謙，山東師大學報，1985年4
　　月。

《孔門弟子研究》，李啟謙，濟南，齊魯書社，1987
　　年。

《孔門弟子資料彙編》，李啟謙，孔子文化大全，山
　　東友誼書社，不著出版年月。

《孔門弟子研究資料》，李啟謙、楊佐仁編，曲阜師
　　學院孔子研究所，不著出版年月。

《孔子和他的弟子們》，高專誠，北京，新華出版
　　社，1991年。

《孔子，孔子弟子》，高專誠，山西人民出版社，
　　1991年7月。

《顏子家世》，濟寧市政協文史資料委員會、曲阜市
　　政協文史資料委員會編，濟南，齊魯書社，
　　1998年。
《曾子及其里籍》，山東濟寧市地方史志主編，北
　　京，中華書局，2001年10月。
《曾子及其孝道》，山東嘉祥曾子研究會主編，北
　　京，群言出版社，2004年9月。

柒、其他

　　此一部分乃中國政治思想，哲學理論，與本書儒家
文化有關者，特次之於此。
《先秦政治思想》，梁啟超，臺灣中華書局。
《中國哲學思想論集（先秦篇）（第二冊）》，梁啟超
　　等著、項維新、劉福增主編，牧童出版社。
《中國學術思想變遷之大勢》，梁啟超，臺灣中華書
　　局。
《先秦政治思想》，梁啟超，東大圖書公司。
《中國思想史》，錢穆，中華文化出版事業委員會。
《中國學術史論集（四）》，錢穆，中華文化出版事
　　業社。
《中國學術通義》，錢穆，臺灣學生書局。
《中國倫理學史》，蔡元培，臺灣商務印書館。
《中國古代哲學史》，胡適，臺灣商務印書館。

《中國哲學史新編》，馮友蘭，人民出版社。

《中國哲學史》，馮友蘭，（翻印未表明書局、時間）。

《中國哲學原論、原道篇》，唐君毅，香港新亞書院研究所。

《古代政治思想研究》，謝无量，臺灣商務印書館。

《中國哲學史綱要》，蔣維喬，臺灣中華書局。

《中國政治思想史》，蕭公權，聯經出版社。

《中國政治思想史（一）》，陶希聖，食貨出版社。

《先秦諸子政治思想研究》，王全吉，彰化東南文化出版社。

《中國哲學大綱（上）》，羅光，臺灣商務印書館。

《中國文化的展望》，殷海光，文星書店。

《中國政治思想史》，薩孟武，三民書局。

《十批判書》，郭沫若，慶華出版社。

《先秦政治思想》，王雲五，臺灣商務印書館。

《中國哲學的特質》，牟宗三，臺灣學生書局。

《中國哲學史》，勞思光，香港中文大學。

《中國哲學思想批判》，韋政通，水牛出版社。

《開創性的先秦思想家》，韋政通，現代學苑月刊社。

《中國思想史》，韋政通，大林出版社。

《諸子百家——中國古代思想家們》，日，貝塚茂樹著，李君奭譯，彰化專心企業有限公司發行，專心文庫第一輯。

《中國哲學史概論》，日，渡邊秀方著，劉侃元譯，
　　臺灣商務印書館。
《中國思想之研究》，日，宇野精一主編，洪順隆等
　　譯，第三冊林茂松譯，幼獅文化事業公司。

清稿後感言

　　這本不到三十萬字的小冊子，從開始寫單篇文章到現在，竟花掉我九年多的時間。在以前寫《詩經評釋》、《韓非子釋評》時，前者六、七十萬言，後者百五、六十萬言，也不過僅用掉三、四年、十年左右的時間，何以此書竟如此？真的是「體貌衰乎下」，不如從前勇猛了。

　　究其原因，則在既已宣讀或發表過的文章，一發現另有可採納的資料，不管是正面的，還是負面的，就想收入附注中，期能增加多方面的認知、瞭解。或據以修正一己似已成定論的看法。就這樣，增呀，補呀，修正呀，竟欲罷不能。因之，本計劃九十一年十二月結婚紀念日印出的，過了。九十二年暑假，七十九歲生日，過了，八十歲生日也過了。八十一歲生日，九十四年暑假，該不會再有問題了吧?!

　　一再拖延，那也不是自己的個性。舉例來說，九十二年春，本說好好校校一再修正後的稿子就印出的；但又發現了嚴靈峰先生無求備齋《論語集成》。雖然有的書

都讀過了，「再翻翻吧！」就這麼一個念頭，天天跑圖書館，就花了將近一年的時間。又因牽扯出其他問題，再跑社資中心，又是三、四個月，真可怕。前些時又跑臺北國家圖書館、漢學研究中心，三個月的時間又過了，仍未結束呀。除了彼岸一些簡體字寫作，需翻翻外，有甚多著作太寶貝了，不是絕版，就是國內原來沒有影印本。還有其他國外漢學家的作品，這些書又如何翻，如何讀，如何吸收，如何採摘，如何適當的變成自己要印出書中的部分文字，又都是大工程。

我真的不知道，如此花掉我太多的時間，值得不值得。是否浪費時間，糟蹋生命。此時竟猛然察覺到，如此作，又不是印書不印書的問題，而是該不該的問題了。此一想法的產生，又大大的迷惑了自己。

又當初寫單篇文章的原意，本在多談大義，別太旁及其他形、音、義，或名物的探索，論證的是非的。但當看到精美的詮釋，詳確的考校時，又絕不忍丟棄掉那些太多的好意見、好文字。就這樣，採錄呀，增添呀，積累既多，有時恐怕會將主體都給弄模糊了。這真是大毛病，但又改不過來，真恨自己太不知如何裁之了。同好讀此書時，能體其心，量其能，不全以枝蔓蕪穢成篇，就心滿意足了。

原計劃把修正後較為滿意的清稿，在付梓前，再送給好友，請其再「削其贅疣，補其不足，繩其謬誤，正其偏頗，而救其將失」的。但一想到那時必又有新意見提出，必須再處理。又想，任何文字，哪有沒問題的，

書印出後再討論，又有甚麼關係。就因此，本已懇請作為總校訂、把關的好朋友，也就不再麻煩他了。等書出版後，再提出問題討論吧。也因此，本書的疏失、謬誤必多。愛我的老友及讀者們把所有的意見提出，我們一起再來商量、討論，甚而再寫專文修正吧，好嗎？

又近三、四年來，因經常跑圖書館、社資中心。諸同仁好友，給了我太多的協助，不能一一列舉。不過莊清輝主任，代查目錄、找資料，甚而為了方便，直接替老師借書。而國家圖書館、漢學研究中心盧錦堂主任，更能以其專長，解決目錄、版本等疑難問題。系內張月芳助教，最後也加入了校對、排印工作。這些朋友，因不能併入九十一年誌謝語中，道出我的心意，只有在此說一聲謝謝了。

到八十足歲生日——九十四年七月十八日（農曆六月十三）——正好還有十天。十全十美，就以此清稿作為慶生禮物吧！

九十四年七月八日於臺北木柵寄寓亦圃齋

國家圖書館出版品預行編目資料

《論語》中之四科十子／朱守亮著. -- 初版
-- 臺北市：萬卷樓，2005[民 94]
面；　　　公分
參考書目：面
ISBN 957－739－541－4 (平裝)
1. 儒家

121.24　　　　　　　　　　94019866

《論語》中之四科十子

著　　　者：朱守亮

發　行　人：許素真

出　版　者：萬卷樓圖書股份有限公司

　　　　　　臺北市羅斯福路二段 41 號 6 樓之 3

　　　　　　電話(02)23216565‧23952992

　　　　　　傳真(02)23944113

　　　　　　劃撥帳號 15624015

出版登記證：新聞局局版臺業字第 5655 號

網　　　址：http://www.wanjuan.com.tw

E－mail　：wanjuan@tpts5.seed.net.tw

承印廠商：晟齊實業有限公司

定　　　價：360 元

出版日期：2006 年 1 月初版

ISBN 957－739－541－4